陈 洁 主编

商事指导性案例的
司法适用

JUDICIAL APPLICATION
OF COMMERCIAL
DIRECTIVE CASES

社会科学文献出版社
SOCIAL SCIENCES ACADEMIC PRESS (CHINA)

目　录

指导性案例的规范性及其发展方向

——以涉商事指导性案例为例

邹海林*

【内容摘要】 指导性案例在我国被称为法律解释之一种方式，规范性为指导性案例的立命之本。因为成文法制度的限制，指导性案例总体上不构成我国私法的法源，作为中国特色的释法工具，其对各级法院审理类似案件具有参照效用。指导性案例的体例、目的、示范性以及参照均围绕其规范性而展开；为全面落实指导性案例的目的和本旨，有必要将指导性案例的规范性转型为司法解释的一种形式，并继续发挥指导性案例的参照效用，以切实推进指导性案例制度在我国的成长。

【关键词】 指导性案例　裁判要点　裁判规范　参照　司法解释

一　指导性案例的规范性及其现状

指导性案例的规范性，是指以指导性案例的形式解释法律规范以形成可供各级法院在审理类似案件时援引的裁判规范。指导性案例的规范性，既是我国建立和发展案例指导制度、统一司法裁判尺度的起点，也是我国案例指导制度发挥最优效用机制的归宿。

指导性案例是我国案例指导制度实践"案例释法"的组成部分。早在20世纪50年代，最高人民法院就开始用案例指导审判工作。自1985年开始，《最高人民法院公报》启动了刊发各类典型案例的机制，供各级法院在审理案件活动中参考借鉴；至2011年底，《最高人民法院公报》共发布834件案例，其中"裁判文书选登"栏目发布案例241件，"案例"栏目发布案例593件。[1] 20世

---

* 邹海林，法学博士，中国社会科学院法学研究所研究员。

① 参见四川省高级人民法院、四川大学联合课题组《中国特色案例指导制度的发展与完善》，《中国法学》2013年第3期，第35页。

纪 90 年代开始，最高人民法院的审判业务部门组织力量，编辑出版案例类审判参考丛书。可见，案例指导在我国司法实务中是具有自己的历史的。1999年，最高人民法院制定《人民法院五年改革纲要》，提出要编选典型案例，供下级法院审理类似案件时参考。2005 年，《人民法院第二个五年改革纲要》正式提出要建立和完善案例指导制度。由此，案例指导制度被定位于我国司法改革的重要措施之一。2010 年 11 月 26 日，最高人民法院发布《关于案例指导工作的规定》，明确以指导性案例的形式落实案例指导制度，指导性案例经案例指导工作办公室遴选、审查和编辑，报经最高人民法院审判委员会讨论决定，由最高人民法院以公告的形式统一发布在《最高人民法院公报》、最高人民法院网站和《人民法院报》上；各级法院审判类似案件时，应当参照指导性案例。同年，最高人民法院规定，高级人民法院可以发布参考性案例，对辖区内各级法院和专门法院的审判业务工作进行指导。① 2015 年 4 月 27 日，最高人民法院发布《〈关于案例指导工作的规定〉实施细则》，对指导性案例的选择范围、体例、遴选、报审、发布以及指导性案例的参照方式等做了进一步的明确。"最高人民法院发布的指导性案例，是解释法律的一种方式，也是法律适用的一种方式，还是指导全国法院工作的重要方式……指导性案例，不仅不同于以往任何单位和部门发布的案例，也与最高人民法院以往发布或刊发的各类案例不同。"② 除最高人民法院发布的指导性案例之外，经由最高人民法院和高级人民法院发布的具有示范、引导、参考作用的其他案例，均不属于指导性案例，也不得使用指导性案例的名称。

2011 年 12 月，最高人民法院发布第一批指导性案例；截至 2017 年 3 月，最高人民法院共发布了 16 批共计 87 件指导性案例。其中，民事案例 55 件，占 63.22%；行政案例 14 件，占 16.09%；刑事案例 15 件，占 17.24%；国家赔偿案例 3 件，占 3.45%。在已经发布的民事指导性案例中，涉知识产权案例 19件，占已发布的指导性案例总数的 21.83%；而涉商事指导性案例仅有 9 件，包括涉公司关系的案例 4 件、破产 1 件、保险赔偿件 3 件以及海事纠纷 1 件。③

---

① 参见最高人民法院《关于规范上下级人民法院审判业务关系的若干意见》（2010 年）第 9 条。
② 胡云腾：《关于案例指导制度的几个问题》，《光明日报》2014 年 1 月 19 日，第 16 版。
③ 具体而言，包括指导性案例第 8 号（公司僵局解散案）、第 10 号（董事会决议撤销案）、第 15 号（公司人格混同案）、第 25 号（保险代位权的请求权基础案）、第 31 号（船舶碰撞案）、第 52 号（海上货物运输保险案）、第 67 号（股权转让纠纷案）、第 73 号（破产别除权案）、第 74 号（保险代位权案）。

以指导性案例落实案例指导制度已经实施了 6 年有余，最高人民法院发布的涉商事指导性案例仅有 9 件，这与最高人民法院同期发布的商事司法解释对应的解释条文相比，完全不在一个数量级上。再者，自 2009 年以来，我国各级法院每年受理的民事案件数量都在 600 万件以上，到 2015 年突破了千万件：2009 年，643.6 万件；2010 年，671.5 万件；2011 年，722.7 万件；2012 年，794 万件；2013 年，844.2 万件；2014 年，906.8 万件；2015 年，1009.8 万件。若与我国近年来各级法院受理的民事案件数量相比，涉商事指导性案例的存在几乎可以忽略不计。如此稀少的涉商事指导性案例，在审判实务中是否能够有效地发挥着指导各级法院审理类似案件的参照效用，更难以评估。①

指导性案例的规范性是我国案例指导制度形成和发展的价值中枢。目前，指导性案例的规范性处于何种状态，将来如何发展，均有待于做进一步的分析和研究。本文将围绕指导性案例的规范性，从指导性案例的体例范式、目的、示范性和参照等不同角度做些探讨，以期能对我国指导性案例的成长有所帮助。

二 指导性案例的体例范式

就指导性案例而言，不论其为影响性案例、细则性案例、典型性案例、疑难性案例还是新类型案例，② 按照最高人民法院的要求，指导性案例的体例结构由标题、关键词、裁判要点、相关法条、基本案情、裁判结果、裁判理由以及包括生效裁判审判人员姓名的附注组成。③ 指导性案例限于"裁判已经发生法律效力，认定事实清楚，适用法律正确，裁判说理充分，法律效果和社会效果良好，对审理类似案件具有普遍指导意义的案例"④，但其体例和内

① 有学者对此表达了疑虑：案例指导制度的标志不是以指导性案例的发布为标志，而是应当以已发布的指导性案例在后案的审判中被实际援引为标志，哪怕有一个指导性案例被实际援引，也算是这个制度的真正落地和实现。但在中国偌大的法院系统中，有无指导性案例被援引不得而知，在可能的网络信息搜索中还看不到，询问最有权威的最高法院的法官们，也是语焉不详。参见刘作翔《中国案例指导制度的最新进展及其问题》，《东方法学》2015 年第 3 期，第 44 页。

② 参见陈兴良《案例指导制度的规范考察》，《法学评论》2012 年第 3 期，第 120～121 页。

③ 参见最高人民法院《〈关于案例指导工作的规定〉实施细则》第 3 条。

④ 最高人民法院《〈关于案例指导工作的规定〉实施细则》第 2 条。

容，并非原生效裁判文书的体例，内容也不会完全相同。准确地说，指导性案例是对原生效裁判文书经"演绎"后形成的案例编辑作品，是以裁判规范的表达为中心的、供各级法院审理类似案件参照的示范性案例。

原生效裁判是司法产品，对当事人产生个案的既判力，不具有形成规范并示范其他类似案件裁判的效用。指导性案例是最高人民法院"加工"或"演绎"原生效裁判形成的编辑作品，虽然在基本案情、裁判结果和裁判理由部分与原生效裁判相同或者近似，但其特有的裁判要点和相关法条的逻辑排序，使其成为名副其实的"释法"工具，并开始脱离原生效裁判而对其他相似案件产生类似裁判的示范效用。"指导性案例所确定的裁判要点，是从指导性案例中抽象出来并指导类似案件审判的裁判规则，全国法院在审判类似案件时都应当参照，同时可以作为裁判文书的说理依据加以引用。而其他案例均没有这样的效力，也不得在裁判文书中加以引用。"① 指导性案例之所以能够发挥指导各级法院审理类似案件的作用，关键是其体例和内容上的裁判要点，裁判要点如同条文范式的司法解释，可供各级法院审理类似案件反复使用。例如，指导性案例第 67 号的裁判要点为："有限责任公司的股权分期支付转让款中发生股权受让人延迟或者拒付等违约情形，股权转让人要求解除双方签订的股权转让合同的，不适用《中华人民共和国合同法》（以下简称《合同法》）第 167 条关于分期付款买卖中出卖人在买受人未支付到期价款的金额达到合同全部价款的 1/5 时即可解除合同的规定。"裁判要点是指导性案例的规范性表征，其实质为最高人民法院认可原生效裁判解释法律或补充法律漏洞的作用并由此而形成的裁判规范，以此为各级法院审理类似案件预设了裁判标准。

指导性案例"在一定程度上可以脱离具体案件而存在，因而具有对个案的超越性"②，并以此成就了裁判要点被各级法院审理类似案件时援引（参照）的裁判规范价值。有学者对指导性案例的裁判要点不以为然，认为其与指导性案例的案件事实只有间接的关联，脱离案件事实的裁判要点仍只是对某个法律条文或者术语的"静止性"理解，对个案的指导效能必将有限。③ 这里应当注意的是，裁判要点虽表现为裁判规范，但其不是孤立存在的，其仅在依托于指导性案例的基本案情和裁判理由的基础上，才有存在的意义。

---

① 胡云腾：《关于案例指导制度的几个问题》，《光明日报》2014 年 1 月 19 日，第 16 版。
② 陈兴良：《案例指导制度的规范考察》，《法学评论》2012 年第 3 期，第 123 页。
③ 参见刘树德《最高人民法院司法规则的供给模式》，《清华法学》2015 年第 4 期，第 85 页。

指导性案例与案件事实之间并非只有间接的关联。指导性案例没有必要像原生效裁判那样，在法律文本的适用与具体案件事实之间建立直接的关联关系。缺乏直接的关联，原生效裁判就不可能产生个案的约束力；指导性案例不需要有个案的约束力，并不表明其与案件事实就没有直接的关联。最高人民法院设立的案例指导机构以原生效裁判为基础，针对具体的案件事实、根据法律规范的内在精神或基本原则和法律规范的预设价值，凭借自己的生活经验、常识以及道德感悟和对案件的裁判结果和裁判理由的理解，提炼并归纳裁判要点，从而形成了以规范性为本旨的指导性案例。因此，指导性案例的存在基础就是原生效裁判认定的法律事实（基本案情），裁判要点的形成和裁判理由的表述均与原生效裁判认定的具体案件事实有直接的关系，如果没有这些案件事实的连接，压根儿就无法形成指导性案例。这是指导性案例区别于最高人民法院的司法解释（如"意见"、"批复"和"规定"）的显著特点。在法律解释的意义上，指导性案例在法律文本与案件事实之间必须建立起直接的关联，裁判要点以具体的案件事实为导向，法官不能脱离具体的案件事实来讨论、认识或者适用指导性案例表达的裁判要点，这相应地限定了指导性案例在类似案件的裁判中被参照或援引的场景或空间。"对规则的解释并不是司法活动的重点，其重点在于对待决案件与判决的案件在事实上是否具有类似性进行正确判断：如果类似，则可以适用先例规则。如果不相类似，则不能适用先例规则。在案件事实类似性的判断中，更多的是采用类比推理方法。在我国实行案例指导制度以后，对案件事实的类似性的争议及其裁判，将会成为司法活动的重要内容，它直接决定着指导性案例的适用范围。"[1] 相对于那些与案件事实没有关联的司法解释文本，指导性案例"具有及时性、灵活性、针对性强、易于把握的特点。用已决案例指导待决类似案件的裁判。可以在'抽象到具体'的法律适用中，增加一个'具体到具体'的参照，有助于缩短办案时间，提高司法效率"[2]。指导性案例表达的裁判要点与案件事实有直接的关联，这就要求各级法院在援引或参照指导性案例的裁判要点时，应当先确定待决案件的基本案情是否与指导性案例的基本案情相同或类似。在指导各级法院裁判类似案件方面，指导性案例无疑是法律解释方法的一个巨大进步。

---

[1] 陈兴良：《案例指导制度的规范考察》，《法学评论》2012 年第 3 期，第 122 页。

[2] 周强：《充分发挥案例指导作用促进法律统一正确实施》，载胡云腾《中国案例指导》（总第 1 辑），法律出版社，2015，第 3 页。

指导性案例的示范性直接源自其裁判要点、案件事实和裁判理由，而尤以裁判理由为重。裁判理由是裁判要点和案件事实结合的枢纽。"指导性案例的功能在于指导与统一判例，其核心部分就在于说理，故案情部分应简要精当，理由部分应当翔实充分，言之有理，持之有故。"① 裁判理由部分应当更加细致而全面地展现整个裁判结果形成的过程与依据，尤其要对具体案件所采用的法律解释方法的运用过程和解释结论予以详细的展开。客观地讲，最高人民法院发布的涉商事指导性案例在说理部分还是相当努力的，而且进步也是明显的；裁判理由部分已经渗透了大量的最高人民法院认可的法律解释方法。有批评者认为我国目前的指导性案例几乎不重视说理，② 这一现象确实在一定程度上存在着，还有待改进。例如，指导性案例第 67 号对于股权转让合同的解除不适用《合同法》第 167 条的规定，裁判理由分别从《合同法》第 167 条之文义和立法目的进行说明，并结合案件具体事实（如有继续履行的愿望、行为、能够履行、当事人约定"永不反悔"等），借用诚实信用原则的落实和保障交易安全的理念，说明股权转让合同不应解除，从而排除了《合同法》第 167 条在本案中的适用。但该指导性案例的说理部分对于当事人意思表示的解释还有所欠缺，这使得其排除《合同法》第 167 条适用于股权转让合同的裁判要点的说服力比较勉强。再者，该指导性案例的裁判要点主要是补充法律漏洞，但其裁判理由并不足以支持其超出案件类型范围而表达的裁判要点。③

指导性案例的裁判理由，不是为了证明裁判结果的正确，而是为了证明对应于相关案件事实的裁判要点的正确性，以增强裁判要点的说明力使其被法官职业群体普遍接受。除与案件事实相结合的部分外，裁判理由更应当偏重于法律解释的技术完善层面：如通过目的解释，使法律文本内容更为清晰、准确地反映立法宗旨或立法精神；在遵循法律本意的前提下，

---

① 参见周翠《民事指导性案例：质与量的考察》，《清华法学》2016 年第 4 期，第 62 页。

② 参见房文翠、任敏《指导性案例评释——以最高人民法院发布的 9 批指导性案例为研究对象》，《法律适用》2015 年第 8 期，第 62 页及以下。

③ 法官在进行对法律漏洞的补充时应当考虑的因素是多元化的，以指导性案例补充法律漏洞应当特别注意将裁判要点限定于特定案件类型的范围内，不宜做出可能造成法律文本的适用范围不确定的扩张或限缩。指导性案例第 67 号的裁判要点所称的"股权受让人延迟或者拒付等违约情形"，不仅超出了原生效裁判的案件类型（受让人迟延）范围，而且将"受让人拒付"也包括在内，明显不符合《合同法》第 167 条的规范目的。受让人拒付分期付款的转让价金，属于严重违反诚实信用原则的行为，理应受《合同法》第 167 条的约束。

进一步细化延展法律条文内容，扩张或者限缩法律条文的字面含义，以增强法律条文表述的准确度，减少法律的理解偏差和实施弹性；通过司法审判经验的积累与整理，发现立法中脱离现实或不符合现实的纰漏，并利用法律技术弥补法律漏洞。① 裁判理由部分不仅具有推导出裁判要点的方法论价值，其更为重要的意义还在于展现了最高人民法院对原生效裁判认定事实（包括对事实文本的法律解释）、解释法律的方法运用与价值判断，以及对法律事实与法律规范结合的技术的承认。在这里，我们必须假定：指导性案例是最高人民法院以其"固有的公共理性"和"良好的司法技艺"编辑生成的、受到各级法院的法官职业群体高度认同的案例。② 这是极具中国特色的指导性案例，不具有任何裁判的效力，却以裁判要点和裁判理由来反映最高人民法院对某项法律规范在具体案件类型场景下的解释和适用的立场。在此意义上，抽象讨论指导性案例是否具有法律的拘束力似乎没有多少价值，指导性案例充其量只是最高人民法院承认指导性案例所表达的裁判规范（裁判要点）的理论证书。③

指导性案例不是对原生效裁判的简单重述。有学者提出，指导性案例的文本是剪辑原生效裁判形成的，其经文本剪辑后更具有规范性色彩，与原生效裁判相比必定产生种种差异；指导性案例的剪辑文本应当为原生效裁判的"缩写"，以不失真为原则，剪辑无论如何，就像法律解释至少要尊重原意剪

---

① 参见陈甦《司法解释的建构理念分析——以商事司法解释为例》，《法学研究》2012 年第 2 期，第 18 页。

② 针对最高人民法院发布的第一批指导性案例，6 成以上的调查对象认为第一批指导性案例的裁判要点及裁判理由具有指导价值，88.86% 的调查对象认为应当引用裁判要点或裁判理由，其中，被调查的人民陪审员及律师认为应当引用"裁判要旨或裁判规则"的分别占 51.62% 及 45.7%。参见四川省高级人民法院、四川大学联合课题组《中国特色案例指导制度的发展与完善》，《中国法学》2013 年第 3 期，第 42 页。

③ 因此，指导性案例生成的原生效裁判是否由下级人民法院做出的，对于指导性案例的参照效用是没有影响的，指导性案例的参照效用源自指导性案例自身的规范性，与原生效裁判的审级效力无关。但有不少学者都将二者联系在一起。例如有观点认为，"下级法院审理的案件经过最高人民法院发布之后便作为比审理该案之法院的级别更高之法院的'指导'，这种带有'上级遵从下级'意味的案例指导制度似乎有违司法判例制度的原理"。参见何然《司法判例制度论要》，《中外法学》2014 年第 1 期，第 256 页。还有观点认为，指导性案例应全部来自最高人民法院的裁判，宜对司法解释（不含批复类司法解释）和指导性案例的解释对象、效力范围、功能定位等做出合理的界分，最大限度地发挥各自的积极作用；指导性案例适用于法院对司法实践中遇到的法律问题尚未有充分经验，但需要做出临时性、政策性处理的情形。参见刘树德《最高人民法院司法规则的供给模式》，《清华法学》2015 年第 4 期，第 91 页。

辑不能变成对原文本的"修正",尤其不能修正原生效裁判的判决主文征引的法律条文、增减原生效裁判的判决理由以及修正原生效裁判的法律事实和判决结果。指导性案例的发布文本仅为剪辑文本,原裁判文书全文并不公开,且即便通过其他渠道予以公开,是否仍属指导性案例也不无疑问。① 这恐怕是对指导性案例的误读,指导性案例以原生效裁判为基础,但不是原生效裁判的"简写本",也不是没有创作成分的剪辑,否则,最高人民法院也没有必要费那么大的劲儿专门发布指导性案例,其按照以前《最高人民法院公报》刊登案例的方式就可以实施案例指导。指导性案例是最高人民法院在原生效裁判(基层法院的判决也包括在内)基础上的再创作,以形成裁判规范为目的和实现指导性案例的规范性为本旨,故其绝非对原生效裁判的缩写或复制,原生效裁判也不是指导性案例的组成部分,指导性案例是凝聚着最高人民法院的裁判立场、理念、精神和智慧的案例产品或法律解释论证书。② 除原生效裁判认定的法律事实和裁判结果外,在裁判要点、相关法条以及裁判理由方面,最高人民法院在编辑指导性案例时均可以不受原生效裁判的限制。应当注意到,最高人民法院发布的 9 件涉商事指导性案例,在裁判要点、相关法条以及裁判理由方面对原生效裁判或多或少都有程度不同的修正。未经最高人民法院编辑的生效裁判文书,不论其裁判质量有多高,都不会自动成为指导性案例。现在的问题不是指导性案例可否对原生效裁判进行修正的问题,而是应当如何修正或者修正的水平是否有技术含量的问题。例如,指导性案例第 15 号的裁判要点显然不在《公司法》第 20 条第 3 款的文义之内,裁判理由应当如何表述意义重大,但该案例的裁判理由的表述与原生效裁判基本相同,未体现出指导性案例应有的技术含量。而相关法条同时引用《民法通则》第 4 条和《公司法》第 20 条第 3 款,不免让人疑惑:如果裁判要点为对《公司法》第 20 条第 3 款的漏洞的补充,则应当直接适用《公司法》第 20 条第 3 款,《民法通则》第 4 条则不能成为法院裁判的依据;如果裁判要点不是对《公司法》第 20 条第 3 款漏洞的补充,《公司法》第 20 条第 3 款则与本案

---

① 参见汤文平《论指导性案例之文本剪辑》,《法制与社会发展》2013 年第 2 期,第 50 ~ 54 页。

② 还有人认为,我国应当重建指导性案例的判决结构,"为了实现指导性案例承担的指导功能,未来的指导性案例宜采'判决文风',先述明结论,再论证理由,判决结果置于基本案情之前。"但其讨论的主要内容还是指导性案例的原生效裁判的判决结构应当如何重建的问题,似与指导性案例的形成没有多大关系,这表明作者将指导性案例与原生效裁判等同视之。参见周翠《民事指导性案例:质与量的考察》,《清华法学》2016 年第 4 期,第 50 ~ 66 页。

的裁判无关，《民法通则》第 4 条应当作为裁判的依据，如果是这样，指导性案例则应当有更充分的说理。

各级法院做出的具有社会影响力的生效裁判供给不足，会影响指导性案例的生成，但其不应当是主要原因；对于那些裁判质量不是很高的生效判决，若其具有形成指导性案例的规范性的基础，仍可以经最高人民法院"加工"成为指导性案例。有观点提出，通过充分运用现有诉讼法有关上级法院提审下级法院有管辖权案件的规定，最高人民法院才可能终审具有指导意义的案件，并使判决按照现有程序转为指导性案例，也就是说由最高人民法院及其巡回法庭亲自审理案件和做成指导性裁判。[①] 这些观点本身已经在模糊指导性案例与个案裁判的界限，这应当引起我们的警觉。民商事个案裁判的判决书的质量"高或低"、适用法律"对或错"的问题，可以通过其他途径，比如"批复"等司法解释、提审或者再审案件的方式解决。就是说，不能为了形成指导性案例而刻意通过审判程序去做成指导性案例。指导性案例已非原生效裁判，自身也不构成裁判，仅是最高人民法院编辑生效裁判、以实现案例的规范性为本旨的案例作品，充其量是最高人民法院的学理解释，其没有天然的拘束力。在这个意义上，我们就不能以个案裁判（原生效裁判）的水准或质量来定性指导性案例。指导性案例代表最高人民法院的学术水准，不受原生效裁判的裁判文书的水准或质量的限制。相对于原生效裁判，指导性案例已经不再具有裁判的效力，但因其裁判要点的规范属性、裁判理由的法律解释和逻辑推理，使其对其他类似案件的裁判更加具有示范性。

三　指导性案例的目的性

发布指导性案例的主要目的在于统一裁判尺度。统一裁判尺度对于个案裁判、司法解释以及指导性案例应当是同一个性质的问题，故指导性案例的规范性在统一裁判尺度的问题上，与个案裁判和司法解释所面对的问题相同而不应当存在差异。"指导性案例，从其性质上看是解释法律的一种形式，更准确地说，是解释宪法性法律以外的国家法律的一种形式……实际上起到了

---

① 参见刘树德《最高人民法院司法规则的供给模式》，《清华法学》2015 年第 4 期，第 91 页；周翠：《民事指导性案例：质与量的考察》，《清华法学》2016 年第 4 期，第 65 页。

解释、明确、细化相关法律的作用。在此需要明确的是，指导性案例所具有的明确、具体和弥补法律条文原则、模糊乃至疏漏方面的作用，不是造法而是释法的作用。"①

对于指导性案例的目的性而言，在统一裁判尺度的问题上，其与个案裁判和司法解释的目的又有所不同，即实现统一裁判尺度的方式问题将不可避免地会附加一个目的：应当有针对性地统一裁判尺度，即以案例形式解释法律规范、实现指导性案例的规范性与具体案件事实的结合。指导性案例正是因为有此目的，在个案解释法律和条文范式的法律解释之间，其才得以生存和发展。笔者以为，指导性案例的规范性应当围绕以下目的展开。

第一，落实法律的原则性规定。在商事审判领域，统一裁判尺度的问题比比皆是，不胜枚举，其中以对法律的原则性规定的解释和适用，最为显要。对于商事法律的原则性规定，最高人民法院虽可以条文范式的司法解释应对原则性规定的裁判尺度或法律解释问题，但商事法律规范的原则性规定的落实，不是一个单纯的学术或理论问题，而是商事审判实践的经验积累问题，条文范式的司法解释往往会处于迟滞的状态。在此情形下，指导性案例因为处于解释法律的原则性规定的最前沿，应当是落实法律的原则性规定的最佳工具。有学者认为，指导性案例适用于法院对司法实践中遇到的法律问题尚未有充分经验，但需要做出临时性、政策性处理的情形。② 例如，我国 2005 年修订后的《公司法》引入公司法人格否认规则。《公司法》第 20 条第 3 款对公司法人格否认只做了原则性的规定，这不仅对我国公司法人格否认理论的成长提出了一系列的问题，而且成为摆在我国司法实务者面前的一道鲜有人尝试的难题。滥用公司法人格在我国具有普遍性和严重性，但如何适用《公司法》第 20 条第 3 款，原本就不是一个认识问题，更多的是一个实践问题。落实公司法人格否认的原则性规定，核心问题就是要有供法官裁判的实践标准。实务上，虽有部分法官开始了小心翼翼的尝试，但多数司法实务者还在等待最高法院的司法解释。在此过程中，案例指导是较为适宜并有助于完善公司法人格否认规则的妥当方式。③ 再者，公司法人格否认规则本来就是

---

① 胡云腾：《人民法院案例指导制度的构建》，http://www.legaldaily.com.cn/zbzk/content/2011 - 01/30/content_ 2463590. htm? node = 25496，最后访问日期：2017 年 4 月 20 日。
② 参见刘树德《最高人民法院司法规则的供给模式》，《清华法学》2015 年第 4 期，第 91 页。
③ 参见朱慈蕴《公司法人格否认：从法条跃入实践》，《清华法学》2007 年第 2 期，第 111 ~ 125 页。

一个个案适用的规则，我国《公司法》第 20 条第 3 款以原则性规定的方式予以借鉴，如果再以脱离具体案件事实的司法解释将之具体化，估计是一个不大可能完成的任务，以指导性案例来解释《公司法》第 20 条第 3 款，或许是一个非常合适的选择。最高人民法院 2013 年 1 月 31 日发布的指导性案例第15 号"公司法人格混同案"，无疑成为解释和适用《公司法》第 20 条第 3 款的一次比较成功的尝试。裁判要点认为，"关联公司人格混同，严重损害债权人利益的，关联公司相互之间对外部债务承担连带责任"。应当注意的是，指导性案例第 15 号可以说是受社会关注的、法律规定比较原则的新类型案例，但仅以"关联企业人格混同"情形下的法律适用为相应的裁判要点并进行了解释，这没有也不可能压缩《公司法》第 20 条第 3 款的进一步解释空间。对此，我们期待着在这个事项上有更多类型的指导性案例出现。

第二，解释法律规范的不确定文义。对于商事法律规范中的不确定文义，相对于法律的原则性规定，借助指导性案例"释法"，难度会相应降低。通过发布指导性案例，可以有效调节法律的抽象规范和个案的具体事实之间的距离，对指导性案例的裁判要点的归纳、裁判理由的充分表达，有助于实现对法律规范中的不确定文义的固化，明确法律规范在特定案件类型下的具体裁判标准。指导性案例第 10 号"董事会决议撤销案"，就《公司法》第 22 条第2 款规定之董事会决议撤销的法定事由——"决议内容违反公司章程"进行解释，其裁判要点认为，董事会决议"解聘总经理职务的决议所依据的事实是否属实，理由是否成立"不属于撤销董事会决议的事由。指导性案例第 74号"保险代位权案"即属此列。保险代位权源自《保险法》第 60 条第 1 款，但该条款中"第三者对保险标的的损害"的文义不甚清晰，是否仅限于第三者对保险标的因为侵权造成的损害，不无争议，有解释明确其文义的必要。该指导性案例旨在确认财产损失保险的第三人因为违约行为造成保险标的的损害，是否包括在"第三者对保险标的的损害"之内。该指导性案例的裁判要点认为："因第三者的违约行为给被保险人的保险标的造成损害的，可以认定为属于《中华人民共和国保险法》第 60 条第 1 款规定的'第三者对保险标的的损害'的情形。保险人由此依法向第三者行使代位求偿权的，人民法院应予支持。"值得注意的是，该指导性案例所称第三者的违约行为系承运人的违约行为，且保险标的的损害系由承运人的行为所造成，是否可以扩展而包括运输合同以外的违约行为，仍有解释的空间。

第三，补充法律规范的漏洞。指导性案例第 67 号"股权转让纠纷案"，涉及股权买方违反分期支付股权转让款的约定时可否适用《合同法》第 167 条的问题。该案例的案件类型较为特殊，以股权作为分期付款买卖合同的标的，但买方在合同订立后未按照约定支付第 2 期股权转让价金，其法律事实与《合同法》第 167 条所规定的解除合同之条件基本相符。但裁判要点明示："有限责任公司的股权分期支付转让款中发生股权受让人延迟或者拒付等违约情形，股权转让人要求解除双方签订的股权转让合同的，不适用《中华人民共和国合同法》第 167 条关于分期付款买卖中出卖人在买受人未支付到期价款的金额达到合同全部价款的 1/5 时即可解除合同的规定。"这是以指导性案例填补法律漏洞的积极举措，将原本不应当包括在《合同法》第 167 条中的案件类型排除于该条的适用之外，符合诚实信用原则，有利于维护股权交易的安全，平衡争议当事人的利益。① 对于存在漏洞的法律文本，不同法院的法官可能会基于其知识结构、价值判断、经验积累和释法能力等方面的不同而做出不同的理解，容易出现"同案不同判"的现象。通过指导性案例可以示范法官进行法律漏洞填补时如何行使自由裁量权，使法官在处理类似案件时采用指导性案例表达的裁判规范，从而在相当程度上避免或减少"同案不同判"的现象。

第四，对事实文本的法律解释。"在私法领域，意思自治原则使得当事人交易的意思表示，在形式上已经具备了法律解释的'文本'的价值，在内容上也具有替代法律解释对象——私法规范法律文本的功效。私法规范的法律文本具有私法属性，其主体构成为任意性规范，当事人的意思自治具有取代私法规范法律文本的效力，在发生争议时，私法规范的文本解释相当程度上将转化为对当事人意思表示的解释，案件事实（事实文本）俨然成为法律解释的主要方面，当事人的意思表示的有无、以言辞所表达的当事人的意图、当事人所用言辞以及意思表示的目的或效果等，将成为法官适用法律裁断争议的主要依据。"② 指导性案例第 52 号"海上货物运输保险案"是一件涉及保险合同约定的"外来原因"之解释纠纷案，同时涉及如何适用《保险法》第 30 条规定的保险合同解释规则这一问题。裁判要点认为，海上货物运输保险合同中的"一切险"，除包括平安险和水渍险的各项责任外，还包括被保险货物在运输途中由于外来原因所致的全部或部分损失。在被保险人不存在故意或者过失的情况下，由于相关保险合同中除外责任条款所列明情形之外的

① 以指导性案例补充法律规范的漏洞，应当慎之又慎，参见四川省高级人民法院、四川大学联合课题组《中国特色案例指导制度的发展与完善》，《中国法学》2013 年第 3 期，第 42 页。

② 邹海林：《私法规范文本解释之价值判断》，《环球法律评论》2013 年第 5 期，第 44 页。

其他原因，造成被保险货物损失的，可以认定属于导致被保险货物损失的"外来原因"，保险人应当承担运输途中由该外来原因所致的一切损失。实际上，指导性案例第 52 号确立了一项规则：保险合同约定未明确排除的危险，保险人应当承担保险责任，除非该危险可归责于被保险人的故意或者过失。该规则是以指导性案例解释保险合同的约定之方式固定下来的。"法律解释之价值判断围绕具体的案件事实以及与具体的案件事实直接相关的法律文本展开。在私法领域，对事实文本予以解释并赋予其法律上的意义，要比解释相应的私法规范的法律文本更有价值。"① 该指导性案例的原生效裁判发生在 20 世纪 90 年代，但对于我国目前各级法院审理保险合同项下的保险责任范围解释的案件还是极具指导意义的。

第五，具有形成裁判规范的其他价值判断情形。有些生效裁判虽然不会产生很大的社会影响，但至少在法律解释的路径上，不是简单重复既有的私法规范的文义，而是将之与具体的新类型案件的具体法律事实相结合。例如，指导性案例第 73 号"破产别除权案"② 的裁判要点认为，"符合《中华人民共和国破产法》第 18 条规定的情形，建设工程施工合同视为解除的，承包人行使优先受偿权的期限应自合同解除之日起计算"。该指导性案例旨在确认建设工程价款的优先受偿权应当在何时开始行使。对于在建工程，最高人民法院"全国民事审判工作会议纪要"精神提出：因发包人的原因，合同解除或终止履行时已经超出合同约定的竣工日期的，承包人行使优先受偿权的期限自合同解除之日起计算；而指导性案例的具体案件事实为发包人破产时合同并没有解除，且工程停工已经超出了竣工日期。指导性案例的裁判要点将《企业破产法》第 18 条与具体案件事实对接，明确：建设工程发包人破产时承包人的优先受偿权自合同解除之日起算，属于对新类型案件的法律解释。相比较于安徽省高级人民法院的参考性案例第 16 号，该参考性案例的裁判要点仅重述了原生效判决中最高人民法院"全国民事审判工作会议纪要"的精神，相关法条亦未表明《企业破产法》第 18 条的适用；指导性案例第 73 号针对进入破产程序的在建工程的合同解除，裁判要点更加突出，较为契合原生效裁判的意旨，而且与发包人进入破产程序的具体法律事实和法律适用相结合，对各级法院审理类似案件所产生的指导意义更直观、更有示范效用。

---

① 邹海林：《私法规范文本解释之价值判断》，《环球法律评论》2013 年第 5 期，第 40 页。

② 该指导性案例原为安徽省高级人民法院发布的参考性案例第 16 号，参见颜茂昆主编《中国案例指导》（总第 2 辑），法律出版社，2015，第 329 ~ 331 页。

四 指导性案例的示范性

案例指导制度毫无疑问要解决案例的示范性问题，但发布指导性案例的目的限于形成审理类似案件的裁判规范，并非要示范各级法院（尤其是下级法院）如何审理案件或者提高案件的审判质量。就指导性案例的示范性而言，仅以其形成的裁判规范的示范性为标准，而与指导性案例据已形成的原生效裁判的社会影响性或裁判文书的质量高低无关，更不能以指导性案例的数量多少来看待指导性案例的示范性。

指导性案例的供给不足，确实是个问题。如上所述，我国共发布指导性案例87件，其中仅有9件涉商事指导性案例，指导性案例的供给严重不足。事实上，最高人民法院在涉商事的法律规范的解释问题上，近年来的司法解释力度颇大。但为何指导性案例的供给却如此稀少呢？有研究报告指出，指导性案例的编辑条件、推选程序、发布机制都有待完善，尤其是清理汇编《最高人民法院公报》案例的工作迟缓。① 当前我国法院裁判文书的制作水平总体不高，不同程度上存在着判决书说理不充分、逻辑不严谨、可读性差的缺陷，尤其是对于事实的认定与法律文本的对接过于简单，不容易发现或找到"认定事实清楚，适用法律正确，裁判说理充分，法律效果和社会效果良好"的生效裁判。除指导性案例外，对于其他具有示范性价值的案例，有法官早在2008年就指出，"典型案例"征集、编制、发布的程序不规范，编制周期长，且存在数量不多、质量不高的现象，② 而这些现象至今仍然存在。最高人民法院发布的涉商事指导性案例如此稀少，与实践中的涉商事生效裁判的质量不高具有一定的关系；最高人民法院近期开始加大力度从《最高人民法院公报》刊发的案例中遴选指导性案例，也足以说明这个问题。但笔者以为，符合指导性案例要求的生效裁判供给不足，只是制约最高人民法院发布指导性案例的一个因素，但这不是指导性案例供给稀少的真正原因，真正原因在于我们没有准确地认识到指导性案例的示范性，而是夸大或过分看重了生效裁判的示范性，以致对发布指导性案例采取了相对谨慎的立场。指导性

---

① 参见四川省高级人民法院、四川大学联合课题组《中国特色案例指导制度的发展与完善》，《中国法学》2013年第3期，第43页。

② 参见王洪季《案例指导制度的反思与探索》，http://article.chinalawinfo.com/ArticleHtml/Article_45076.shtml#m29，最后访问日期：2017年4月19日。

案例的供给不足，只是指导性案例的"量"的问题，指导性案例的数量并不能反映指导性案例在规范性方面的"质"的要求。

正如上文所言，指导性案例的示范性仅以其形成的裁判规范的示范性为准，但我们的司法实务并不是这样的，而是将"认定事实清楚，适用法律正确，裁判说理充分，法律效果和社会效果良好"这些要素，当作指导性案例的示范性。"指导性案例的类型，包括法律规定比较原则的、具有典型性的、疑难复杂或者新类型的，等等。这些案件大多不能简单地直接适用法律规范，而是需要运用多种法律解释方法才能够得到较好的解决。指导性案例则以直接、生动的方式展现了各种法律解释方法的运用方式；进而，法律解释方法也可以借助于指导性案例逐渐被法官所认知和认可。"① 尤其是，指导性案例不等同于原生效裁判，寻找"法律效果和社会效果良好"的生效裁判，本身不太容易；就算找到了这样的生效裁判，但是否其又具有形成裁判规范的"释法"作用而能够作为指导性案例，又会是另一个问题。"法律效果和社会效果良好"的生效裁判，没有形成裁判规范的价值的，不能作为指导性案例。同时应当注意到，指导性案例的供给不足并不表明我国司法实务对于裁判规范的需求不旺盛，也不表明指导性案例的示范性不足。因此，抛开通过指导性案例形成裁判规范的目的，单纯去探讨指导性案例的示范性，无疑会影响指导性案例的供给数量，同时也无助于指导性案例的规范性成长。

在最高人民法院发布的指导性案例中，有些涉商事指导性案例是不具有指导性案例的示范性的，但这些案例的"法律效果和社会效果良好"却是一个事实。例如，指导性案例第 8 号"公司僵局解散案"为一件涉及公司僵局而解散公司的案件，在内容和形式上的确为新类型案件，原生效裁判对于案件事实的认定、法律适用、裁判理由以及裁判结果"中规中矩"，具有一定的示范效应，似有必要以指导性案例的形式发布以解释《公司法》第 183 条的规定。指导性案例第 8 号的裁判要点明确："公司法第 183 条将'公司经营管理发生严重困难'作为股东提起解散公司之诉的条件之一。判断'公司经营管理是否发生严重困难'，应从公司组织机构的运行状态进行综合分析。公司虽处于盈利状态，但其股东会机制长期失灵，内部管理有严重障碍，已陷入僵局状态，可以认定为公司经营管理发生严重困难。对于符合《公司法》及

---

① 孙光宁：《案例指导：法律解释方法法典化的制度探索》，《学术交流》2016 年第 6 期，第 79 页。

相关司法解释规定的其他条件的，人民法院可以依法判决公司解散。"其裁判理由以原生效裁判查明的事实对《公司法》第 183 条和《公司法司法解释二》第 1 条、第 5 条做了一个简单的"法律适用的三段论"推理，且案件事实也不存在什么特殊性。"公司经营管理发生严重困难"作为股东提起解散公司之诉的条件，在理解和判断"公司经营管理是否发生严重困难"这一问题上，以公司组织机构的运行状态进行综合分析属于应有之义，而《公司法司法解释二》第 1 条对于《公司法》第 138 条已有较为具体的释明，对于原生效裁判认定的事实，相应的规范文本文义清楚，其适用不存在继续解释法律文本的"空间"。各级法院在审理与指导性案例第 8 号类似的案件时，以《公司法》第 138 条和《公司法司法解释二》第 1 条的规定就足以做出裁判，根本无须参照指导性案例第 8 号。[1] 这些已经发布的指导性案例，裁判要点和裁判理由只是简单地重复既有的法律规范或者司法解释，缺乏形成裁判规范的示范性，由此也决定了这些案例因其所使用的法律解释方法的技术含量低而对于各级法院审理类似案件不会有什么启发意义，不适宜作为指导性案例发布，但可以作为其他具有示范意义的典型案例或参考性案例发布。

目前，除指导性案例外，最高人民法院还在发布"典型案例"，高级人民法院在其管辖区内可以发布"典型案例"或"参考性案例"。于是，在我国的司法体制之下，已经形成了以最高人民法院和高级人民法院为主体的"两级案例"发布体系，指导性案例和其他形式的"典型案例"或"参考性案例"并存，但是二者在案例的称谓、适用上有本质的不同。[2] 笔者以为，指导

---

[1] 同样，指导性案例第 25 号"保险代位权的请求权基础案"是一件涉及保险代位权诉讼的管辖案，间接涉商事，该案对于保险代位权的请求权基础予以明确，即"代位行使被保险人对第三者请求赔偿的权利"，"应当根据保险人所代位的被保险人与第三者之间的法律关系"，而非"根据保险合同法律关系"提起诉讼。这个结论属于《保险法》第 60 条第 1 款的应有之义。相应地，请求权的基础决定着法院的管辖权，故指导性案例第 25 号对各级法院审理类似案件的参照效用并不显著。指导性案例第 31 号"船舶碰撞案"，涉及如何适用《海商法》第 169 条关于按照过失程度分担赔偿责任的问题。裁判要点认为，对事故责任的认定，应以双方约定的航行规则为基础，依照涉案船舶在发生碰撞事故时违反约定的情形、碰撞前紧迫局面的形成原因、当事船舶双方过错程度及处置措施恰当与否做综合分析。据此，该案例并不直接涉及《海商法》第 169 条的解释问题，而是要对两艘涉案船舶航行中的过失进行认定，这基本上属于对法律事实的判断，而非法律解释。故指导性案例第 31 号对于各级法院审理类似案件欠缺作为裁判规范的参照效用。

[2] 2011 年 12 月 20 日，最高人民法院发布《关于发布第一批指导性案例的通知》指出，"各高级人民法院可以通过发布参考性案例等形式，对辖区内各级人民法院和专门法院的审判业务工作进行指导，但不得使用'指导性案例'或者'指导性案例'的称谓，以避免与指导性案例相混淆"。

性案例以形成裁判规范为目的，而其他的"参考性案例"也有案例指导的示范性价值，但不具有形成裁判规范的目的和效用；尽管高级人民法院对其发布的"典型案例"或"参考性案例"几乎都提出了与最高人民法院发布指导性案例基本相同的要求，即旨在统一裁判尺度、防止"同案不同判"的现象发生，要求辖区内的各级法院在处理与参考性案例相类似的案件时，应当参照"参考性案例"所运用的裁判方法、裁判规则和法律思维。正如有法官在谈及案例指导的示范性时所称：案例指导应以案释法，给予当事人合理预期，促使当事人服判息诉。向社会公布指导性案例，不仅能够给法官以审判指引，而且能够通过案例给予当事人、律师以合理预期。实行案例指导制度后，当事人在涉诉之初即可参考一些案例初步了解法院处理类似纠纷的方式，从而对案件有一个较为客观、合理的认识。① 显然，案例指导的示范性相对于指导性案例的示范性更为宽泛。最高人民法院自 2015 年开始，还不定期或分批次地发布"典型案例"。最高人民法院发布的"典型案例"以省级法院管辖区域具有良好示范性的案例或者围绕特定主题而具有较好社会效果的示范性案例作为选取对象。就涉商事的典型案例而言，最高法院已经发布多批"典型案例"，例如：最高人民法院 2016 年 4 月发布"关于依法平等保护非公有制经济，促进非公有制经济健康发展民事商事典型案例" 10 件；6 月，发布"人民法院关于依法审理破产案件推进供给侧结构性改革典型案例" 10 件；7月，发布"人民法院关于依法审理矿业权民事纠纷案件典型案例" 10 件；10月，发布"最高人民法院第二巡回法庭关于公正审理跨省重大民商事和行政案件典型案例" 10 件；等等。对于这些经由最高人民法院发布的"典型案例"，我们不能说其没有示范性，但可以说其缺乏指导性案例的示范性，因为这些案例不以形成裁判规范为目的，最高人民法院不可能要求各级法院在审理相关案件时参考或援引其发布的"典型案例"。

如果我们能回归对指导性案例的规范性认知，将真正具有示范性的生效裁判发布为指导性案例，而不是过分挖掘具有示范性但缺乏规范性的生效裁判作为指导性案例，指导性案例的供给问题将会有所改观，而且这也有助于避免或者减少将不具有示范性的案例发布为指导性案例的现象，以节约或更优化地利用有限的司法资源。

---

① 参见王洪季《案例指导制度的反思与探索》，http：//article. chinalawinfo. com/ArticleHtml/Article_ 45076. shtml#m29，最后访问日期：2017 年 4 月 16 日。

五　指导性案例的参照和规范性转型

指导性案例并非我国的法律渊源。在这个意义上，指导性案例在涉及法律解释的定性问题时，不是有权解释（司法解释）而属于学理解释。最高人民法院不断强调指导性案例不具有法律渊源的效用，仅具有参照作用，法官不能以其作为裁判的依据并在法律文书中引用。① 但应当注意的是，指导性案例对私法规范的学理解释，与通常所称的学理解释又有所不同：以指导性案例解释私法规范的主体并非理论意义上的学者，而是具有最高裁判地位的法院，其对指导性案例的裁判要点和裁判理由的归纳，相当程度上代表或者反映着最高裁判机关的立场和观点。下级法院的法官在面对最高法院认可的案例时，不得不考虑这样一个问题——其做出的不符合案例的法律解释之判决将存在被上级法院撤销的危险，以致其必须服从最高法院的案例对私法规范的解释。② "由于指导性案例是适用法律最恰当的案例，违背指导性案例裁判要点的裁判，必然违背指导性案例所适用的法律，因此，有可能导致撤销原判甚至改判。"③ 这种情形被学者称为指导性案例对各级法院审理类似案件具有事实上的拘束力。各级法院在裁判类似案件时，对于私法规范的学理解释④可以不予考虑，但对于最高人民法院带有立场和选择性的学理解释（裁判要点和裁判理由）就不能不受其拘束；对各级法院的法官而言，参照指导性案例裁判类似案件，其自会感受到无比强大的压力和束缚。

事实上，以指导性案例的形式将个别生效裁判所依循的法律规范或者法律解释结论在审理类似案件的其他法官群体之间进行推广，则因为法官职业群体的价值判断趋同之缘故，这些指导性案例被冷落或遭受漠视的概率会相当微弱。对于指导性案例的参照效用，有观点认为："我国的指导性案例一经最高人民法院发布，就应当具有指导性和权威性，地方各级人民法院应该遵循该案例所确立的法律规范，不得规避适用，更不得任意推翻。"⑤ 最高人民法院大法官胡云腾先生对此表达得更为直接："参照就是参考、遵照的意思，

①　参见最高人民法院《〈关于案例指导工作的规定〉实施细则》第 10 条。
②　参见〔日〕后藤武秀《判例在日本近代化中的作用》，《比较法研究》1997 年第 1 期。
③　胡云腾：《关于案例指导制度的几个问题》，《光明日报》2014 年 1 月 19 日，第 16 版。
④　学理解释不以形成裁判规范为目的，更不具有规范性。
⑤　王杏飞：《"指导性案例"法理透视》，《政治与法律》2008 年第 2 期，第 73 页。

即法官在审判案件时……处理与指导性案例相类似案件时，要遵照、遵循指导性案例的裁判尺度和裁判标准。""应当就是必须。当法官在审理类似案件时，应当参照指导性案例而未参照的，必须有能够令人信服的理由；否则，既不参照指导性案例又不说明理由，导致裁判与指导性案例大相径庭，显失司法公正的，就可能是一个不公正的判决，当事人有权利提出上诉、申诉。"①

有关我国案例指导制度的讨论，就最高人民法院选定的案例是否具有拘束力，存在肯定说与否定说两种对立的观点。否定说将案例与司法解释加以区分，认为区分的标志就在于效力不同：最高人民法院做出的司法解释具有法律的拘束力，案例对指导法院的审判工作、正确适用法律具有重要的作用，但不具有法律的拘束力。② 肯定说则将最高法院选定的案例作为司法解释的一种形式，认为经最高人民法院审判委员会讨论选定的指导性案例揭示的法律规则具有司法解释的效力，具有法律上的拘束力，地方各级法院必须执行遵循，最高人民法院自己也必须遵守。③ 然而最高人民法院有关指导性案例的规定，已经十分清楚地说明了指导性案例不具有司法解释的效力，仅对各级法院审理类似案件具有参照效用。

不论指导性案例是否已构成法律渊源，指导性案例所表达的裁判规范都因其规范性而已经对各级法院审理类似案件产生了事实上的拘束力。如是，指导性案例的参照系对指导性案例规范性的参照，应无疑义；但作为指导性案例构成部分的相关法条、案件事实、裁判结果以及裁判理由，是否亦属于参照对象，学界和司法实务界不无疑义。④

最高人民法院只是要求各级法院在审理类似案件时参照指导性案例。指导性案例的形成逻辑表明：原生效裁判已经固定了某种案件类型所应当适用的法律规范及其解释结论；涉案的法律规范及其解释结论，经最高人民法院发布为指导性案例，取得了最高人民法院认可的地位，代表着最高人民法院对原生效裁判适用的法律规范及其解释的承认，除了立法机关，没有任何其他机构对于法律规范及其解释能够取得超越最高人民法院的地位。也就是说，经最高人民法院承认的裁判要点和裁判理由，各级法院审理类似案件时，应

① 胡云腾：《人民法院案例指导制度的构建》，http：//www. legaldaily. com. cn/zbzk/content/2011 - 01/30/content_ 2463590. htm? node＝25496，最后访问日期：2017 年 4 月 9 日。
② 参见周道鸾《中国案例制度的历史发展》，《法律适用》2004 年第 5 期。
③ 参见董暤主编《中国判例解释构建之路》，中国政法大学出版社，2009，第 150 页。
④ 参见颜茂昆主编《中国案例指导》（总第 2 辑），法律出版社，2015，第 368 页。

当遵循。但是，鉴于指导性案例的参照效用，各级法院在审理类似案件时不能将之作为裁判依据援引，指导性案例的参照效用的确较为尴尬。有研究报告指出：指导性案例的拘束力尚须明晰，虽然各级法院在审理类似案件时应当参照指导性案例，但不参照指导性案例的程序负担、法律后果等并不明确；指导性案例的参照技术也众说纷纭，如何参照指导性案例本身就是问题。近五成（47.37%）的调查对象认为"我国不是判例法国家，没有必要适用，且不便适用"，32.74%的调查对象表示"实践中没有参照使用案例的习惯，周围同事也不参照使用案例"，还有一些调查对象认为指导性案例的引用方式不明确，不便引用。① 在司法裁判中"应当参照"指导性案例，"应当参照"一语既包含了刚性的"应当"要求，也包含了柔性的"参照"要求，因此这是一个需要澄清语义的表述。② 有学者试图以西方法理学上的"承认规则"来对应我国的指导性案例，但又不得不表达出一种无奈，即指导性案例虽然被认定为我国"承认规则"的一部分，但并不表明其已经是或者必然会成为我国"承认规则"的一部分。于是，各级法院的法官在审理案件时，实际上对指导性案例的参照更多的是发挥其辅助作用，帮助法官更方便、更有效地在审判中参照过往判例进行判决。③ 有人对指导性案例的参照效用表达如下的忧虑也是有道理的："如果按照我国一些法学家的理解，法官'应当参照'指导性案例仅仅是指如果同意指导性案例的判断就直接适用，而不同意指导性案例的判断时仅需要说明不同意的理由就可以不予使用的话，就会使整个案例指导制度不具有实际的规范力。假使每当法官不同意指导性案例的要求，都可以在说明不同理由后就将之抛弃不顾，那么案例指导制度就将彻底失去存在的意义。"④ 总之，指导性案例的参照效用到目前为止都还是一个值得讨论的问题：指导性案例对于各级法院审理类似案件具有事实上的拘束力这一点并不能合理地诠释指导性案例具有的参照效用。

指导性案例的规范性，使其更多地以规范形式对各级法院审理类似案件进行指导，其与条文范式的司法解释的界限正趋于模糊，二者的拘束力在事实上的区分已经相当细微。指导性案例的规范性若能向司法解释的方向转型，

---

① 参见四川省高级人民法院、四川大学联合课题组《中国特色案例指导制度的发展与完善》，《中国法学》2013年第3期，第43页。

② 参见张志铭《司法判例制度构建的法理基础》，《清华法学》2013年第6期，第104页。

③ 参见宋京逵《对案例指导制度的再审视》，《山东社会科学》2016年第8期，第131~137页。

④ 宋京逵：《对案例指导制度的再审视》，《山东社会科学》2016年第8期，第136页。

这样发展的结果并没有什么不好，反而会更加凸显最高人民法院发布指导性案例的意义。指导性案例的规范性距离司法解释也就差了那么"半步"，两者同为法律解释的一种形式，法官职业群体又不否认指导性案例表达的裁判要点具有裁判规范的性质，因此与其这么费劲儿形成指导性案例而又担心其效用机制的发挥，笔者认为不如将之作为司法解释的一种形式。在我国目前的法律渊源框架下，不能笼统地说指导性案例具有法律的拘束力，但只要具备将非经法院的审判活动形成的裁判规范（指导性案例的裁判要点）纳入司法解释的条件，就可以使其具有法律的拘束力。

商事指导性案例的规范性，在法律解释的效果上类似于最高人民法院的批复。批复对下级法院的个案裁判不仅有指导意义，更有拘束力。批复作为下级法院审理案件的依据，应当在裁判文书中被直接引用。批复更多的是针对个案的争议焦点由最高人民法院给予下级法院的请示做出的相关意见性答复，与案件事实具有一定程度的关联性；① 但批复是以创设条文范式的裁判规范为内容的司法解释，其解释结论与具体的案件事实没有直接的关联。"本来是针对个案的司法解释，最高法院会将事实部分进行剪裁，留下法律文本和解释意见；或者将案件事实凝练一番与解释意见一同构成了普适性的法律解释，法律解释又一次回到了老路。"② 不论怎样，批复在个案裁判指导的路径上，为指导性案例的参照效用的规范性转型提供了样本。在我国司法实务中，由于缺少足够的时间来收集整理用以制定司法解释的经验资料，通常在法律颁布后三年至五年之内不宜制定司法解释，因为每一条司法解释都应以实际案件的处理经验为基础，不应对法院系统未曾处理过的事项做出司法解释。③ 在此意义上，指导性案例的规范性不仅可以帮助法官们积累司法实践经验，而且有利于他们便利地完成司法解释难以完成的工作。"在司法过程中的法律文本不是以句法的方式，而是以意义的方式传达出来，解释者是在法律与事实之间的循环关系中理解法律的。司法实践中已经确定的案例是在具体的情境中理解法律的典范。"④ 因此，指导性案例可以部分地替代司法解释，但不

---

① 参见刘风景、温子涛《批复类司法解释的走向》，《人民司法》2014 年第 3 期，第 109 页。

② 孙日华：《法律解释的成本——兼论法律解释权的配置》，《河北法学》2010 年第 3 期，第 53 页。

③ 参见陈甦《司法解释的建构理念分析——以商事司法解释为例》，《法学研究》2012 年第 2 期，第 9 页。

④ 陈金钊：《案例指导制度下的法律解释及其意义》，《苏州大学学报》2011 年第 4 期，第 57 页。

能全部取代司法解释；司法解释存在着抽象性问题，而案件的裁决是具体和感性的，指导性案例作用的发挥，能够为各级法院和法官提供一个可具体遵循的裁判标准，这是人民法院审判功能的一种回归。[①]

条文范式的司法解释与指导性案例的规范性在法律解释方法上不存在本质的差异，两者均通过最高人民法院来完成这个解释过程，在效用上应当相同，但在裁判规范的形成机制上，后者更具优势，也更加具有针对性和适应性。"案例指导实际上就是要在理解法律过程中增加经验的成分。"[②] 法律规范原本就是对生活秩序的抽象，故解释法律不应继续抽象地利用文本解释文本，而应与具体的案件事实相结合。个案中的法律解释因为富含了法官对案件事实的价值判断，其解释会更加精准、贴合案件事实并还原应有的生活秩序。最高人民法院以指导性案例的形式解释法律，但其遴选、讨论和确定指导性案例的过程与具体的纠纷解决事项无关，而是以生效裁判作为基础，经过加工将生效裁判解释的法律规则和法律解释过程再现出来，其实质与最高人民法院制定司法解释的过程相似。须强调的是，指导性案例中对法律解释方法的利用，并非发布指导性案例的目的，其仅仅是达成裁判要点以指导各级法院裁判类似案件的工具而已。法律解释方法无非就是我们在书本上能够见到的那些，但裁判要点却是我们在书本上乃至法律文本上不曾见识或极少见识的内容，且因私法规范的抽象性和具体案件事实的多样性而存在无穷尽的解释可能。在现实生活中，两个案件的事实情境相同或者十分相似的情况是极为少见的；案件的类似性在许多情形下又是模糊的，这为法官对待类似案件采取不同于指导性案例的规范性的处理方式提供了正当理由的空间。例如，指导性案例第15号对于公司法人格混同仅提供了一种关联公司承担连带责任的案件类型的裁判规范，实践中仍然存在与公司人格混同的其他案件类型相对应的其他裁判规范的极大空间，这还有待于我国司法实践经验的积累。各级法院在审理与指导性案例类似的案件时，若其对法律的解释有更合理的理由，就不应当简单地复制指导性案例表达的裁判要点，而不论该裁判要点是否具有法律渊源的效力。"当案例指导制度要求法官们应当参照指导性案例时，指导性案例本身的事实特征和法官当下所审判案件的事实特征是否一样、

---

① 参见刘作翔《中国案例指导制度的最新进展及其问题》，《东方法学》2015 年第 3 期，第 41~42 页。

② 陈金钊：《案例指导制度下的法律解释及其意义》，《苏州大学学报》2011 年第 4 期，第 60 页。

是否具有相同的道德意义或法律意义，就是法官自己所需要思考的问题，指导性案例在这一点上永远无法代替法官的思考。"① 指导性案例表达的裁判规范，较之条文范式的司法解释再行解释的空间或许会小得多。

指导性案例的核心部分，是经由法院的生效裁判导出的裁判要点和裁判理由。尽管裁判要点基于原生效裁判的个案事实，但却是超越原生效裁判的既判力而对各级法院审理同类案件产生事实上的拘束力的裁判规范。在法律解释的意义上，批复和指导性案例的裁判要点在规范形成的路径上是相通的。虽有不少人认为，我国的指导性案例借鉴了英美法上的判例制度，但笔者认为，判例或先例制度并非我国指导性案例的始作俑者，指导性案例直接源自最高人民法院针对个案裁判而长期实践的批复和在《最高人民法院公报》上登载"公报案例"以引导各级法院裁判的经验积累。指导性案例契合了我国成文法的现状以及法官不应"造法"的制度约束，但又利用了最高人民法院指导各级法院适用和解释法律所具有的天然优势地位，实际上开辟了一条在全国范围内以指导性案例的规范性来统一裁判尺度的司法解释道路。在我国，最高人民法院表达裁判规范的司法解释，有"解释"、"规定"和"批复"三种形式。② 司法解释具有法律效力。司法解释施行后，人民法院以之作为裁判依据的，应当在司法文书中援引；人民法院同时引用法律和司法解释作为裁判依据的，应当先援引法律，后援引司法解释。③ 因此，将指导性案例表达的裁判要点纳入司法解释的范畴，并没有法律上的任何障碍，基于实践的需要，应当将之纳入司法解释的范畴，以便各级法院在审理类似案件时援引。笔者以为：就指导性案例本身而言，因其不是裁判规范，因而仍具有参照的效用；各级法院如何参照指导性案例，实为对指导性案例的案件事实、裁判结果和裁判理由的参照，参照指导性案例的目的是为了解决类似案例的确定性问题，而非裁判要点的适用问题。在此情形下，法院审理案件的"重点在于对待决案件与判决的案件在事实上是否具有类似性进行正确判断"④，各级法院参照指导性案例能够确定其审理的案件为类似案件的，则应当以援引条文范式的司法解释相同的方式援引指导性案例的裁判要点做出裁决。

---

① 宋京逵：《对案例指导制度的再审视》，《山东社会科学》2016 年第 8 期，第 131～137 页。
② 参见最高人民法院《关于司法解释工作的规定》（2007 年）第 2 条和第 6 条。
③ 参见最高人民法院《关于司法解释工作的规定》（2007 年）第 5 条和第 27 条。
④ 陈兴良：《案例指导制度的规范考察》，《法学评论》2012 年第 3 期，第 122 页。

六 余论

我国的案例指导制度是作为司法体制改革的措施之一获得推广的，而且在最高人民法院发布指导性案例的同时，各级法院都在积极探索具有自身特点的案例指导方式，例如 2002 年有媒体报道，郑州市中原区人民法院试行的"先例判决"制度。① 时下，最高法院不仅发布指导性案例，而且发布典型案例；高级人民法院也在本辖区发布有示范效应的典型案例或参考性案例。"案例指导制度是成文法下使用案例的一种新形式。就借助个案积累、传承司法经验而言……其实质是以约束司法裁量权、统一司法为目标的强化司法业务管理的新手段。"② 显然，案例指导还有一个附带的理由：以案例指导解决我国司法实践中普遍存在的"同案不同判"现象。

事实上，案例指导不能以约束各级法院的自由裁量权作为目的，而应当以法律解释为首要目的，即通过案例指导去探寻、解释我国既有的法律规范之含义或者弥补法律规范之漏洞，以实现裁判尺度的统一。裁判尺度的统一与解决"同案不同判"问题不是一回事；"同案是否同判，与指导性案例之有无虽有一定关系但又没有必然联系。因为"同案不同判"主要不是规则匮乏造成的，而是偏离规则所致"③。具有中国特色的指导性案例在目的上必须摆脱司法业务管理的束缚，才能够实现其最基本和最有价值的裁判规范的发现和法律漏洞补充的功能，践行促进法律统一适用、弥补成文法的缺陷与不足的法律解释宗旨，并发展成为我国成文法体系不可取代的重要立法资源。

司法解释在我国民商事法律制度和体系建构方面发挥了巨大的作用。从 1979 年到 2011 年，最高人民法院以"意见"、"规定"、"解释"、"纪要"等形式做出的各种民商事司法解释有 469 件，几乎到了"无法不解释"的地步。④ 司法解释具有阐释或者明确私法规范的文本内容的作用，对于统一下级法院裁判案件适用法律有积极的效果。司法解释文本在内容上也具有一定的可操作性。法官在审理具体案件时，往往直接引用司法解释文本，从而方便

---

① 参见《人民法院报》2002 年 8 月 17 日。
② 秦宗文：《案例指导制度的特色、难题与前景》，《法制与社会发展》2012 年第 1 期，第 101 页。
③ 陈兴良：《案例指导制度的规范考察》，《法学评论》2012 年第 3 期，第 119 页。
④ 参见柳经纬《当代中国私法进程中的民商事司法解释》，《法学家》2012 年第 2 期，第 87 页。

地实现法律规范和具体案件事实的结合，但这并不表明，法官无须对司法解释文本进行解释，也不表明司法解释就准确地表达了法律文本的文义。法院在审理具体案件时，尤其是涉及适用相关司法解释形成的"规范"时，因其具有抽象性，法官仍要进行"解释"，这必然会导致"抽象解释的重复再解释"，人为增加法律解释的成本。① 在我国私法规范不再严重缺位的当下，条文范式的司法解释过多会增加法律文本内容解释的复杂程度或使法律文本的内容更加不确定，或者会制造出商事交易的制度性风险。②

指导性案例的规范性要在相当程度上取代条文范式的司法解释。指导性案例的裁判要点不仅应当成为各级法院审理类似案件的法源，而且将以经验积累的形式丰富我国司法解释的内容，并为条文范式的司法解释的形成乃至成文法的完善提供实践基础。当然，一旦以指导性案例表达的裁判规范出现失误或不当，则有可能导致批量类似案件的失误或错误，但这种情况并不限于指导性案例可能引致，条文范式的"恶法"亦会引起；相对于条文范式的司法解释，指导性案例得以生成的案件事实和裁判理由至少可以将其不良示范效应控制在类似案件的范围内，其风险要比失误或错误的条文范式的司法解释低得多。同时，指导性案例所展示的案件事实、裁判结果以及裁判理由将对各级法院的法官审理类似案件提供具体的参照指引，为裁判规范适用的案件事实的类似性判断提供示范，为改善我国法官惯行的法律适用"三段论推理"注入丰富多彩的思维内容，提升法官审理案件的法律解释能力和裁判说理水平。因此，将指导性案例的规范性纳入司法解释的范畴，同时继续大力推广指导性案例的参照效用，应当成为我国指导性案例的未来发展方向。

---

① 参见孙日华《法律解释的成本——兼论法律解释权的配置》，《河北法学》2010 年第 3 期，第 54 页。

② 参见邹海林《私法规范文本解释之价值判断》，《环球法律评论》2013 年第 5 期，第 50 页。

商事指导性案例制度构建的几个理论问题

范 健 丁凤玲[*]

【内容摘要】 理论上商事指导性案例区别于判例法而属于习惯法，是习惯与制定法的桥梁，属于法官解释法律和在法律计划范围内续造法律的活动。在我国政体下，商事指导性案例具有司法解释的属性。最高法院、高级法院和较大市的中级法院都应当被列为商事指导性案例的生成与发布主体，其有权选择下列案件作为商事指导性案例：其一，所涉及的法律问题属于法律规定不清、滞后、空白、有冲突的；其二，该案对法律问题的解释与续造属于法律计划范围内的；其三，该案的裁判属于对应法院的持续性做法的。三级法院发布的商事指导性案例都应具有规范约束力以及说服力。商事指导性案例的整体应当都是商事指导性案例拘束力的载体。此外，法官适用商事指导性案例的步骤为"识—找—比—验—定"五步，其中最为关键的是"比"，以争议焦点、关键事实、争议法律问题等为"比"的对象。

【关键词】 商事指导性案例 习惯法 司法解释

一 引言：商事指导性案例的存续价值依赖 合理的制度安排

自最高法院 2011 年 12 月 20 日发布第一批指导性案例以来，指导性案例制度在我国已经运行了 5 年多的时间。然而，指导性案例制度定位不清、效力不明、生成机制模糊、适用机制缺位的尴尬处境并没有随着时光的流转得到改善，反而是指导性案例制度的其他弊端在长期的司法实践中不断显现。

最能反映制度效果的是指导性案例的司法适用率。有学者统计，以 2016

---

* 范健，南京大学法学院教授、博士生导师；丁凤玲，南京大学法学院商法专业直博生。

年 9 月 30 日为时间节点，最高法院共发布了 69 例指导性案例，其中民商事案例 42 件，这 42 件案例有 22 件从未被应用，占比 52.4%。① 并且，在时间上未被应用的案件并非是因为新发布而未有机会被应用，相反，这 22 件案例有近一半的发布时间集中在 2013 年、2014 年等较早的年份。此外，即便是被应用的 20 件案例，在法院系统 2011 ~ 2016 年的所有案件中也只有 370 例使用了这些指导性案例；对此，以一组数据为参照——根据最高法院的统计，仅 2015 年全国法院新收的民商事案件就有 1104 万多件。② 可见，指导性案例在司法审判实践中所处的指导地位微乎其微。

更有甚者，由于理论和实务界都对指导性案例"应当参照"及其效力的认识并不一致，实务中，即使法官参照指导性案例对"同案"进行了"同判"，仍然存在被发回重审、改判的风险。据学者调研，早在 2011 年之前，就曾有最高法院在其《公报》上发布带有指导性案例性质的案例之后，法官根据公报案例裁判而被二审改判的情况。③ 一直以来，理论界做出了类似的推断，即指导性案例的参照并不会减少案件被发回重审或改判的概率。④ 因此，指导性案例制度所追求的统一司法、提高司法效率、确保司法公正、发展法学理论⑤等作用非但没能显现，还存在"副作用"的嫌疑。

指导性案例如此种种在司法适用上表现出的问题与指导性案例的制度构建有关，而制度构建又与理论指导密切相关，它反映了指导性案例制度整体设计的缺陷：由于定位不清、效力不明、生成机制缺陷，导致司法适用率低下，无法彰显案例指导的价值与作用。扭转指导性案例司法适用问题的关键还在于重新审视我国指导性案例制度的整体设计，有效解决决定指导性案例发展方向的基本理论问题。为此，本文以指导性案例的主要类型——商事指导性案例为代表，对商事指导性案例制度构建中的几个理论问题予以探索。

---

① 参见赵晓海、郭叶《最高人民法院民商事指导性案例的司法应用研究》，《法律适用》2017 年第 1 期。
② 《2015 年全国法院审判执行情况》，http://www.court.gov.cn/fabu - xiangqing - 18362. html，最后访问日期：2017 年 4 月 16 日。
③ 参见夏锦文《司法判例指导实践的实证调查》，载《政治与法律》2010 年第 9 期。
④ 参见向力《从鲜见参照到常规参照——基于指导性案例参照情况的实证分析》，《法商研究》2016 年第 5 期。
⑤ 参见胡云腾、于同志《案例指导制度若干重大疑难争议问题研究》，《法学研究》2008 年第 6 期。

二 商事指导性案例之法源属性

探讨商事指导性案例制度的整体设计，首先离不开商事指导性案例制度的定位，其核心问题是如何确认商事指导性案例所具有的法律渊源的性质。

关于商事指导性案例的定位，学界有不同的观点。有学者认为，商事指导性案例制度是司法机关的法律适用活动和制度，[①] 是通过个案对法律法规和司法解释进行解释和具体化的制度；[②] 也有学者将商事指导性案例定位为法院系统上、下级法院之间的内部管理制度；[③] 还有学者认为，商事指导性案例制度"既是法律解释机制也是司法造法机制"[④]。最高法院有关负责人在 2011 年《关于案例指导工作的规定》的答记者问上则表示，指导性案例是法官释法不是法官造法。[⑤]

我们可以发现，学者关于商事指导性案例的定位存在基本共识，即商事指导性案例是法律解释活动。至于商事指导性案例是不是司法造法或者法官造法以及司法管理或者司法业务指导等，学者们则各执己见。笔者认为，不论是以法律解释还是以学界目前已有的其他观点来定位商事指导性案例，都没有从根本上揭示商事指导性案例制度的特点，更没有从根本上回答商事指导性案例在既有法学理论中的归属，也正因为如此，才有学者提出"指导性案例制度不存在于两大法系，是中国特定历史阶段的特色产物"[⑥]、"在我国，案例指导制度是从无到有的新生事物"[⑦] 等观点。其实，从法理学的视角，我们完全可以在既有的理论中找到商事指导性案例的归属——习惯法，一种既

① 参见胡云腾、于同志《案例指导制度若干重大疑难争议问题研究》，《法学研究》2008 年第6 期。

② 参见胡国均、王建平《指导性案例的司法运用机制——以〈关于案例指导工作的规定〉的具体适用为视角》，《上海政法学院学报》（法治论丛）2012 年第 4 期。

③ 参见刘树德《最高人民法院司法规则的供给模式——兼论案例指导制度的完善》，《清华法学》2015 年第 4 期；孙谦：《建立刑事司法案例指导制度的探讨》，《中国法学》2010 年第5 期。

④ 刘克毅：《法律解释抑或司法造法？——论案例指导制度的法律定位》，《法律科学》2016 年第 5 期。

⑤ 《人民法院案例指导制度的构建》，http：//www. legaldaily. com. cn/zbzk/content/2011 - 01/30/content_ 2463590. htm? node = 25496。

⑥ 胡云腾、于同志：《案例指导制度若干重大疑难争议问题研究》，《法学研究》2008 年第 6 期。

⑦ 赵娟：《案例指导制度的合法性评析——以〈最高人民法院关于案例指导工作的规定〉为对象》，《江苏社会科学》2011 年第 6 期。

存的商法渊源。

习惯法又称不成文法，① 在我国属于外来词，对应的英文翻译有 "common law"、"unwritten law"。"common law" 一词在不同语境中有不同的理解：对应欧陆成文法时，它指英美判例法；对应教会法时，它指世俗法；只有在对应制定法时，它才被翻译为习惯法。② 如果说以 "common law" 来表达习惯法可能存在语境上的歧义，那么以 "unwritten law" 来表达则较为纯粹，根据具有相对权威性的法律辞典解释，习惯法是指 "包括普通法、有法律约束力的习惯以及根据司法判例或法庭连续做出的相似的决定而形成的规则、原则和格言等在内而未以法令形式颁布或发布的那一部分法律"③。因此，习惯法渊源于判例、习惯等具有约束力但不成文的规则。这里所谓 "习惯"，依《现代汉语词典》的解释，是指 "在长时期里逐渐养成的、一时不容易改变的行为、倾向或社会风尚"④。而我们强调的判例又被认为是 "司法连续做出的相似决定"，因此，这里的判例其实也是一种习惯，只不过有别于社会生活习惯，它主要存在于司法之中，姑且可称之为司法习惯抑或法官习惯。

所以，习惯法其实是具有约束力的习惯，它介于制定法与习惯之间，相比于制定法它欠缺构成法律的形式要件，相比于习惯它则具有明确的约束力。此外，司法裁判是习惯走向习惯法的主要手段之一，社会习惯一旦被法官在裁判文书中予以固定和认可，其将在结果上因国家的承认而取得相应的司法约束力。《现代汉语词典》就将习惯法解释为 "指经国家承认，具有法律效力的社会习惯。"⑤ 不过，该词典直接认为习惯法具有法律效力并不妥当，因为法律效力体现为规范拘束力，排除了事实拘束力的情形，而绝大多数的习惯法在成文法面前都是以事实拘束力的形式存在的，所以我们更倾向于以 "约束力" 来概括习惯法的效力问题。

与习惯法相区分的概念是 "判例法"，又称 "法官法"。与习惯法一样，判例法、法官法在英文中也可以被翻译为 "common law"，两者对应的都是

---

① 夏登峻在其主编的《英汉法律词典》(《法律出版社，第 4 版，第 1166 页》) 中就将不成文法与习惯法做同一理解。

② 薛波主编《元照英美法词典》，北京大学出版社，2014，第 261 页。

③ 薛波主编《元照英美法词典》，北京大学出版社，2014，第 1388 页。

④ 中国社会科学院语言研究所词典编辑室编《现代汉语词典（第 5 版）》，商务印书馆，2005，第 1458 页。

⑤ 中国社会科学院语言研究所词典编辑室编《现代汉语词典（第 5 版）》，商务印书馆，2005，第 1458 页。

制定法。与习惯法不同的是它的另一个翻译"caselaw",其指的是"蕴含在一个个具体案件判决中的法律"①。判例法存于英美法系国家,其之所以还被翻译为"法官法"是因为判例法本身就是一种法律创制活动,② 融合了国家的立法活动和审判活动,③ 因此"法官法"也被解读为"法官造法"。所以,这里的法官造法事实上就是法官立法,在英美法系国家,与"caselaw"对应的"common law"即以判例法为基础的普通法,就是以司法判决确立法律原则与规则。

所以,判例法与习惯法相互区别又相互联系。判例都是它们的重要载体,都对应制定法概念,且两者也都具有约束力,能够指引人们的行为,但是,判例法作为法官造法既包括法官对习惯的发现与承认,还包括法官其他法律创制活动,例如创制基于国家意志下的法律规则等,要求法官发挥司法能动。此外,判例法在很大程度上来源于偶发的案件。而习惯法则是习惯与制定法的连接,是习惯成为法律之前取得约束力的重要途径,它来源于人们生活的长期实践,绝不是司法机关的偶然行为,要求司法能动与司法谦抑的相互作用。

总的来说,判例法强调判例,习惯法强调习惯,两者存在交叉重合的部分,即在判例法国家判例是法律的渊源,当判例满足持续性或者确定性(即"一个法律问题被不同法院长期以相同方式判决"或者尚未满足持续性但已"成为司法机关确定不变的观点")④ 时,判例法成为习惯法的一部分。因为,习惯法的约束力除了来自司法机关的赋予外,在制定法国家只要习惯尚未被立法确认,其约束力还可能来自于其他机构,比如行政机关、商会等组织;在判例法国家同样如此,只不过因为承认机关的不同,习惯法的约束力存在强弱之分。

综上,习惯法是有约束力的习惯,承接习惯与制定法,其区别于判例法,在两大法系均有生存的空间,以案例或者判例为主要载体,需要司法机关发挥司法能动性也要求法官遵循司法谦抑性。

我们提出商事指导性案例是商事习惯法,主要基于以下理由:

---

① 参见何然《司法判例制度论要》,《中外法学》2014 年第 1 期。
② 参见蔡琳《案例指导制度之"指导"三论》,《南京大学学报(哲学·人文科学·社会科学)》2012 年第 4 期。
③ 参见黄亚英《构建中国案例指导制度的若干问题初探》,《比较法研究》2012 年第 2 期。
④ 刘飞:《德国"法官造法"的功能解构》,《华东政法大学学报》2009 年第 5 期。

1. 商事交易重习惯，以习惯法定位商事指导性案例符合现代商事立法的基本特征。

与民事、行政、刑法等其他法律部门不同，商事交易行为作为重要的商事行为更加依赖习惯，尤其是商事习惯，也因此，商事指导性案例在所有指导性案例中占比最高。截至 2017 年 3 月，最高人民法院共发布了 16 批 87 例指导性案例，覆盖民事、行政、刑事、国家赔偿四大领域，其中民事案例有55 件，占 63.22%。将这 55 件以民商合一为立场划分的民事案例，以商主体和商行为两大要素为标准进一步细分，则我们会发现这 55 件民事案例中有 50 件属于商事案例，占全部指导性案例的 57.47%。

与其他社会习惯不同，商事习惯虽然也要求实践性、稳定性、持续性和确定性，但是在商业伦理观的驱动下，商事习惯在时间轴上还呈现出一定程度的易变性，而且创造性也是商事习惯的基本特点。由此，以商事习惯为主要规则来源的商事交易行为，时常被认为具有叛逆性，商事制定法的滞后性缺点更是被凸显得淋漓尽致，最终也使商事交易不得不经常面临违法的问题。当代法国和德国等拥有《商法典》的国家都在面临"解法典化"的问题，这就跟商事交易依赖具有变动性的商事习惯密切相关。大量的商法规则都被更新后的商事习惯所取代，商事习惯也因此成为及时激励商人创新的重要制度来源。但商事习惯在被国家确认前，其约束力极其有限，成文法的制定需要严格的程序，等到成文法出台后，商事习惯可能又发生了变动，所以，我们通过案例的形式将商事习惯上升为商事习惯法，既能解决商法重习惯的问题，使商事习惯具有约束力而在更大范围内发挥商人的创新作用，还能发挥习惯法的"链接"作用，提炼经时间检验具有固定性的商事习惯并将之上升为成文法。

当代具有代表性的大陆法系国家也都开始重视商事领域习惯法的作用，在法国，起源于商事习惯的保险契约作为现代商法的重要内容就由法国的判例所确定，最终以习惯法的方式继续发展并逐步实现成文法化。[1] 大陆法系国家的学者也都在积极地承认和推动法官发挥填补法律漏洞的作用，从而发现社会生活中的法律。[2]

2. 商事习惯法下的商事案例定位能够实现并限制"法官造法"，又能彰

① 参见刘作翔、徐景和《案例指导制度的理论基础》，《法学研究》2006 年第 3 期。

② 参见王利明《论中国判例制度的创建》，《判解研究》2002 年第 1 期。

显商事案例指导制度的法律解释功能。

将商事指导性案例定位为法官造法之所以受到学者的批判，主要源于司法权对立法权的僭越，对此造法说的学者解释为，不管任何国家的法都不能禁止法官造法。[①] 该说法，也对，也错。对在法官不是司法机器，必然需要发挥其在法律适用中的主观能动性，需要"造法"，错在未对法官的造法情况加以区分。这里，我们以拉伦茨的法的续造理论进行解释，拉伦茨认为，除了解释法律外，对法律进行续造也是法官的任务，法的续造分为法律原本计划内的法的续造以及超越法律计划的法的续造两个层面，它们是同一思考过程的不同阶段。[②] 第一个层面的续造被认为是合法并且合理的，第二个层面的续造则因为对法安定性的破坏、对立法权的僭越、对法无授权即禁止等原则的违反而必须在满足各种限制条件下才可进行。[③] 依据拉伦茨的理论，我们可以很容易的理解将商事指导性案例定位为法官造法的合理性，但却无法将本身就是特例的超越法律计划的法的续造这种情形排除在商事指导性案例之外，这类案例由于其本身的存在是因为正义的优先位阶地位才获得正当性，并没有完全克服自身的弊端所以并不宜成为指导性案例。因此，我们认为商事指导性案例的造法功能是法官在法律计划范围内的造法，但是"造法"一词又不仅局限于此，所以不宜以法官造法定位商事指导性案例。相反，习惯法的定位就没有这个问题，因为习惯法在根本上是对法官发现习惯的任务的宣示，而习惯本身在商法领域就被认为是法律渊源之一，所以法官从事的是法律计划范围内的法的续造，以习惯法定位商事指导性案例既肯定了法官造法，又能限制该"造法"权限的无限扩张。

3. 以商事习惯法定位商事指导性案例可以扭转司法权力行政化的运作模式。

前文指出，有学者认为指导性案例制度的设立是为了实现法院的内部司法管理，这一观点揭示了我国目前司法权运作行政化的现象。十八届四中全会以来，独立审判成为司法改革的重要方向，此时，以商事习惯法推行商事指导性案例制度，使那些满足持续性、确定性等商事习惯法特征的商事案例成为商事指导性案例，便能在法官的认可下实现司法统一，取代

---

① 刘克毅：《法律解释抑或司法造法？——论案例指导制度的法律定位》，《法律科学》2016 年第 5 期。

② 拉伦茨：《法学方法论》，陈爱娥译，商务印书馆，2004，第 246 页。

③ 拉伦茨：《法学方法论》，陈爱娥译，商务印书馆，2004，第 287~305 页。

行政化司法管理模式，发挥统一司法的优越性。因为，习惯法持续性、确定性的特点要求法官对同一法律问题做出相同的法律评价，并且这一法律评价作为一种法律效力渊源具有约束力，法官的不作为或者错误行为都将使其在习惯法的约束力下付出对应的代价，因此以商事习惯法定位商事指导性案例完全可以凸显商事指导性案例在法院系统中的业务指导功能，或者说是内部管理作用。

4. 以商事习惯法定位商事指导性案例能在历史纬度上为我国构建指导性案例制度提供解释，从而避免司法实践将指导性案例制度视为"新生事物"进而处于无所适从的局促境地。

中国社会一直都有习惯法的传统，夏商时期的司法裁判就主要遵循习惯法，当时的《禹刑》就是习惯法的汇编。① 虽然春秋战国后，秦始皇建立君主专制使制定法成为法律的主要形式，但习惯法也一直在发挥辅助作用，并以案例的方式展现，彼时的案例有"例"、"故事"、"比"等多种称谓，宋代的"编例"、明清时期的"律例并存"以及北洋政府的"先例"② 等等都是通过案例形成习惯法的方式辅助成文法。所以，以商事习惯法解释商事指导性案例在我国能够获得历史支撑。

不过，将商事指导性案例定位为商事习惯法，只能是理论上的一种解释，因为我们抛开了国家政体的问题，正如"法官造法"说所遭受的其定位与我国宪政体制不符的责难一样，③ 尽管习惯法说将法官造法限于法律的计划范围内，但该理论也不可避免地会遭受商事指导性案例合法性问题的追问，因此，仅在理论上定位商事指导性案例制度还有所欠缺，我们还需要在我国人民代表大会制的政体下解决商事指导性案例的正当性问题，具体包括对商事指导性案例的合法性与合理性的论证。

三　商事指导性案例生成之效力渊源

（一）商事指导性案例制度与最高法院权限的基本规定

关于商事指导性案例的合法性问题，有学者就直接犀利地指出其制度存

---

① 参见何然《司法判例制度论要》，《中外法学》2014 年第 1 期。
② 胡云腾、于同志：《案例指导制度若干重大疑难争议问题研究》，《法学研究》2008 年第 6 期。
③ 参见孙谦《建立刑事司法案例指导制度的探讨》，《中国法学》2010 年第 5 期。

在合法性缺陷。① 肯定该制度合法性的学者则通常认为指导性案例属于最高法院的司法解释。②

根据《最高人民法院关于案例指导工作的规定》（以下简称《规定》），我国的指导性案例制度是为了"总结审判经验，统一法律适用，提高审判质量，维护司法公正"而设立，该《规定》的制定依据则是《人民法院组织法》。最高法院作为国家公权力机关必须严守"法无授权即禁止"的原则，因此，基于《规定》，指导性案例制度的合法性应当来源于《人民法院组织法》对最高法院权力的规定。

根据《人民法院组织法》，最高人民法院享有三个方面的权力，分别是审判权、监督权以及司法解释权。③ 审判权源于《人民法院组织法》第 31 条，主要是对最高人民法院一审、二审、再审案件权力的规定；监督权源于《人民法院组织法》第 12 条第 2 款，规定最高人民法院对生效裁判的提审和指令再审权；司法解释权则源于《人民法院组织法》第 32 条，规定"最高人民法院对于在审判过程中如何具体应用法律、法令的问题，进行解释。"

指导性案例制度究竟对应最高人民法院的哪一项权力呢？对此，从《规定》所表述的指导性案例制度的目的来看，既然指导性案例是为了总结审判经验，那么主要用于表达最高人民法院对个案的审理权力的审判权便无法产生指导性案例制度。于是，与指导性案例制度目的较为吻合的似乎应当是最高人民法院的监督权和司法解释权，不过，最高人民法院的监督权重在对"错案"纠错，最后的落脚点还是在个案上，所以也不能实现指导性案例制度的目的。因此，来源于《人民法院组织法》授权的指导性案例制度只能以司法解释居之。可是，将商事指导性案例制度定位为司法解释是否妥当呢？

（二）以司法解释定位商事指导性案例的理论分析

1. 以司法解释属性理解商事指导性案例的优越性

（1）形式和内容上，司法解释能够包含商事指导性案例这一类型。

形式上，根据《最高人民法院关于司法解释工作的规定》，司法解释有

---

① 参见赵娟《案例指导制度的合法性评析——以〈最高人民法院关于案例指导工作的规定〉为对象》，《江苏社会科学》2011 年第 6 期。

② 参见蔡琳《案例指导制度之"指导"三论》，《南京大学学报（哲学·人文科学·社会科学）》2012 年第 4 期。

③ 参见赵娟《案例指导制度的合法性评析——以〈最高人民法院关于案例指导工作的规定〉为对象》，《江苏社会科学》2011 年第 6 期。

"解释"、"规定"、"批复"、"决定"四种情形；内容上，根据学者的整理，司法解释大致有三类：一是解释立法机关制定的法律；二是解释某类案件的法律适用；三是解释各地法院就具体法律适用问题所做的请示。① 第一种内容和第二种内容都偏向于抽象层面的立法，第三种内容即"请示"对应"批复"的形式则较为具体，与指导性案例较为相似。其实，除了内容上的简化外，指导性案例与基于个案请示做出的司法解释并没有本质的差别。指导性案例制度出台之际，就有学者指出应当以指导性案例制度替代请示、汇报等行政化制度。② 因此，商事指导性案例在司法解释的现行框架下完全可以以"请示"自居。更何况，历史上，在新中国成立早期，指导性案例也曾主动被作为司法解释发布。1985 年最高人民法院发布的《关于破坏婚姻罪的四个案例》就是以正式文件下发的司法解释。③

（2）将商事指导性案例列为司法解释形式之一，可克服司法解释本身的弊端。

我国目前的司法解释最大的弊端是抽象立法，这一方面产生了司法权僭越立法权的问题，④ 另一方面还导致司法解释再解释的问题。⑤ 将商事指导性案例解释为司法解释，首先，由于司法机关此时做出的解释以案例的形式出现，有具体的案件事实，因此可以避免抽象立法，更加具有灵活性，相应地，司法解释再解释的问题也可以相对减弱。其次，当司法机关以指导性案例做出司法解释时，就算法官超出了法律解释的范畴，在法律空白下进行了法的续造，司法机关也能因为其不能拒绝裁判的义务、对正义思想的要求、法的最低安定性的要求而获得"造法"的正当性，此时产生的司法解释也因为司法权的运用而具有合法性，相应地，司法对立法的僭越也获得了正当性依据。所以，将商事指导性案例解释为司法解释不仅使商事指导性案例获得了合法性根据，还强化了司法解释本身的合法性与合理性。

（3）在程序上，商事指导性案例的诞生与司法解释有类似之处。

根据《最高人民法院关于司法解释工作的规定》，司法解释的制定包括立

---

① 参见王利明《论中国判例制度的创建》，《判解研究》2002 年第 1 期。

② 参见秦宗文《案例指导制度的特色、难题与前景》，《法制与社会发展》2012 年第 1 期。

③ 参见胡云腾、于同志《案例指导制度若干重大疑难争议问题研究》，《法学研究》2008 年第 6 期。

④ 参见周光权《刑事案例指导制度：难题与前景》，《中外法学》2013 年第 3 期。

⑤ 参见王利明《我国案例指导制度若干问题研究》，《法学》2012 年第 1 期。

项、起草与报送、讨论、通过、发布等阶段。司法解释的立项基本对应指导性案例的推荐制度，不过由于指导性案例是在生效裁判中选取产生所以没有起草的环节，但是在通过与发布上，指导性案例和司法解释相同，都需要经过审判委员会讨论通过，并且发布主体都是最高人民法院。因此，除去在司法解释的制定过程中本身就居于辅助地位的起草环节，商事指导性案例与司法解释的认定程序并不存在本质上的区别。

（4）域外的实践经验。

就域外经验而言，同为大陆法系的日本，其最高裁决所的判例就有司法解释的性质。① 有日本学者就曾在《日本国宪法》上为日本最高裁决所判例的法律解释属性寻得依据。②

（5）理论上将商事指导性案例理解为具有司法解释属性，这与习惯法介于制定法与习惯两者之间的特性相吻合。

司法解释被学界认为是"准立法"，具有刚性约束力。③ 该界定与习惯法的属性如出一辙，习惯法是具有约束力的规则，它又具有不成文性，而司法解释尽管具有"准立法"的特性，但在我国人民代表大会制下，它仍然因为不是立法机关的立法而属于不成文法，所以两者属性相同。并且，作为习惯法的商事指导性案例所具有的法律解释属性，以及法律计划范围内的法官造法也都与司法解释功能不谋而合，所以将商事指导性案例认定为司法解释，与商事指导性案例在理论上属于商事习惯法相契合。

以司法解释属性理解商事指导性案例不仅能够解决商事指导性案例在我国的合法性问题，同时也具有合理性。不过，理论界还有相当多的学者明确表示指导性案例不属于司法解释，这也是本文即将分析的以司法解释属性理解商事指导性案例可能出现的问题。

2. 以司法解释属性理解商事指导性案例可能引发的问题

（1）形式问题

尽管我们承认商事指导性案例可以与司法解释中的个案请示对应而以"批复"的形式存在，但是个案请示毕竟以各级法官的请示、汇报为基础。在形式上，《最高人民法院关于司法解释工作的规定》依然无法包括所有商事指

---

① 参见杨力《中国案例指导运作研究》，《法律科学》2008 年第 6 期。
② 参见于佳佳《日本判例的先例拘束力》，《华东政法大学学报》2013 年第 3 期。
③ 参见刘树德《最高人民法院司法规则的供给模式——兼论案例指导制度的完善》，《清华法学》2015 年第 4 期。

导性案例。

（2）官方立场问题

现有的司法实践并不把商事指导性案例当作司法解释的一种，最高人民法院的有关负责人也认为指导性案例不是司法解释。[①]

（3）正当性问题

虽然上文指出，当我们以司法解释属性理解商事指导性案例时，由于此时的法官造法源于司法审判程序，所以能增强以商事案例出现的司法解释的正当性。不过，我国现有的指导性案例以遴选制度为基础，虽然发布主体是最高人民法院，但是大量的案件产生于各地高级法院甚至基层法院。在这个过程中，最高人民法院是以司法外的权力来评价地方法院的判决，此时的商事案例指导非但无法解决司法权僭越立法权的问题，还会违背法院独立审判的原则。[②]

（4）程序问题

尽管商事指导性案例与司法解释的程序在实质相同，但是就细节而言，两者还是略有差异，尤其是立法对两者监督问题的规定。

因此，若使商事指导性案例制度以司法解释定位具有完满的正当性，我们必须解决上述问题。

（三）以司法解释属性理解商事指导性案例应当遵循的基本改革方向

对以司法解释属性理解商事指导性案例引发的问题做进一步的分析，我们会发现，种种困难皆源于法律对商事指导性案例规定的缺位。因此，要使问题得到解决，我们需要在法律上赋予指导性案例制度合法地位。为此，我们有两种可能的方式：一是将最高人民法院发布指导性案例的权力列入《人民法院组织法》，作为最高人民法院拥有的，与审判权、监督权、司法解释权并列的权力之一；另一种是更改《最高人民法院关于司法解释工作的规定》，将指导性案例制度明确列为司法解释的形式之一，并整合有关司法解释和指导性案例制度的程序，使指导性案例的形式问题和程序问题得到解决，当然该立法改革也能一并解决官方立场问题。

两种方法各有优劣：第一种方式在使指导性案例制度合法化的同时，维

---

① 参见邵六益《从效力到效率：案例指导制度研究进路反思》，《东方法学》2015 年第 5 期。

② 参见宋晓《判例生成与中国案例指导制度》，《法学研究》2011 年第 4 期。

持既有的制度设计，但难免与司法解释存在重合之处，并且《人民法院组织法》的修改较为复杂；第二种方式能够直接在现有法律下为指导性案例制度获得合法性依据，但需要对既有的指导性案例制度进行改革，使之符合司法解释的基本特性。总的来说，我们认为第二种方式更为可取，至于理由，如上文所述，以司法解释属性理解商事指导性案例所拥有的优越性便是最佳原因。

值得注意的是，若选择通过改革司法解释的有关规定以使司法解释包括指导性案例的类型，则指导性案例必须在来源上做较大的变革，使指导性案例真正产生于司法审判之中，由此，若最高人民法院仍然是指导性案例的唯一发布主体，则指导性案例只能源于最高法院产生的裁判，地方各级法院的裁判都不能成为指导性案例。只有这样才能满足作为司法解释的指导性案例的正当性要求。

不过，与该改革相伴随的结果便是指导性案例数量的进一步缩减，因为就目前来看，不论是学者在 2013 年进行的指导性案例研究，[①] 还是 2017 年的最新成果，都显示指导性案例主要来自高级法院；就民商事案例而言，其来源于高级法院的数量就占总量的1/3。[②] 所以，为了使这一改革后以指导性案例形式出台的司法解释具有正当性，指导性案例制度不得不面临数量精简的问题，然而，在既有制度下，指导性案例就已经因为数量过少而被认为未能发挥应有的作用，因此饱受诟病，[③] 数量进一步减少则后果不堪设想。

因此，将指导性案例理解为司法解释后，我们必须限制指导性案例的发布主体只能以本院的裁判为案例来源，而该限制所带来的指导性案例数量锐减的问题，我们则可以通过变革指导性案例的生成机制予以解决。

四　商事指导性案例生成机制与效力

商事指导性案例的生成机制主要涉及指导性案例的颁布主体、选择标准、

[①] 参见四川省高级人民法院、四川大学联合课题组《中国特色案例指导制度的发展与完善》，《中国法学》2013 年第 3 期。

[②] 参见赵晓海、郭叶《最高人民法院民商事指导性案例的司法应用研究》，《法律适用》2017 年第 1 期。

[③] 参见向力《从鲜见参照到常规参照——基于指导性案例参照情况的实证分析》，《法商研究》2016 年第 5 期。

编纂机关等问题，与生成机制直接相关的还有商事指导性案例的效力问题，对此，本文结合商事指导性案例的商事习惯法定位及我国政体下的司法解释属性逐一分析。

（一）商事指导性案例的颁布主体与法律效力

1. 主体制度设计

《关于案例指导工作的规定》以及我国大多数学者都将我国商事指导性案例的颁布主体限定为最高法院，理由集中在如下几方面：一是我国地域辽阔，法院众多，各地发展不平衡，允许地方法院成为发布主体无法实现指导性案例追求法律统一的目标，容易造成指导性案例的滥发、滥用；[①] 二是地方法院法律素质有限，无法保持商事指导性案例的质量与权威性。[②]

但是，正如上文所述，商事指导性案例生成于最高法院这一主体限定，结合商事指导性案例的司法解释属性会导致商事指导性案例在数量上的锐减，从而导致商事指导性案例制度形同虚设。基于此，我们大胆假设：商事指导性案例的发布主体既包括最高人民法院，也包括高级法院及部分中级法院。

对于该假设，从商事指导性案例的习惯法性质来看，商事指导性案例是为了发现生活中的"法"（习惯），填补习惯与制定法之间的空隙。我国幅员辽阔，而习惯本身又具有差异性和分散性，同时，商事行为具有复杂性、易变性、创新性，加上社会对创新性商事行为的接受程度的差异性，这些都会导致商事行为在不同地区的社会效果和社会反应及认同程度的差异，基于这些差异性，赋予不同区域法院商事指导性案例的发布权，才能真正发挥商事指导性案例习惯法的作用。并且，习惯法要求法官对一个法律问题做出相同的法律评价，只有满足持续性和确定性的案例才能上升为习惯法并成为商事指导性案例，如此不仅能防止地方法院滥发指导性案例，还能真正实现地方法律的统一。此外，从法院本身的习惯出发，发布参考性案例并在裁判时参考早已成为法院的习惯。[③] 所以该假设与商事指导性案例的习惯法定位不冲突。

---

① 参见胡云腾、于同志《案例指导制度若干重大疑难争议问题研究》，《法学研究》2008 年第 6 期。

② 北京市高级人民法院课题组《关于完善案例指导制度的调研报告》，《人民司法》2007 年第 19 期。

③ 参见周光权《刑事案例指导制度：难题与前景》，《中外法学》2013 年第 3 期。

不过，若从商事指导性案例的司法解释属性入手，则地方法院会面临没有法律解释权的合法性质疑，所以，要将商事指导性案例的发布主体扩充到地方法院，还必须相应扩展我国司法解释的发布主体。对此，在我国除了国家统一制定的法律外，省、自治区、直辖市及较大的市的人大也有制定地方性法规、规章的权力。该规定考虑了地方的特殊性，与之相配合，我们将司法解释权赋予与拥有立法权的地方人大同等级的地方法院并无不妥，只不过该司法解释应限于解释地方性法规、规章的审判应用。至于该做法的正当性与合理性则与最高法院司法解释权的证成大同小异。另外，由于只有较大的市人大有立法权，所以作为商事指导性案例发布主体的中级法院也必须限定在较大的市。

当然，主体扩充后，我们还可能面临指导性案例数量爆发以及地方指导性案例处理结果与上一级法院乃至最高人民法院的处理结果相出入的情形。对此，我们可以借鉴美国的做法，在美国，有权发布先例的最高法院和上诉法院都不认为它们必须受先例的绝对约束。[1] 我国的商事指导性案例因为习惯法的定位而在发布主体的扩充上具有合理性，同样也是基于其习惯法的性质，指导性案例不同审级的发布主体必须在法院对应的地域辐射范围内考虑当地习惯，如此一来，上一级法院因为地域的扩大，可不受下一级法院发现的地域性习惯法的绝对约束，从而解决习惯法冲突问题。

所以，将商事指导性案例的主体扩充到最高人民法院、高级法院、较大市的中级法院完全能够实现，也符合商事指导性案例本身的习惯法定位。接下来的问题便是如何认定三级法院分别发布的商事指导性案例的效力。

2. 法律效力安排

根据《关于案例指导工作的规定》，指导性案例对各级人民法院属于"应当参照"，正是该模糊不清的规定使指导性案例制度在司法实践中总是"鲜见参照"。姑且不论"应当参照"的语义，从商事指导性案例本身的属性出发，由于商事指导性案例具有司法解释属性，毫无疑问商事指导性案例应当具有规范约束力。具体来说，最高人民法院发布的指导性案例辐射全国，对地方各级法院都有强制约束力；高级人民法院发布的指导性案例辐射本省、本自治区、本直辖市，对区域内的法院有规范约束力；较大市的中级法院发布的指导性案例对本法院及对应的基层法院有规范约束力。

---

① 参见何然《司法判例制度论要》，《中外法学》2014 年第 1 期。

学者关于指导性案例效力的观点主要有三种。一是事实拘束力说，即"指本级和下级法院'必须'充分注意并顾及，如明显背离并造成裁判不公，将面临司法管理和案件质量评查方面负面评价的危险，案件也将依照法定程序被撤销、改判或者被再审改判等"①。二是说服力说，其认为指导性案例本身的理性与智慧使裁判得到其他法官的法律认同进而在产生内在指导力的基础上被自发参照。② 三是规范拘束力说，认为指导性案例具有弱于制定法的规范约束力，可以成为法官处理类似案件的裁判依据。③

事实拘束力说在本文已经将商事指导性案例理解为司法解释属性的背景下不具有可行性，值得探讨的是说服力的效力问题。对于最高人民法院而言，由于其指导性案例本身就具有全国范围内的规范拘束力，所以说服力问题在此无足轻重。关键是高级法院和中级法院，由于该两级法院都只有有限地域范围内的规范约束力，所以它们发布的指导性案例对于地域范围外的其他法院的约束力，只能是说服力，因为这已经超越了我国法院系统的审级制度。由此，高级法院和中级法院发布商事指导性案例时必须强化说理论证，以增强裁判的说服力。

如此一来，应当如何确定指导性案例的选择标准以增强说服力呢？

（二）商事指导性案例的选择标准

1. 理论与司法机关的不同立场

（1）司法机关的相关规定及评价

根据《关于案例指导工作的规定》（以下简称《规定》），指导性案例不仅必须是生效裁判，还必须满足如下五点：①社会广泛关注的；②法律规定比较原则性的；③具有典型性的；④疑难复杂或者新类型的；⑤其他。《〈最高人民法院关于指导性案例工作的规定〉实施细则》（以下简称《实施细则》）则进一步规定指导性案例须满足下列要求：事实认定清楚，法律适用正确，裁判说理充分，法律效果和社会效果良好，对审理类似案件具有普遍指导意义。

《规定》提出的五个选择标准，其共同特点是存在再解释的空间，例如何

---

① 胡云腾、于同志：《案例指导制度若干重大疑难争议问题研究》，《法学研究》2008 年第 6 期。
② 参见曹志勋《论指导性案例的"参照"效力及其裁判技术——基于对已公布的 42 个民事指导案例的实质分析》，《比较法研究》2016 年第 6 期。
③ 参见雷磊《指导性案例的法源性地位再反思》，《中国法学》2015 年第 1 期。

为社会广泛关注？一个案件涉及上海、北京、江苏三省市而被当地人们广泛关注，是否可以认定为满足条件？再如何为疑难复杂案件？是指法律规定有瑕疵还是案件事实认定上存在困难？诸如此类问题都需要《规定》的进一步细化。除去第五种兜底性的其他规定，《规定》所列出的前四种标准也存在重复的问题，比如通常认为疑难复杂案件是指法律规定上存在漏洞、冲突、过于宽泛而造成裁判者法律适用困难的案件。① 由此，"法律规定比较原则性的"则完全属于疑难复杂案件了。最后，将"社会广泛关注"列为指导性案例的选择标准之一也存在不妥之处。现代社会依赖网络通信，生活实践表明，人们对案件的关注很大程度上取决于媒体的渲染，如此一来，将社会广泛关注列为指导性案例的选择标准之一，不仅可能导致舆论介入司法的情形出现，还可能导致不正当利用媒体效应的问题。至于《实施细则》规定的选择标准，可以认为基本上就是为了增强指导性案例的说服力，更何况事实认定清楚，法律适用正确，裁判说理充分本身就是任何一个司法裁判应当满足的基本条件。

所以，总的来说，《规定》和《实施细则》并没有为指导性案例的选择标准提供正确的示范。

（2）学者的观点及评价

相对于其他问题，学者关于指导性案例选择标准的讨论较少，不过学者们几乎都认为指导性案例的选择标准为代表性、典型性、指导性。例如，有学者认为指导性案例应具有指导性（反映问题有典型代表性，法律适用有指导示范性）、必要性、引导性（引领社会群体行为选择）。② 还有学者认为指导性案例"应当具备的根本条件是，涉及的法律问题属于法律没有规定或者明显滞后或者仅有原则性规定或者用语含糊不清的，该问题具有一定的普遍性，该案对法律问题的解释又符合法律的基本精神"③。

与《规定》和《实施细则》出现的问题一样，学者对指导性案例选择标准的讨论也存在再解释的空间，对代表性、典型性、指导性标准的解释本身就因人而异，并不能为司法机关指导性案例的选择提供具有可操作性的指引。

---

① 参见蔡琳《案例指导制度之"指导"三论》，《南京大学学报（哲学·人文科学·社会科学）》2012 年第 4 期。

② 参见胡国均、王建平《指导性案例的司法运用机制——以〈关于案例指导工作的规定〉的具体适用为视角》，《上海政法学院学报（法治论丛）》2012 年第 4 期。

③ 胡云腾、于同志：《案例指导制度若干重大疑难争议问题研究》，《法学研究》2008 年第 6 期。

值得肯定的是胡云腾法官提出的选择标准，该标准对所谓的代表性、典型性、指导性进行了细化，只不过该标准只停留于对案例所涉及的法律问题的探讨，而没有对法官的解释做进一步限制，还存在提炼的空间，具体论证将在下文展开。

2. 基于习惯法的商事指导性案例选择标准

承上所述，作为习惯法，商事指导性案例包括法的解释和法的续造，本质上是法律适用活动，而法律需要解释或续造的情形主要是：①法律规定不清，具体包括仅有原则性规定、语义存在歧义等情形；②法律规定滞后，主要指存在法律规定但是法律规定与社会生活实践脱轨的情形；③法律规定空白，该情形也属于法律规定滞后的一种，但为了强调重要性，我们姑且将它设为第三种情形，即法律没有规定；④法律规定冲突，包括上位法和下位法的冲突，也包括同位阶法律之间的冲突。

所以作为习惯法的商事指导性案例只能从上述四种法律需要解释或续造的情形中选出。此外，如上文所强调，在将商事指导性案例定位为习惯法时，法官的法律续造活动只能限于法律计划的范围内，所以，超出该范围的法律续造的案例不宜被选为指导性案例。再者，既然我们认为商事指导性案例是习惯法，那么商事指导性案例就必须满足持续性和确定性的特点，即要从法院的生效裁判上升为指导性案例，则对该案例所反映的法律问题被发布主体所在法院必须长期以相同方式判决，或者该判决的主张已经成为确定不变的观点。

最后，由于商事指导性案例作为习惯法主要用于承接习惯与制定法，所以对于发布主体的设计，除了最高法院选择的指导性案例对应的制定法无限制外，高级法院选择的指导性案例所涉及的法律问题应当是针对省一级人大制定的地方法律、规章，较大的市的中级法院同样必须针对较大的市的人大制定的法律、规章发布指导性案例。

总的来说，商事指导性案例的选择标准如下：所涉及的法律问题属于法律规定不清、滞后、空白、有冲突的，该案对法律问题的解释与续造属于法律计划范围内的，且属于对应法院的持续性做法。

（三）商事指导性案例的生成

确定发布主体以及商事指导性案例的选择标准后，离商事案例的最终生成还有两个基本问题：一是商事指导性案例的决定主体，二是商事指导性案例的编纂与监督。

1. 决定主体："申请＋批准"的双门槛制

关于商事指导性案例的决定主体，《规定》明确是最高人民法院的审判委员会，与此相对应，在本文将指导性案例主体扩展到高级法院和部分中级法院的情况下，高级法院和中级法院商事案例的决定主体也应当确定为审判委员会。

这里需要讨论的是指导性案例的推荐问题，《规定》将指导性案例的发布主体限制在最高法院，所以关于推荐主体范围的规定十分广泛。总的来说，推荐主体包括最高人民法院各审判业务单位、高级法院、中级法院、基层法院、人大代表、政协委员、专家学者、律所以及其他社会人士。对此，我们在改革发布主体的基础上，可以借鉴《规定》所确定的几类主体。首先是最高法院、高级法院、中级法院的各审判业务单位。其次是人大代表、政协委员、专家学者、律师以及其他社会人士。主审案件的合议庭以及涉案当事人也可以推荐。只不过，推荐人需要根据推荐案件的来源选择对应法院，例如向最高法院推荐的案件只能是最高法院审理的。

2. 编纂与监督主体：增设专门的案例指导机构

至于商事指导性案例的编纂主体，与该问题类似的是案例规范的概括与抽取者问题，对此，学者主要有三种立场：一是后案法官说，即蕴藏在案例中的规范应当由后来适用指导性案例的法官发现；[1] 二是前案法官说，即认为指导性案例的规则应当由审理前案的法官本人概括；三是第三方法院说，即由作为发布主体的法院概括、抽取指导性案例中的规范。[2]

我国《规定》采取的是第三种立场，即由最高人民法院的案例指导工作办公室作为指导性案例的编纂主体。我们认为该规定较为可取，这是基于商事指导性案例在我国属于司法解释的定位，也是基于指导性案例编纂统一性的需求。不过，在发布主体多元化的背景下，商事指导性案例的编纂主体也需要相应扩充到高级法院、较大的市的中级法院的案例指导工作办公室，并由该办公室担任指导性案例的监督工作，负责包括指导性案例备案的各项监督事宜。

这里的指导性案例备案主要是针对指导性案例不具有指导作用的情形，包括与法律法规、司法解释冲突的，被新指导性案例取代的，与社会生活实际不符的等情形。我国目前没有规定指导性案例备案制度，但是《实施细则》

---

[1] 参见张琪《论类似案件的判断》，《中外法学》2014 年第 2 期。

[2] 参见周佑勇《作为过渡措施的案例指导制度——以"行政〔2005〕004 号案例"为观察对象》，《法学评论》2006 年第 3 期。

第 12 条规定了指导性案例不具有指导作用的两种情形。因此，我们建议增设指导性案例备案制度，当涉案法官发现指导性案例出现不具有指导作用的情形，并在裁判理由中加以论证时，涉案法官应向案例编纂机关备案，以便商事指导性案例编纂机关管理监督指导性案例。

五　商事指导性案例的具体适用

确定了商事指导性案例的生成及效力机制后，于商事指导性案例制度而言最重要的便是指导性案例的适用问题了。

（一）关于适用的问题之一：谁来用

谁来用的问题针对的是商事指导性案例的适用主体，我们通常认为法官是商事指导性案例的适用主体。这里应当注意的是当事人、律师以及其他主体对商事指导性案例的适用问题。

商事指导性案例作为商事习惯法，其既是法官的习惯法更是当事人的习惯法。更有甚者，对于案件而言，法官只能被动接受，当事人的争议才是案件的发生原因，所以允许当事人寻找对自己有利的商事指导性案例作为支撑材料应被认为是当事人的诉讼权利。至于认为引用商事指导性案例是当事人义务的观点则走得太远，当事人作为公民，其权利遵循的是法无禁止即自由的原则，规定公民的义务必须以宪法或法律的方式进行，因此，在宪法和法律没有规定的情况下，是否引用指导性案例，以及如何引用应当属于当事人的权利。[1] 不过，与当事人指导性案例引用的权利属性相反，引用指导性案例在指导性案例司法解释的属性下，应当属于法官的职责，在满足"同案"的情况下，法官必须援引指导性案例进行裁判。此外，律师在诉讼中是一方当事人的委托代理人，作为法律职业者，律师被认为是最完美的规则利用者，[2] 所以允许律师以对商事指导性案例的运用扩展指导性案例的适用率，也能发挥指导性案例统一法律的作用。

应当注意的是，商事指导性案例作为商事习惯法及司法解释，其应用不仅及于整个司法审判过程，还可以被运用于其他社会矛盾纠纷的解决以及当

---

[1]　参见冯文生《审判案例指导中的"参照"问题研究》，《清华法学》2011 年第 3 期。

[2]　参见邵六益《从效力到效率：案例指导制度研究进路反思》，《东方法学》2015 年第 5 期。

事人的约定之中。审判活动并非商事指导性案例的唯一适用范围。

（二）关于适用的问题之二：用什么

与用什么的问题对应的是商事指导性案例的效力部分。《实施细则》第 9 条规定，法院认定正在审理的案件与指导性案例相类似的，应当参照相关指导性案例的裁判要点做出裁判。所以根据《实施细则》，商事指导性案例有效力的部分应当是裁判要点。

对此，理论界也存在不同观点，主要分为七种学说。

一是裁判要点（要旨）说。该说认为指导性案例的指导效力只体现在指导性案例经过编纂所概括提炼的裁判要点（要旨）上。[①] 该主张与最高法院的立场相同。不过，也有持该说的学者无奈地表示，该做法只是我国宿命般的选择。[②]

二是裁判的决定性理由说。即指导性案例有效力的部分是裁判文书中的决定性理由。[③]

三是裁判理由说。该说认为指导性案例有效力的部分是指导性案例的判决理由，[④] 主张该说的学者，对观点的证成多从英美法系的做法出发。

四是指导性案例整体有效说。该说认为法官参照指导性案例时应当从整体上把握指导性案例。[⑤]

五是裁判要旨与裁判理由说。该说认为指导性案例的拘束力载体应当包括指导性案例的裁判要旨和判决理由。[⑥]

六是裁判要旨与决定性裁判理由说。该说认为指导性案例的有效部分是指导性案例的裁判要旨和决定性理由。[⑦]

---

① 参见周佑勇《作为过渡措施的案例指导制度——以"行政〔2005〕004 号案例"为观察对象》，《法学评论》2006 年第 3 期。

② 参见秦宗文《案例指导制度的特色、难题与前景》，《法制与社会发展》2012 年第 1 期。

③ 参见张琪《论指导性案例的"指导性"》，《法制与社会发展》2007 年第 6 期。

④ 参见黄泽敏、张继成《案例指导制度下的法律推理及其规则》，《法学研究》2013 年第 2 期。

⑤ 参见巢志雄《案例的生命在于引证》，《电子知识产权》2015 年第 8 期；蒋安杰：《案例指导制度规定：一个具有划时代意义的标志》，《法制日报》2011 年 1 月 5 日；胡云腾、于同志：《案例指导制度若干重大疑难争议问题研究》，《法学研究》2008 年第 6 期。

⑥ 参见曹志勋《论指导性案例的"参照"效力及其裁判技术——基于对已公布的 42 个民事指导性案例的实质分析》，《比较法研究》2016 年第 6 期。

⑦ 参见解亘《论学者在案例指导制度中的作用》，《南京大学学报（哲学·人文科学·社会科学）》2012 年第 4 期；杨力：《中国案例指导运作研究》，《法律科学》2008 年第 6 期。

七是诉讼争点、裁判理由和裁判结果说。该说明确表示从指导性案例中抽取的裁判要旨或者裁判规范不是指导性案例的效力内容。[①]

裁判要点说仅将商事指导性案例的效力限定在裁判要点上，而裁判要点又是案例编纂主体事后加工编辑的结果，虽然具有抽象性并能实现去个案化利于推广，但却背离了案例指导制度作为特殊的司法解释所具有的具体化特征，所以我们认为仅将指导性案例的效力限制为裁判要点背离了指导性案例制度设置的初衷。裁判的决定性理由说和裁判理由说，忽视了裁判要旨的积极作用，几乎否定了商事指导性案例的司法解释属性，不足取。裁判要旨与判决理由说和裁判要旨与决定性裁判理由说，虽然综合借鉴了域外国家的做法，但却脱离了我国司法文书写作的实际。根据《实施细则》第 3 条的规定，我国的指导性案例包括标题、关键词、裁判要点、相关法条、基本案情、裁判结果以及裁判理由等，由于指导性案例是按照整理后形成的特别体例编纂的，通常情况下原审认定的无争议事实被部分置于基本案情中交代，所以若将指导性案例的拘束力载体限制在裁判要旨和判决理由中，可能使出现在基本案情部分的指导性案例的定型化事实不具有拘束力。因此该学说也存在缺陷。

总的来说，指导性案例整体有效说较为可取。因为若以概括提炼为判断标准，那么有别于英美法系国家的判例法，我国的指导性案例制度是加工后的结果，所以发布后的指导性案例不论是基本案情、裁判结果还是裁判理由等相比于原审裁判都有所提炼，此时，将指导性案例整体视为效力载体并无不妥。再者，我国指导性案例的裁判要点采取类似于法律规范的表述，但是作为特殊的司法解释，指导性案例的特色之处在于事实的引入，而案例的定型化事实既可能出现在基本案情中也可能出现在裁判理由中，所以应当将指导性案例视为整体上具有效力。最后，指导性案例以实现法律适用统一为目标，即所谓的"同案同判"，这里的"同判"并非僵化的相同判决，而是要求类似案例必须与指导性案例做出相同的法律评价，此时，不仅指导性案例的裁判要旨、判决理由能指引后案法官做出相同的法律评价，蕴含在指导性案例整体中的法律思维习惯、论证逻辑等都能为法官提供指导。所以综上，指导性案例有效力的部分应当是指导性案例整体。

（三）关于适用的问题之三：怎么用

商事指导性案例适用中最重要的问题便是如何运用，即后案法官适用商

[①] 参见冯文生《审判案例指导中的"参照"问题研究》，《清华法学》2011 年第 3 期。

事指导性案例的步骤，其中最关键的是区分正在审理的案件与商事指导性案例是否类似。

1. 商事指导性案例的适用步骤：识—找—比—验—定

就学界目前已有的研究成果而言，学者关于商事指导性案例适用步骤的探索有如下几种观点。

一是三步法：判断正在审理的案件与指导性案例的相似性，确定指导性案例的判决理由，根据判决理由做出裁决；[①]

二是四步法：明确案件的法律适用障碍，收集具有同一性的案例，归纳案例的裁判规则，根据裁判规则做出裁决。[②] 四步法还存在另一种说法，即寻找先例，识别异同点，判断异同点的重要性，决定遵循先例还是区分先例。[③]

三是五步法：检索指导性案例，运用区分技术判断相似性，综合情势权衡包括价值、政策、利益权衡，排除规则检验（排除不适用指导性案例的情形），适用结论的导入。[④]

总的来说，学者们的观点之间并不存在根本性分歧，基本上都以"找—用"为节点。从逻辑上分析，五步法更加科学可行，其在符合我国国情的基础上，较为全面地概括了商事指导性案例的适用步骤。不过，在个别节点上，笔者持保留意见。我们认为商事指导性案例适用的步骤应当是五步（识—找—比—验—定）：第一"识"，确定审理案件的争议焦点、案由、法律关系等；第二"找"，寻找指导性案例；第三"比"，运用区分技术判断正在审理的案件与指导性案例的相似性；第四"验"，检验指导性案例是否能够适用于本案，排除《实施细则》规定的不具有指导作用的指导性案例；第五"定"，根据判断结果选择参照指导性案例或区分指导性案例。

与学者提出的五步法相比，笔者细化了对正在审理的案件的识别与指导性案例检索的环节，整合了相似性判断与综合情势权衡，因为综合情势权衡

---

① 参见张琪《论类似案件的判断》，《中外法学》2014年第2期。

② 参见胡国均、王建平《指导性案例的司法运用机制——以〈关于案例指导工作的规定〉的具体适用为视角》，《上海政法学院学报（法治论丛）》2012年第4期。

③ 参见孙光宁《反思指导性案例的援引方式——以〈关于指导性案例工作的规定〉实施细则为分析对象》，《法制与社会发展》2016年第4期。

④ 参见赵瑞罡《指导性案例"适用难"的实证研究——以261分裁判文书为分析样本》，《法学杂志》2016年第3期。

本来就包含在区分技术当中。那么，什么是区分技术呢？

2. 商事指导性案例适用的区分技术

区分技术主要是判断法官正在审理的案件是否与商事指导性案例类似，是一个"比"的过程，具体问题包括"比"的对象和"比"的方法。

（1）"比"的对象

对于"比"的对象，《实施细则》第9条规定的是基本案情和法律适用。学者对该问题则存在不同看法，主要有如下几种学说。

事实说：认为应以事实作为判断相似性的对象。① 拥护该说的学者还主张，这里的事实包括案由、争议焦点等。②

事实与法律说：该说主张进行类似案件判断的比较点是案件的争议问题，包括事实和法律问题。③

决定性判决理由说：认为区分技术的核心是决定性判决理由能否适用于正在审理的案件中。④ 持该说的学者还指出，裁判要点也是"同案"判断的标准，只不过决定性判决理由的相似是实质标准。⑤

个案规则说：该说认为对指导性案例的参照需要比对诉讼争点、裁判结果与裁判理由，该三大部分是指导性案例的个案规则也是区分技术的基本比较对象。⑥

综合判断说：该说的代表性学者是王利明教授，他认为对案件相似性的判断要考虑关键事实、争议点、法律关系、争议的法律问题等。⑦

学者们的观点不一而足，但在将事实作为相似性判断对象这一问题上，学者们之间达成了基本的共识。剩余的相似性判断对象有：争议焦点、案由、判决理由、裁判结果、法律问题。关于争议焦点能否成为相似性判断对象，由于审判中的争议焦点既包括法律问题的争议又包括事实问题的争议，而将事实作为"比"的对象又是学者们的共识，所以争议焦点能否成为案件相似

---

① 参见胡国均、王建平《指导性案例的司法运用机制——以〈关于案例指导工作的规定〉的具体适用为视角》，《上海政法学院学报（法治论丛）》2012 年第 4 期。

② 参见郭明瑞、瞿灵敏《指导性案例的参照效力与适用问题研究》，《江汉论坛》2016 年第 2 期。

③ 参见张琪《论类似案件的判断》，《中外法学》2014 年第 2 期。

④ 参见杨力《中国案例指导运作研究》，《法律科学》2008 年第 6 期。

⑤ 参见黄泽敏、张继成《案例指导制度下的法律推理及其规则》，《法学研究》2013 年第 2 期。

⑥ 参见冯文生《审判案例指导中的"参照"问题研究》，《清华法学》2011 年第 3 期。

⑦ 参见王利明《成文法传统中的创新——怎么看"案例指导制度"》，《人民法院报》2012 年 2 月 10 日，第 2 版。

性的判断标准归根结底是法律问题能否成为相似性判断对象的问题。至于案由、法律问题等，则本身就是对法律问题能否作为同案判断对象的另一种表达。裁判理由与争议焦点的情况类似，在对事实和法律进行区分后，裁判理由最终也能归结为法律问题而成为相似性判断对象。

所以学者们的分歧主要在于法律问题能否作为相似性判断的对象之一。对此，有观点明确表示：正在审理的案件属于待决案件，因此无所谓法律适用、裁判规则、裁判结果的相似性比较，法官在判断"同案"时必须排除上述要素。① 我们认为，法律问题可以也应当成为"同案"的判断对象。因为虽然正在审理的案件为待决案件，但法律问题的争议比如对法律关系的定性争议、对法律适用的争议，尽管不是事实，却也是案件裁决的关键，所以，其应当被列为法官判断案件相似性的对象。

总的来说，我们较为赞同综合判断说，即商事指导性案例"比"的对象应当包括争议焦点、关键事实、案由等。其中争议焦点包括事实和法律的争议，关键事实既可能体现于争议焦点中，也可能体现于无争议的事实中，需要法官谨慎识别。那么，法官应当怎么识别呢？

（2）"比"的方法

法官识别案件是否具有相似性的方法主要是"分支法"，即以不同的节点判断案件是否相同。② 这里的节点其实就是"比"的对象。事实上，应当认为在确定了法官判断案件是否相同的对象后，"同案"与否的判断本质上已经转化为动态的思维过程，在该过程中法官需要综合运用法律知识、感知经验、社会生活经验、逻辑思维方式等辅助判断。当然，该过程并非不可认识，案例区分方法也不是无法构建，起码我们可以在如下几方面为法官提供指引。

第一，注意考察作为节点的关键事实的数量。在复数的情况下，应当分析关键事实之间的关系，并以此作为案件区分的重点。

第二，区分实质类似与形式类似的情形。比对正在审理的案件与指导性案件是否相同，需要综合分析各种情况，只有两个案例符合实质类似或存在实质差异，才能做出遵循或区分的决定。尤其要注意指导性案例适用的第四步即检验环节：两案在形式上类似（事实和法律问题类似），但指导性案例的

---

① 参见郭明瑞、瞿灵敏《指导性案例的参照效力与适用问题研究》，《江汉论坛》2016 年第 2 期。

② 参见黄泽敏、张继成《案例指导制度下的法律推理及其规则》，《法学研究》2013 年第 2 期。

处理已经背离了社会生活实践，或者与法律发展情形不符，则应当认为两案实质不同并做出排除指导性案例适用的决定。

（四）关于商事指导性案例的配套制度设计

商事指导性案例的适用除了谁来用、用什么、怎么用等问题之外，配套制度的设计也是不容忽视的问题。我国现阶段商事指导性案例鲜被参照就与配套制度的缺位密切相关。本文认为我国至少应当在如下几方面为商事指导性案例制度构建配套制度。

1. 建立指导性案例数据库，完善案例检索系统

依据本文对指导性案例制度的设想，随着高级法院和较大市的中级法院指导性案例的发布，指导性案例的数量将会大量增加，虽然只有最高法院的指导性案例才能在全国范围内享有规范拘束力，但高级法院和较大市的中级法院的指导性案例同样能因为说服力而得到其他法院的认同与遵守，在全国范围内建立联网的指导性案例数据库，既方便法官第一时间获取指导性案例的信息，又便于法官进行指导性案例的检索，从而提高指导性案例的司法适用率。

2. 改革法学教育和人才选拔模式

商事指导性案例制度适用的核心是区别技术，区别技术的关键是类比思维，但我国的法学教育长期以来都偏重培养学生的演绎推理能力，该情形在某种程度上导致了法官对指导性案例制度的无所适从。因此，为了推广指导性案例制度，法学教育模式的改革势在必行，类比思维以及案例教学应当在高校中普及。与之相对应，我国选拔法律人才的司法考试也要做出相应的改革，将指导性案例列入考试大纲。

3. 定期开展案例交流学习活动

各级法院应当加强案例的交流学习活动，以提高司法人员适用指导性案例的水平。此外，为了提高指导性案例制度的普及度，我们应当充分调动律师的主观能动性。具体而言，作为法学教育改革的过渡手段，我们可以鼓励律师协会定期开展法院指导性案例的学习活动。

4. 在诉讼法中明确将指导性案例的适用错误列为当事人的上诉、再审理由

指导性案例的适用错误包括：无正当理由应当参照而未参照，从而导致案件的裁判事实认定或法律适用错误；参照了指导性案例，但对指导性案例

的事实和法律适用把握错误，导致案件的裁判事实认定或法律适用错误等情形。

六　代结语

多年的实践经验表明，商事指导性案例制度存在多方面的问题，究其根本便是商事案例指导制度长期定位不清，导致其他诸多方面理论指导不明。因此，本文从商事指导性案例的定位出发，从理论上探讨了该制度的生成机制、效力制度和适用制度。然而，本文的分析于商事指导性案例理论与制度的完善而言，还是相去甚远。

在将商事指导性案例认定为商事习惯法的基础之上，对于将该制度理解为具有司法解释属性而需要配套的制度改革，本文并没有详细展开：如是应当将商事指导性案例制度上升为裁判依据，还是应将商事指导性案例制度视为特别的司法解释只能在裁判理由中援引，还需要理论的进一步探索。编纂机关对商事指导性案例的加工能否改动原裁判的内容，商事指导性案例应当遵循什么样的编纂体例，法官如何在裁判文书中引入商事指导性案例的问题，诸如此类的问题都是商事指导性案例制度研究所不能忽视的，笔者将持续关注。

指导性案例发展的判例制解释路径

王　涌*

执政需要理性，主观任性的执政易入歧途。惨痛的"文化大革命"让执政党重视政治理性，惨烈的"大跃进"让执政党重视经济理性，理性带来了改革开放的成功和党内民主制度的进步。但盲点依然存在，这就是司法理性。

执政党开始重视"司法理性"。十八届四中全会关于依法治国的决议表明，我国正寻求建立优良的司法制度，转型正在发生。

过去的三年，司法改革轰轰烈烈地进行，但遗憾依然存在，主要有两点。

第一，出牌时序明显错位。立案登记制与法官员额制几乎同时出台，一方面立案登记制使得案件数量呈井喷状；另一方面，法官员额制使法院的战斗力未增反减。矛盾十分突出，积案严重，有些地方法院之负荷只差最后一根稻草。巨量的案件像海啸般忽然袭来，法官疲于奔命，引发离职潮。优秀法官在流失，法院不再吸引最优秀的学生，招聘形势明显不乐观，人员的素质有所下降。

第二，司法改革的焦点有失偏颇，重视"外科"，"忽视内科"。

所谓"外科"，就是司法的机构体制，但似乎跑偏了。本是跨省的区域性法院的设想，在匆匆改革中变种为巡回法庭，不到一年，陷入维谷之境。最近，已听不见最高法院要在西北、华北、华东、西南设立巡回法庭的豪迈宣言了。

所谓"内科"，就是司法内在的规则生态系统，它是司法的真正血肉。一个不触及司法内科的司法改革是肯定要失败的，因为它无法解决司法的两个基本问题：一是没有规则，如何保证公正？二是规则如何迅速生成？中国司法的面孔之所以一直苍白，根本原因之一就是裁判规则的匮乏。

裁判规则匮乏，司法必然腐败，因为监督没有抓手，监督成本巨大却无

---

*　王涌，中国政法大学民商经济法学院教授，商法研究所所长。

效，无论是司法独立，还是司法不独立，最终的差别仅在于"是独立腐败，还是不独立腐败而已"。所以，司法改革应当高度重视如何解决规则的及时供应问题。

裁判规则匮乏，也必然在当事人之间造成更多的矛盾，诉案量必然增加。规则清晰，即使过于机械或不完美，却是必要的，因为有确定的预期，诉案量将降低，社会矛盾将减少。

中国司法裁判规则的匮乏是惊人的。2010 年全国人大宣布，中国特色的社会主义法律体系基本建成，但立法机构站在一个精钢框架前宣布"法律体系"竣工了，现实中中国的很多法律仍然是相当简陋的，存在着大量的空白。以《公司法》为例，中国《公司法》仅 218 条，虽然最高人民法院出台三则《公司法》司法解释已近 10 年，但三则解释合计才 58 条。《公司法》司法解释四则呼之不出；而英国的《公司法》有 1300 条，并辅以海量的新旧判例，规则清晰、可预期性强。

可以说，中国法官大多是在自由裁量权的旗帜下边立法、边裁判，运行机制存在严重缺陷，这是中国司法体制存在的主要技术性问题，与导致司法困境的政治原因具有同等重要性。

中国司法改革应当有两条线路：一是司法改革的政治维度；二是司法改革的技术维度。在政治维度上，司法改革沦为"化妆式改革"的可能性在增加，而在技术维度上，看似琐碎、实质事关重大的司法技术改革被全然忽视了。所以，司法改革的技术主义路径需要我们予以高度重视。

司法改革的技术主义路径的最主要使命就是，建立及时的、高质量的规则供给机制。通览世界各国经验和中国国情，及时的规则供给是不能指望立法机关和司法解释的，那绝对是一种幻觉，唯一的出路只有建立判例制。这是司法理性的重要内容。

虽然中国民法典正在编纂之中，但要破除"法典万能"的幻想，因为即使编出一部精良的民法典，它也不能解决法律规则的及时供应问题，民法必然依赖法官的判例法才能成长。民法典与判例法的关系，正如鸟之两翼，车之双轮。民法典打好框架，然后让判例法疯狂地生长。所以，在中国，制定民法典与承认判例法是同样重要的两件事，后者甚至更加重要。

以判例制（binding precedent）为基础，中国司法才可能形成一个富有活力的规则生态系统，判例制就是规则生态系统的发源地，它及时发现法律空白，迅速并理性地造法，要求法官遵循先例，保障法的统一性。

判例制不仅是规则的生成系统，更是一个极具效率的监督机制，是一个自身可以散发阳光的系统，在其中成长起来的法律人，将具有独特的品格，更加致力于对精致的法律推理的追求，其学识和正义感将在裁判事业中寻得归宿。

所谓判例制，其核心内容就是遵循先例（stare decisis），法官针对新案件或新问题做出的裁决、所创立的规则，需被同级和下级法院法官在今后相似案件的裁决中遵守。

判例制是英国人的法律实践智慧。虽然判例制曾受到霍布斯和边沁的批评，但批评不仅没有摧毁判例制，反而促进了判例制的发展和完善。奇怪的是，英国没有一部成文法明确规定了"遵循先例"原则，但该原则却延续了数百年。1800 年以来，尤其是 19 世纪后半叶英格兰开始严格遵守"遵循先例"原则，其中有深邃的理性与智慧。制度经济学的研究也表明，英美法系的效率之所以更高，重要原因在于判例制。英国法系有很多智慧，如陪审员制、法院竞争等，但最值得学习的是判例制。判例制的合理性也得到大陆法系的认可，在法国，法院必须做出与先例一致的判决；在德、日，判例也具有强大的约束力。

判例制的最大理性在于相辅相成的两个方面：一是解决规则的及时供应问题；二是让裁判者"作茧自缚"。如果判例不能成为"自缚之茧"，就不具有示范性和榜样力，那判决就极易随意。在中国司法裁判中，"随地吐痰"的现象之所以严重，就是因为痰是吐在地上的。而判例制就是让法官，特别是高等法官，如果口吐秽痰，就粘在法官自己的脸上，当然如果是口吐莲花，也是开在法官自己的脸上。

中国法官的的裁判现实是：法官遇到的多数法律问题，其具体规则都是空白，背后只是法理和一般性条文。"同案不同判"十分普遍，例如由于中国商法中营业转让规则的缺乏，江苏省盱眙县人民法院（2014）盱民初字第 1617 号判决与重庆市江津区人民法院（2014）津法民初字第 09977 号判决就截然相反。最高人民法院也从未有意识地确立一则判例以明确规则。营业转让规则的缺乏在实践中造成了重大的经济损失。

因为规则不清，"同案不同判"普遍存在，所以，必然逼迫当事人首先"破坏法治"，竭力活动勾兑。此话虽然听起来吊诡，但却是客观现状，因为当事人是理性人，也是可怜之人，法律的不确定之处必然是当事人你死我活的博弈之处。最后压力积聚在法官那里，政治渠道的监督和关注，加之同事和亲友的请托，将压扁法官。抽象的"依法裁判"四个字是无法保护法官的。但判例制可以成为法官的护身符和挡箭牌，法官只需说："该案已有先例，无通融之余地。"

中国的司法腐败，核心问题不完全在司法是否独立这一问题上。规则的及时供应问题不解决，所谓的司法独立之改革，其结果只是从原来的分赃制变成寡头垄断的腐败制。原来多部门都可以"领导"和"监督"司法，从而导致多部门一起腐败。即使司法得以独立，但规则依然不清，则腐败就是独家腐败，是法院一条线的腐败。

判例制要求遵循先例，这将在一定程度解决规则的及时供应问题。它的实施将产生倒逼效应，引发巨大的变化。

首先，判例制使法官的判决的价值倍增，它不仅解决一案之纠纷，而且树立规则。以往法官裁判案子认真研究，费尽心血，判完之后就束之高阁，很少被人过问，但判例制将使得每一份判决都成为法院的"固定资产"。裁判文书公开是判例制的前提和基础，周强大法官推行的多项司法改革措施，十年以后看，裁判文书公开制可能是其中意义最为深远的一项改革，将载入史册。但裁判文书仅停留于公开是不够的，它们的现实价值未充分实现，因为裁判文书公开制没有和判例制结合起来，虽然公开了，但围观者少，而判例制将使得判决的围观者大大增加。

判例制将每个判决凝成一个有机的整体，每个判决就像海洋里的一朵浪花，在法律渊源上有归宿，这将极大地促进司法的统一性。司法的统一性不是美学的要求，而是源于只有规则明晰，才能实现形式正义，增加社会凝聚力和信任度。

其次，实行判例制，整个法律共同体的话语权分配将更加平衡合理。正义的产生是"咬文嚼字"的过程，而不正义的产生通常是"信口开河"的结果。在判例制下，由于规则解释所依据的文本更加具体，解释的空间和方法更加确定，法官自由裁量的空间变小，律师的制衡作用增大，民间研究机构的作用就越来越大。目前，活跃在司法案例整理第一线的 openlaw 搜索引擎、天同无讼和天同码等都是未来的希望。

再次，判例制会增加法官的压力，提高法官素质。法官判案时想到自己的判决将成为先例、成为新规则，将有很强的职业荣誉感，与现在普遍存在的事业空虚感完全不一样。遵循先例也要求下级法官认真学习判例，否则其判决书将贻笑大方。

可见，判例制是一种四两拨千斤的改革方略，可引发全面的、深度的司法变化，正如 IPO 注册制可引发全面的、深度的金融制度的变化一样。它们是牛耳，牵一发而动全身。

改革需要大智慧。确实有这样一种特殊的改革项，说起来是技术问题，貌似是小事，但隐含着巨大的玄机。改革者要善于在错综复杂的改革路线图中发现它们。

这类改革项通常具有如下三个特征：

1. 改革初始，它似乎不触动任何利益集团的既得利益，所以，无明显的反对集团的存在；

2. 它通常隐含着强大的倒逼机制，必然引发革命性的变革；

3. 它引发革命性变革的过程如"温水煮青蛙"，由渐变引发质变，"于无声处听惊雷"，它们是引发改革飓风的"蝴蝶之翅"。

如果克强总理能在资本市场建立 IPO 注册制，周强院长能在司法领域建立判例制，这都将是划时代的贡献。

当然，最高法院也一直在尝试案例指导制度，但起色不大，影响有限。从 2010 年 11 月 26 日正式发布《关于案例指导工作的规定》始至 2017 年 3 月，最高人民法院仅发布 16 批指导案例，共 87 则，涵盖公法和私法各个领域，杯水车薪。

判例制与"指导性案例制"是具有本质差异的两项制度。

差别之一：指导性案例本质上是最高人民法院发布司法解释的一种新形式，只是在原来抽象文字的基础上增加了"故事元素"。它的局限在于仅有一个产出口，数量极少，以至于无法建构出一种强大的气场，对司法裁判没有产生实质性的影响。而判例制则将超越司法解释，成为一种新的法律渊源。

差别之二：规则的供给时效和数量差别巨大。判例制具有即时性、全面性，而指导案例的形成周期长，如十月怀胎，投入大，产出小。目前建立指导性案例制也演变成为各省高级法院争摘小红花的一种竞赛。

当前指导性案例仍然存在诸多的理论和实践问题。

第一个问题：指导性案例是法律渊源吗？

指导性案例存在一个悖论：它本质上是"司法解释"，但是，它不作为法官裁决的依据，只能在法官说理中引用。依据指导性案例做出的裁决，却要引用其他法条，这会导致法律推理的结构出现明显的错位。

错位的原因在于，最高人民法院和全国人大法工委在这一问题上存在意见分歧，最终导致了调和式的奇怪结论——"指导性案例可在说理中引用，却不是裁决依据"。其实，即使按此奇怪的标准，指导性案例实质上也已经是"法律渊源"了。

我国尚缺少成熟的关于法律渊源的理论，法律渊源的理论在我国的发展停滞不前，十分薄弱，所以，无法解释指导性案例这一新兴的现象。而北欧学者的法律渊源效力等级理论是值得我们参考的。

在北欧日耳曼法的传统（Nordic tradition）中，对于法律渊源理论卓有贡献者有 Torstein Eckhoff、Aleksander Peczenik、Jacob Sundberg 和 StigStrömholm。其中 Aleksander Peczenik 的法律渊源效力等级理论更为突出。

他将法律渊源的效力等级，如强制适用、许可适用等分为三层。①

第一层级是强约束的法律渊源（strongly binding sources），包括国际法和国内法，国际法如欧盟法、欧盟人权公约，国内法如宪法、法令等；

第二层级是弱约束的法律渊源（weakly binding sources），如立法者的意图、先例（precedents）等；

第三层级是可适用的法律渊源（permitted sources），如经济、历史和社会论证、伦理与道德论证、法律基本原则、比较法论证等。

此外，第四层级是被禁止的法律渊源，如违背法和违背善的实践（against law or good practice）的论证和公然政治性（openly political）的论证不可作为法律的渊源。

按此法律渊源等级理论，指导性案例可以纳入第一层级"弱约束"法律渊源，或第二层级"可适用的"法律渊源。所谓可在说理中引用，而非裁决依据，有文字游戏之嫌。

第二个问题：作为法律渊源或具有规范约束力的指导性案例的文本是什么？

这是一个很重要的问题，在英美法系判例制中，判例是一个完整的判决书文本，文本的分析性结构（analytical structure）可分为 ratio decidendi、holding、dictum 三个层面，② 其中，dictum 不具有规范效力，holding 具有规范效力，ratio decidendi 是在 holding 基础上的更为抽象地提炼形成的原则或一般性规则，也具有规范效力。

---

① Peczenik, A., "Statutory Interpretation in Sweden", in *Interpreting Statutes*, *A Comparative Study*, edited by Neil MacCormick and Robert S. Summers, Dartmouth: Aldershot, 1991, p. 311.

② Bryan A. Garner, *The Law of Judicial Precedent*, Thomson Reuters, 2016, p. 44.

目前，我国指导性案例，并不是判决书全文，而是经过提炼后的文本。文本采取四个部分的形式：第一部分是首部，包括指导性案例的编号、名称、类型等；第二部分是指导要点，主要是对指导性案例的指导价值、作用的归纳；第三部分是案情介绍，主要是对案件事实、证据的归纳；第四部分是裁判结果与理由，主要归纳指导性案例的裁判结果和进行充分的说理。哪一部分具有规范效力？需要进一步研究。

第三个问题：指导性案例的发展未来。

最高法院可以在案例指导的基础上，进一步推进，走向判例制。最高法院应扩大研究室的力量，或者授权社会力量整理判例，十倍提速发布指导性案例。

当然，民间力量在现有的裁判文书公开制的基础上也有做出贡献的空间。

现在法院可适用的法律渊源相对比较散乱，有法律、法规、规章、司法解释、判决等，有无可能在互联网上形成一个数据库，使得法官、律师、当事人可以迅速地发现可适用的法律渊源呢？

法国有著名的"大老子（Dalloz）法律电子数据库"，被法国人誉为他们真正的"活法典"。有了"大老子"，一切法源尽在屏上，编排有序，交互查询，清晰可读。中国为什么不能有自己的"大老子"法律数据库呢？

民间力量有无可能对法院公布的裁判文书大数据进行整理？笔者设想了一个"判例树"App，将公开的判例进行初步加工，提炼其中的规则。例如，整理出 1000 个公司法方面的判例，形成"判例树"，实际上就是在提供判例的基础上，系统地建立了中国目前司法实践可适用的公司法的具体规则的体系。

虽然中国法律尚不承认判例的效力，但判例对法院具有事实上的说服力（persuasiveness），这些隐藏在判例中的规则经过整理，通过互联网向法律界提供，这是法律共同体的生命力之所在。"判例树"有很多模式作为参考，除法国的 Dalloz 外，还有美国的 Westlaw 等。

这项事业首先是一项学术事业；其次是一种商业模式，依赖商业平台运行，最终产生的将是事关司法正义的政治意义。

以民间力量帮国家建构起中国事实上的判例制，这可能不是梦想。

（2015 年 12 月 1 日初稿，后发表于《财经》杂志，2017 年 5 月 16 日补充修订）

关联公司间法人人格否认规则的适用机理

——兼评最高人民法院指导案例第 15 号

陈 洁[*]

【内容摘要】 我国《公司法》虽然早在 2005 年就引入了法人人格否认制度，但其适用范围过于狭窄，对关联公司间法人人格否认问题尚未涉及。最高法院指导案例第 15 号从规范对象、规范类型以及规范效果等方面对《公司法》第 20 条做了实质性的突破，理论界、实务界对此意见不一。本文建议：一方面，最高人民法院应当充分利用指导案例的形式，为公司法人格否认案件的司法审判提供指导并积累经验；另一方面，要尽快出台司法解释，对人格混同的关联公司承担连带清偿责任问题做出明确的法律规定，从而使最高法院指导案例的创新突破于法有据。

【关键词】 关联公司 法人人格否认 指导案例 司法适用

将具有判例法属性的公司法人格否认规则成文化，[①] 是我国 2005 年《公司法》修订的重大创新与积极尝试，可谓公司立法的创举。然而，相关法条的简略和原则性也使该规则的司法适用面临巨大的挑战。2013 年最高人民法院指导案例第 15 号关于关联公司人格混同情形下适用法人人格否认规则案例的出台，在给我国饱受争议的法人人格否认案件的审理提供裁判思路与解决路径的同时，也对我国未来法人人格否认规则的立法完善与司法实践，尤其是关联公司间法人人格否认规则的准确适用与科学实施提供了反思和评鉴的蓝本。

---

[*] 陈洁，中国社科院法学所研究员，商法研究室主任，博士生导师。

[①] 公司法人格否认规则的成文化主要体现在我国《公司法》第 20 条和第 64 条。第 20 条第 3 款确立了法人人格否认的一般规则，第 64 条则针对一人公司设置了特殊规则。

一 最高法院指导案例第 15 号对现行公司法法人人格否认规则的突破

（一）最高法院指导案例第 15 号的简要案情及裁判要点

最高法院指导案例第 15 号"徐工集团工程机械股份有限公司诉成都川交工贸有限责任公司等买卖合同纠纷案"（以下简称"15 号案例"）①案情并不复杂。原告徐工集团工程机械股份有限公司（以下简称"徐工机械公司"）诉称：成都川交工贸有限责任公司（以下简称"川交工贸公司"）拖欠其货款未付，而成都川交工程机械有限责任公司（以下简称"川交机械公司"）、四川瑞路建设工程有限公司（以下简称"瑞路公司"）与川交工贸公司人格混同，三个公司实际控制人王永礼以及川交工贸公司股东等人的个人资产与公司资产混同，均应承担连带清偿责任。

一审法院（徐州中院）以关联公司人格混同损害债权人利益为由，依据《民法通则》及《合同法》的相关规定判决川交工贸公司向原告公司支付货款及逾期付款利息，其他两被告公司对川交工贸公司的上述债务承担连带清偿责任。但驳回了原告主张的要求实际控制人以及川交工贸公司的股东承担连带清偿责任的诉讼请求。

上述两个关联公司上诉后，江苏省高级人民法院终审裁定驳回上诉，维持原判，但对裁定依据和理由做了重大调整。生效判决认为，三个公司虽在工商登记部门登记为彼此独立的企业法人，但实际上相互之间界线模糊、人格混同，其中川交工贸公司承担所有关联公司的债务却无力清偿，又使其他关联公司逃避巨额债务，严重损害了债权人的利益。上述行为违背了法人制度设立的宗旨，违背了诚实信用原则，其行为本质和危害结果与《公司法》第 20 条第 3 款规定的情形相当，故参照《公司法》第 20 条第 3 款的规定，川交机械公司、瑞路公司对川交工贸公司的债务应当承担连带清偿责任。②

此案被遴选为指导案例后，最高法院将此案的裁判要点概括提炼为：

---

① 《最高人民法院关于发布第四批指导性案例的通知（法〔2013〕24 号）》2013 年 1 月 31 日发布。

② 参见江苏省高级人民法院（2011）苏商终字第 0107 号民事判决书。

（1）关联公司的人员、业务、财务等方面交叉或混同，导致各自财产无法区分，丧失独立人格的，构成人格混同；（2）关联公司人格混同，严重损害债权人利益的，关联公司相互之间对外部债务承担连带责任。

（二）最高法院指导案例第 15 号对现行公司法法人人格否认规则的突破

推敲最高法院指导案例第 15 号的裁判要点，一是明确了关联公司人格混同的构成要件；二是指明了关联公司"人格混同"且"严重损害债权人利益"的法律后果，就是"关联公司相互之间对外部债务承担连带责任"。这样的裁判规则与现行公司法法人人格否认规则的规定相较，有以下三大突破。

1. 规范对象从"纵向否认"向"横向否认"的突破

《公司法》第 20 条第 3 款规定："公司股东滥用公司法人独立地位和股东有限责任，逃避债务，严重损害公司债权人利益的，应当对公司债务承担连带责任。"从该款文义限定分析可知，其规制的对象是实施滥用公司法人独立地位和股东有限责任行为的股东。具体而言，该法条是从股东的义务和责任的角度出发，针对公司股东滥用公司的独立人格和股东有限责任的行为，明确公司股东对公司债务承担连带责任。由于该法条规范的是公司股东和公司间的关系，规定的法律责任是从公司指向股东，这种刺破公司面纱直指公司背后股东的责任追究路径通常被称为对公司法人独立地位的"纵向否认"规则。① 而根据最高法院第 15 号案例的裁判要点，该裁判规则是将法律地位表面上彼此独立、平行，但实质"人格混同"的关联公司视为一个行为主体和责任主体，让关联公司相互承担连带责任。这个规则是刺破各个关联公司的面纱，对关联公司独立地位的"横向否认"。这种"横向否认"无疑是对《公司法》第 20 条第 3 款规范对象的实质突破。

2. 规范类型从"股东滥用型"向"关联公司人格混同型"的突破

《公司法》第 20 条第 3 款规定的法人人格否认规则的适用情形是公司股东滥用公司法人独立地位和股东有限责任，逃避债务，严重损害公司债权人利益的情形；而从第 15 号案例考察，其适用的情形是关联公司人格混

---

① 参见王军《人格混同与法人独立地位之否认》，《北方法学》2015 年第 4 期。

同，严重损害债权人利益的情形。尽管"混同"是我国公司法人格否认制度实践中最重要的刺破理由，[①] 也是审判实践中法院无视公司独立地位的最常见情形，[②] 法理上混同（主要指财产混同）也是公司股东滥用公司法人独立地位和股东有限责任行为的主要类型，但是，滥用公司法人人格的行为显然并不局限于混同（人格混同）。而仅就人格混同而言，《公司法》第 20 条第 3 款规制的是股东与公司的人格混同，第 15 号案例却是规制关联公司的人格混同。这种规制类型的差异与其说是第 15 号案例在扩展法条规范，毋宁说是在创制规范。

3. 规范效果从"股东与公司的连带责任"向"关联公司间连带责任"的突破

《公司法》法人人格否认规则规制的行为主体和责任主体都是股东，其规范效果是股东对公司的债务承担连带责任。而第 15 号案例针对关联公司人格混同情形，判决与公司相关联的其他公司对债务人公司的债务承担连带责任。细察第 15 号案例中的三家关联公司可以发现，三者彼此之间不存在相互投资的情形，并非母子公司的架构，亦非股东与公司构成的姐妹公司关系，但第 15 号案例的裁判要点将不具有股东身份的关联公司纳入《公司法》人格否认制度中进行规制，从而使《公司法》规定的连带责任的承担主体不再局限于公司背后的股东，在责任承担上实现了从"股东与公司的连带责任"向"关联公司承担连带清偿责任"的突破，这无疑是对现行公司法法人人格规则下责任承担主体的实质性扩张。

综观上述第 15 号案例裁判规范的三个突破，该案例在司法上无疑丰富了法人人格否认制度在实践中的适用情形，值得肯定。但是，该案例突破现行规则创造裁判规范的效力值得质疑，其对未来司法实践会有怎样的影响也有待时间的检验。此外，第 15 号案例作为指导案例本身，其在法理逻辑和法律适用方面的问题也值得商榷和探讨。

首先，法理逻辑问题。表面上看，指导案例第 15 号生效判决类推适用的法律条文是《公司法》第 20 条，即是把本案当作公司法人人格否认案件来处理的，但从法理上分析，本案实际上是将三个关联公司的行为作为民法上的一般侵权行为来看待的，三个关联公司因财产、业务等混同对债权人构成共

---

① 参见黄辉《中国公司法人格否认制度实证研究》，《法学研究》2012 年第 1 期。
② 参见姜婉莹《公司法人格否认之人格混同情形司法适用研究》，载王保树主编《商事法论集》（总第 16 卷），法律出版社，2009，第 304 页。

同侵权行为，故三个关联公司承担的不是公司法人格否认法理上的特别侵权责任，而是共同侵权行为的一般侵权责任。① 所以，本案只是名义上的公司法人人格案件，本质上还是民法上的一般侵权案件。事实上，本案一审法院就是依据《民法通则》以及《合同法》的相关规定判决关联公司承担连带清偿责任的。可以说，本案的处理，从根本上混淆了公司法人人格法理上的直索责任和一般民事侵权责任的关系。

其次，类推适用问题。第 15 号指导案例"参照"适用《公司法》第 20 条第 3 款构成类推适用。但这里类推适用的妥当性饱受质疑。为此，最高人民法院案例指导工作办公室撰文指出，"从公司法第二十条的文义来看，其规制的对象是股东，行为主体和责任主体都是股东，将股东扩张解释至关联公司，显然超出了扩张解释的范畴。但是，关联公司人格混同的原因多是由于股东滥用了公司法人独立地位和股东有限责任，否认关联公司各自的独立人格，将关联公司视为一体，对其中特定公司的债权人的请求承担连带责任，实质就是将滥用关联公司人格的股东责任延伸至完全由其控制的关联公司上，由此来救济利益受损的债权人。因此，本案例比照最相类似的条款，按照类似情况类似处理的原则，参照适用了公司法第二十条第三款，判决关联公司之间承担连带责任"。② 笔者认同"关联公司人格混同的原因多是由于股东滥用了公司法人独立地位和股东有限责任"，但既然股东滥用了公司法人独立地位和股东有限责任并导致关联公司人格混同，为什么本案的判决不让滥用关联公司人格的股东承担连带责任，而仅仅是关联公司承担连带责任？这让人百思不得其解。以至于有学者指出，"第 15 号指导案例将人格混同的关联公司视为一体，对外承担责任，而忽视了各关联公司的控制股东的责任，显然是对《公司法》第 20 条第 3 款立法宗旨的一种误读"。③

最后，学理上关联公司人格混同的责任主体问题。第 15 号指导案例通过否认公司法人格，即要求公司及其关联公司对外承担并列的连带清偿责任，而不要求公司背后的股东以及实际控制人承担连带清偿责任。由此引申出来

---

① 参见吴建斌《公司纠纷指导性案例的效力定位》，载《法学》2015 年第 6 期。

② 最高人民法院案例指导工作办公室：《指导案例第 15 号〈徐工集团工程机械股份有限公司诉成都川交工贸有限责任公司等买卖合同纠纷案〉的理解与参照》，《人民司法（应用）》2013 年第 15 期。

③ 樊纪伟：《关联公司扩张适用公司人格否认之检讨》，载《湖南大学学报（社会科学版）》2016 年第 5 期。

的学理上的问题是，对关联公司人格混同适用法人人格否认的案件，是仅追究关联公司的连带责任，还是应当同时追究关联公司控股股东的连带责任？对此，不仅实务界，就是学界也是观点不一。例如，有学者认为，"只要能证明各关联公司之间的关系足够紧密即可将关联公司视为单一法人对外承担责任。在这种情况下，如果关联公司的控制股东被认为与关联公司也存在紧密关系，则该控制股东也会被视为该'单一商业体'的一部分。此外，关联公司适用公司人格否认的情况也被称为'三角刺破'，即责任是按照三角的线路流动的，先由被控制的公司流向控制股东，再从该控制股东流向其他受制于该股东的具有关联性的企业"①。依此观点，无论是"单一商业体"理论，还是"三角刺破"，关联公司适用公司人格否认法理时都没有否认控制股东的责任。但也有学者认为，"对人格混同以致公司法人格形骸化的关联企业适用法人人格否认，其理论依据就是法人人格否认理论中的企业整体说。故而相互关联的姐妹公司的独立性被否定，若干个独立的公司被作为一个公司对待，由其共同承担连带责任，而各个姐妹公司的共有股东则并不对公司债务承担责任"②。目前学界主流观点则认为，"姐妹公司背后的控制股东不承担责任与公司人格否认制度基本法理相悖。我国《公司法》设立公司人格否认制度的立法宗旨是为了防止股东滥用公司法人独立地位和股东有限责任损害公司债权人利益。姐妹公司之间出现财产混同、人员混同等人格混同的情况时，多为共同控制股东或有紧密关系的各自控制股东所操纵，如不追究姐妹公司背后的控制股东的责任，就不能发挥公司人格否认制度在保障公司债权人利益方面的功能"③。对上述意见，笔者以为，应该具体分析人格混同的具体内容才能确定责任承担的主体问题。具体而言：如果是一个公司法人与其他公司法人人格相混同，责任主体是混同的各个公司，这种情况会导致交易相对人不知道自己是跟哪个公司进行交易，受益者是各个关联公司，相对应的责任承担者也是各个关联公司；如果是股东与公司财产的混同，则责任主体是股东与公司，这种情形会导致交易相对人不知道自己是跟股东进行交易还是跟公司进行交易，受益者是股东和公司，相对应的责任承担者是股东和公司。所以公司之间的人格混同，违背的是公司法人独立地位原则，违背的是公司

① 朱慈蕴：《公司法人格否认制度理论与实践》，人民法院出版社，2009，第 109 页。
② 施天涛：《公司法论》，法律出版社，2006，第 33 页。
③ 樊纪伟：《关联公司扩张适用公司人格否认之检讨》，《湖南大学学报（社会科学版）》2016年第 5 期。

与公司之间的财产相分离原则，所适用法律是公司法和民法。这也可以反推出公司之间的人格混同不适用我国《公司法》第 20 条第 3 款规定的法人人格否认制度。①

二　关联公司适用法人格否认规则的法理逻辑及其在我国的实践

（一）关联公司适用法人格否认规则的理论基础

对人格混同的关联企业适用法人人格否认的理论依据是"单一商业体理论"，或称"企业整体说"。该理论最早由哥伦比亚大学伯利教授提出。伯利教授认为：如果人为地将一个商业体分拆为不同的公司，并导致商业过度分散，那么就应该将这些公司视为一个单一的商业体，而不应该适用每个公司各自的有限责任保护。② 根据该理论，无论是姐妹公司还是母子公司，只要这些公司之间的关系足够紧密，就可以将它们视为一个商业体，让它们为相互的债务承担责任。③ 该理论提出的背景是：现代社会，随着工业经济的快速发展和企业结构的复杂化，产品责任和环境污染等问题日益严重。很多规模庞大的集团公司，往往利用关联企业的形式控制或规避法律责任。为防止一个商业体被过度地分拆为很多公司以规避责任，避免公司集团化给社会可能造成的巨大损害，"单一商业体"理论应势而生。该理论反映在司法实践中，在美国，如果将一项商事活动在几个不同的公司之间进行分配，以达到每个公司可供债权人主张的财产最小化的目的，法院可能会揭开关联公司的面纱，将这些关联公司视为一个单位对外承担债务。④

"单一商业体理论"与传统的"刺穿公司面纱"规则相较，传统的"刺穿公司面纱"规则强调公司股东的滥用要件，而在"单一商业体"理论下，公司法人人格的滥用或欺诈不是刺破公司面纱的必要条件，即使不存在滥用

---

① 参见楼东平、陈文东《人格混同的姐妹公司共担责任的法理基础分析》，http://3y. uu456. com/bp_ 7ndsg16mfv47hq710em3_ 1. html，最后访问日期：2017 年 5 月 19 日。

② See Adolf A. Berle, "The Theory of Enterprise Enity", 47 *Colum L. Rev.*, 343.

③ 参见黄辉《现代公司法比较研究——国际经验及对中国的启示》，清华大学出版社，2011，第 112 页。

④ 参见〔美〕罗伯特·W. 汉密尔顿《美国公司法（第 5 版）》，齐东祥组织翻译，法律出版社，2008，第 78 页。

或欺诈情形，公司面纱也可能被刺破。因此，可以说，"单一商业体"理论绕开了滥用要件，其是适用刺破公司面纱规则的一个新思路。因此也有学者视该理论独立于"刺穿公司面纱"，不是其一部分。① 事实上，在澳大利亚可以基于公平正义的理念刺破公司面纱，因此即使股东没有过错，没有滥用公司法人人格，公司面纱也可能被刺破，以实现社会的公平正义。②

（二）关联公司适用公司人格否认规则的司法实践

1. 最高法院指导案例第 15 号发布之前的司法实践

在最高法院发布指导案例第 15 号之前，我国司法实践中已经出现了关联公司适用公司法人格否认规则的案例。就法院审理情况来看，尽管各法院在阐述人格混同的关联公司应当适用法人人格否认的原理上大同小异，而且各法院大都判令人格混同的关联公司对债务人公司的债务承担连带责任，但在对于造成公司人格混同的控制股东或实际控制人是否应当承担连带责任的问题上，判决结果却差异甚大。例如，在南京市中级人民法院审理的（2005）宁民二初字第 43 号一案中，法院认为关联公司由共同控制人控制，这造成资金在关联公司之间转移，关联公司存在人格混同，应当由实际控制人和关联公司对债务承担连带责任。③ 而在最高人民法院审理的（2008）民二终字第 55 号一案中，法院审查认定关联公司甲、乙、丙存在股权交叉关系，而三公司均是沈氏公司出资设立，沈某为三家公司的董事长，对公司拥有绝对的控制权。沈某无视三公司的独立人格，滥用对公司的控制权，致使甲公司、乙公司和丙公司在财产、财务人员、办公地点、联系方式等方面相同，导致三家公司

---

① 我国也有观点认为，滥用公司法人格而适用法人人格否认的行为实则包括两类，除传统股东利用公司法人格规避法律义务和契约义务的行为之外，另一类行为便是公司法人格的形骸化。在公司法人格形骸化的情况下，股东出资组建公司并不考虑公司制度建设的完美和公司治理结构的完善，而仅以自己获取利益最大化为出发点，以致母子公司、姐妹公司之间在组织人事、经营业务和财产归属上混为一体，资产不分、账簿联合、人事交叉、业务混同，甚至注册地、营业地、银行账户、电话号码完全相同，使得外界对于孰为独立的法人主体根本无从区分。参见裴莹硕《关联企业人格混同的法人人格否认》，《人民司法》2009 年第 2 期。

② 参见黄辉《中国公司法人格否认制度实证研究》，《法学研究》2012 年第 1 期。

③ 该案中 A 公司共计欠原告 4810 万元，A 公司由马某和邹某成立（马某与邹某系夫妻）；B 公司由马某与邹某出资，此后 B 公司增资，实际上增资款来自 A 公司；C 公司由马某等三人出资成立。正是基于 A 公司与 C 公司均由马某实际控制，各公司的经营决策、资金使用、财产利益等均由马某支配，以及 A 公司的大量资金进入 C 公司等事实，法院认定 A 公司与 C 公司存在人格混同，实际控制人马某与 C 公司对 A 公司债务承担连带责任。

人格混同。这种人格混合行为，损害了债权人利益，但法院最终只判令甲公司的债务由乙公司与丙公司承担连带清偿责任。①

2. 最高法院发布指导案例第 15 号发布之后的司法实践

2013 年，最高法院发布第 15 号指导案例正式确认"关联公司人格混同，严重损害债权人利益的，关联公司相互之间对外部债务承担连带责任"。自此以来，该规则在司法实践中得到了积极应用。有学者研究表明，在 2014 年法院审理的适用公司法人人格否认规则的 92 个样本案例中，共有 14 个案例涉及关联公司法人人格否认，占样本总数的 15.2%。在这 14 个案例中，有 12 个案例，各级法院均认可并适用关联公司法人人格否认规则进行裁判，占比 85.7%；但与此同时，亦有 2 个案例，存在法院明确反对关联公司法人人格否认规则的情况，占比 14.3%。② 就这两个反对关联公司法人人格否认规则适用的情况看，在湖北省高级人民法院（2013）鄂民四终字第 00103 号审理的案件中，③ 一审法院指出"X 公司并非 Y 商场的股东，即使有证据证明两者发生了财产混同的情形并导致 Y 商场无力偿还债务，也不应依据《公司法》的相关规定认定 X 公司对债务负有连带责任"，二审法院对此问题则采取回避态度，最终是以"损害债权人合法权益和债务转移、自愿加入"为由判处关联公司承担连带责任。而在广西壮族自治区南宁市中级人民法院（2014）南市民二终字第 393 号审理的案件中，④ 二审法院明确指出，《公司法》第 20 条第 3 款是对公司人格否认制度或揭开公司面纱规则的规定，适用这一制度规则，其主体要件只能是实施了滥用公司人格和股东有限责任行为的积极控制的股东。

综观上述司法实践，尽管关联公司法人人格否认原则的适用在我国司法实务中得到高度认可，但各级法院态度并不一致，司法实践中也不乏反对的声音。究其原因，主要是两个方面。首先，现行公司法并未明确规定关联公司适用法人人格否认规则。从公司法第 20 条第 3 款的文义分析可以看出，第 20 条对承担责任主体的限定是非常清晰明确的，即仅为实施滥用权利行为的股东，无论如何扩张解释也无法扩及由关联公司承担责任。⑤ 其次，更为重要

---

① 《最高人民法院公报》2008 年第 11 期。
② 参见谭贵华《我国公司法人格否认规则的司法适用研究》，《西南政法大学学报》2016 年 8 月号。
③ 参见湖北省高级人民法院（2013）鄂民四终字第 00103 号民事判决书。
④ 参见广西壮族自治区南宁市中级人民法院（2014）南市民二终字第 393 号民事判决书。
⑤ 参见刘建功《公司法第二十条的适用空间》，《法律适用》2008 年第 1 期。

的是，最高法院指导案例的法源地位和效力问题未能得到共识。尽管最高法院 2010 年 11 月 26 日印发的《关于案例指导工作的规定》第 7 条要求"最高人民法院发布的指导性案例，各级人民法院审判类似案例时应当参照"。但最高检察院 2010 年 7 月 29 日印发的《关于案例指导工作的规定》第 15 条提出，"指导性案例发布后，各级人民检察院在办理同类案件、处理同类问题时，可以参照执行"。对指导案例的效力问题，不仅"两高"意见不一，而且从实务来看，由于缺乏相应的机制保障，各地对指导性案例的参考作用并没有引起足够的重视，案件办理过程中对是否"参考"表现出极大的任意性。对于最高法院认可的"可以参考"的指导性案例，实践中各级法院做出与其相反判决的情况也非鲜见。① 更为致命的是，就第 15 号案例而言，如前所述，该案例的审理质量尚未达到可以"参照"的水准。

三 关联公司适用法人人格否认规则的要件与责任承担

（一）适用要件

关于否认公司法人人格的适用要件，学界存在"三要件说"和"两要件说"。"三要件说"认为，否认公司人格应当满足以下三个要件：第一，不当行为，即公司股东存在滥用公司法人独立地位和股东有限责任的行为；第二，主观要件，即不当行为人的目的是逃避债务；第三，客观结果，即不当行为严重损害了公司债权人的利益。② "两要件说"则认为对于公司法人人格的否认不应以股东主观故意为要件。③ 笔者赞成"三要件说"。因为《公司法》第 20 条第 3 款规定中所使用的"滥用"、"逃避"、"损害"等词语的表述已经表明了股东在滥用公司独立人格时存在主观过错。这一主观要件的存在将公司法人人格否认制度的目的鲜明地表现出来，从而将滥用法人人格的行为与其他损害债权人利益的行为加以区别。④

在关联公司人格混同适用法人人格否认规则的适用要件方面，同样需要主观要件、行为要件、结果要件。但针对关联公司的特殊性，认定问题的核

---

① 参见李友根《指导性案例为何没有约束力——以无名氏因交通肇事致死案件中的原告资格为研究对象》，《法制与社会发展》2010 年第 4 期。
② 参见朱慈蕴《公司人格否认：从法条跃入实践》，《清华法学》2007 年第 2 期。
③ 参见石少侠《公司人格否认制度的司法适用》，《当代法学》2006 年第 5 期。
④ 参见赵旭东《公司法人人格否认规则适用情况分析》，《法律适用》2011 年第 10 期。

心是两个问题。

1. 如何认定关联公司的人格混同？

最高人民法院案例指导工作办公室在其对第 15 号指导案例所做的解释和说明中将认定关联公司人格混同所需考虑的因素划分为两个层次：一是表征因素，包括人员混同、业务混同、财务混同、电话号码一致、宣传内容一致等；二是实质因素，即关联公司之间的财产归属不明，难以区分各自的财产，如住所地、营业场所相同，共同使用同一办公设施、机器设备，公司之间的资金混同，各自的收益不加区分，公司之间的财产随意调用等。[①] 这种区分表征因素和实质因素的理念无疑值得肯定，但还需要把握好以下两个问题。

首先，必须考虑关联企业的特殊性，审慎把握关联公司之间关系的应然状态。

第 15 号案例裁判要点指明："关联公司的人员、业务、财务等方面交叉或混同，导致各自财产无法区分，丧失独立人格的，构成人格混同。"上述情形是关联公司人格混同的典型表征，也是人格混同的常见表现形式。但在认定关联公司人格混同时需要注意的是，由于关联企业之间具有控制与从属关系以及其他重大影响关系，因此关联企业之间客观上存在着较一般企业更为紧密的联系。尤其在集团公司、母子公司的结构之下，控制公司对其下属公司的人员、业务、财务进行统一管理是一种经常性的状态。事实上，企业集团的重要法律特征是集团公司对附属公司的统一管理和控制，这也是组建企业集团的目的。因此，对企业集团要适用法人人格否认规则，就要特别注意区分正常的管理、控制与滥用附属公司人格的行为，避免因滥用法人人格否认规则而损及整个企业集团制度。[②] 实践中，对于表面上关联公司的住所地、营业场所相同，或者共同使用同一办公设施、机器设备，公司之间的资金往来频繁等状况不能轻易下定论，而应当综合考察关联公司的人员、业务、财务等方面是否真正存在交叉或混同。如果仅仅只有人员交叉情况，或者仅仅只有业务雷同情况，不能简单、机械地认定关联公司存在人格混同。只有关联公司的人员、业务、财务等多个方面都存在实质性的交叉或混同，并且这些交叉与混同导致无法区分各自公司财产，方能认定关联公司构成人格混同。

---

① 参见最高人民法院案例指导工作办公室《指导案例第 15 号〈徐工集团工程机械股份有限公司诉成都川交工贸有限责任公司等买卖合同纠纷案〉的理解与参照》，《人民司法（应用）》2013 年第 15 期。

② 参见金剑锋《企业集团与法人格否认制度》，《人民法院报》2011 年 6 月 8 日，第 7 版。

其次，举证责任分担问题。

在关联公司人格混同适用法人人格否认案件中，按通常由原告负责举证的思路，原告要掌握收集关联公司之间存在财产混同、业务混同、人员混同等关键证据，这对原告来说甚为困难或要付出较大的代价。事实上这些证据为关联公司所掌握，而公司通常情况下又不会配合原告提供相关证据。因此，若严格按照"谁主张，谁举证"的原则最终只会影响到公司法人人格否认法理的运用效果。从经济效率原则出发，依据最高人民法院《关于民事诉讼证据的若干规定》第 7 条关于证明责任倒置的裁量分配，以及第 75 条关于法律上的推定两种特殊的证明责任分配方式，实践中，由债权人提供表面的初步证据，证明关联公司之间具有存在人格混同的较大可能性，使法官产生合理怀疑，同时债权人证明自身利益因公司人格混同情形遭受严重损害，而进一步的证明责任应当转移至关联公司及控制股东，由关联公司及控制股东举证排除合理怀疑。至于股东是否具有逃避债务等主观恶意，可以从债权人提供的客观证据来推断。① 至于法官，也可以根据相关证据规则，根据《公司法》第 3 条要求被起诉的关联公司举证证明其法人财产的独立性，根据《公司法》第 4 条要求被告举证证明其意志的独立性等。②

2. 如何认定严重损害债权人的利益？

第 15 号指导案例的第二个裁判要点强调的是关联公司的人格混同必须"严重损害债权人利益"，但实践中，相关裁决对此要件的阐述分析总是轻描淡写、一带而过。有学者研究表明，在所有案件中，"法院的态度似乎是，既然债务无法履行并且争议已经诉诸法院，损害当然是严重的"。实事求是地看，债务人不履行债务未必总是因为其与其他公司存在"人格混同"。例如，债务人可能与债权人对货款金额存在分歧（如第 15 号案例即存在这一情节），或者对合同效力有不同看法（如"四川泰来"案），或者主张对方违约而行使抗辩权。这些因素都可能导致债务人不依约履行合同。而这些情形也与债务人的清偿能力没有直接联系。因此，不能因被告与其他公司"人格混同"，同时其又未履约或者未完全履约，就得出其"人格混同"的不当行为"严重损害债权人的利益"的结论。③ 归结起来，对此要件实践中的逻辑是只要债

① 参见李春艳、江厚良、陈明霞《关联公司人格混同的认定及司法处理》，http：//3y. uu456. com/bp_ 2n7ya292x948fsc2ak81_ 1. html，最后访问日期：2017 年 4 月 15 日。

② 参见刘建功《公司法第二十条的适用空间》，《法律适用》2008 年第 1 期。

③ 参见王军《人格混同与法人独立地位之否认》，《北方法学》2015 年第 4 期。

务人拖欠"不还"或各种原因"未还"就等同于"无法偿还",也就等同于"严重损害债权人利益"了。

笔者以为,基于法人人格否认本身是一个例外性规则以及司法谦抑的特性,这个结果要件应当以"公司的偿债能力"作为判断标准,即公司能否偿还债权人的到期债权。如果公司能够偿还债务,债权人就不能主张否认公司的独立人格。具体来看,如果债权人的债权之上已经设定了保证、质押等债的担保,债权人的债权基本上能够通过债的担保而获得救济,则没有必要适用法人人格否认。另外,如果作为债务人的企业对外还有未获清偿的债权,债权人可以通过行使代位权或撤销权使自己的债权受偿,同样没有必要适用法人人格否认。再者,如果能够对债务人企业的股东揭开公司面纱,也没有必要对整个关联企业适用法人人格否认。实践中,很多关联企业与债务人企业之间未必存在控股或者参股关系。因此,如果追究债务人企业的控股股东的责任就已经足以保障债权人的权益,就没有必要将与之存在关联关系的企业都牵涉其中。① 这种司法谦抑的特性一定意义上也是很多法官或学者不赞成将股东也纳入关联企业一体化承担责任的缘由。

(二) 法律责任的承担

关于关联公司人格混同中的法律责任的承担,需要探讨两个问题。

1. 关联公司的控股股东要否承担责任?

关于公司法人人格否认,实务中出现的问题往往并非仅仅是股东实施滥用权利的行为并单独从中获益。在关联公司情形下,母公司不当控制子公司,或者股东对母公司实施不当控制使子公司或者母公司的其他关联公司获益的情形亦较为常见。就我国而言,我国对公司人格否认的设计仅从传统公司法角度出发,将公司人格否认的适用主体主要局限为控制股东,② 规范的主要是控制股东滥用控制权的行为。但对控股股东利用多个关联公司独立人格损害债权人的情况并没有明确规制。③ 对此,笔者以为,母、子公司之间为出资关系,母公司本身就是子公司的控制股东,直接适用公司人格否认并无不妥。

---

① 参见裴莹硕《关联企业人格混同的法人人格否认》,《人民司法》2009 年第 2 期。
② 我国《公司法》第 20 条没有区分控制股东与非控制股东,而是概括地规定由股东承担连带责任。但从法理上说,由控制股东承担责任,无疑更接近于法人人格否认规则的本意。
③ 参见樊纪伟《关联公司扩张适用公司人格否认之检讨》,《湖南大学学报(社会科学版)》2016 年第 5 期。

但在关联公司之间不存在出资关系，也不存在直接的控制与被控制关系的情形下，适用公司人格否认就欠缺明确法律依据，需要审慎斟酌适用相关法律。

2. 关联公司对债务人公司债务承担的连带责任是并行的连带责任，还是补充的连带责任？

在传统"股东滥用型"导致的法人人格否认的情形下，公司股东与公司债权人之间的债权债务关系，应认定为侵权责任而非违约责任。至于连带责任的性质，赵旭东教授认为，股东是否享有先诉抗辩权与连带责任的性质问题密切相关。如果不认可股东的先诉抗辩权，则股东对公司的债务承担的连带责任应为并行的连带责任无疑；如果认可股东享有先诉抗辩权，则应将股东的连带责任认定为补充的连带责任为宜。① 笔者以为，关联公司人格混同的连带责任性质问题与"股东滥用型"并无实质不同，其本质上也是债务人公司责任与关联公司责任之间的先后顺序问题。

结　语

随着社会经济生活的发展，公司法人人格以及有限责任被滥用的手法不断翻新，这也推动着法人人格否认制度的理论与实践不断向前发展。从全球范围来看，法人人格否认制度早已突破了传统的"股东滥用型"的适用范围，呈现出不断扩张适用的情形，主要包括法人人格否认的反向适用和关联公司之间的法人人格否认。我国公司法虽然早在 2005 年就引入了法人人格否认制度，但其适用范围过于狭窄，对法人人格否认的反向适用和关联公司之间的法人人格否认均未涉及。这致使实践中，在债务人公司与其他关联公司发生严重混同并严重损害债权人利益的情形下，债权人试图让关联企业适用法人人格否认原则尚缺乏明确的法律依据。为此，笔者建议：一方面，最高人民法院应当充分利用指导案例的形式，为公司法人格否认案件的审判工作提供指导和积累经验；另一方面，要尽快出台司法解释，对人格混同的关联公司承担连带清偿责任问题做出明确的法律规定，从而使最高法院指导案例的创新突破于法有据，切实维护法律的权威性和稳定性，同时也更好地保护债权人利益，引导关联企业经济进入良性有序的发展轨道。

---

① 参见赵旭东《公司法人格否认规则适用情况分析》，《法律适用》2011 年第 10 期。

分期付款股权转让合同的司法裁判

——指导性案例第 67 号裁判规则质疑

钱玉林[*]

【内容摘要】指导性案例第 67 号的裁判要点认为，分期付款股权转让人解除合同的，不适用《合同法》第 167 条有关解除合同的规定。理由是分期付款股权转让合同不同于以消费为目的的分期付款买卖合同。该裁判理由与立法和司法实际不符。审判实践中，以生产经营为目的的分期付款买卖合同纠纷远多于以消费为目的的分期付款买卖合同纠纷。交付标的物后分期付款，是分期付款买卖合同的本质属性，指导性案例第 67 号未能根据这一属性分析该案所涉分期付款股权转让合同能否类推适用分期付款买卖合同的规定。同时，指导性案例第 67 号混淆了《合同法》第 94 条规定的解除权与《合同法》第 167 条规定的解除权的区别，将不能满足《合同法》第 94 条规定的解除要件，阐释为不适用《合同法》第 167 条规定的理由。股权转让合同对买卖合同有关规定的参照适用，与对《合同法》总则的适用是不矛盾的。指导性案例第 67 号裁判规则引人误解，应分别阐释本案不适用《合同法》第 167 条规定和第 94 条规定的理由。

【关键词】分期付款　股权转让合同　合同法第 167 条　合同解除　指导性案例第 67 号

引　言

在审判实践中，因股权转让合同而发生的纠纷，根据最高人民法院发布的《民事案件案由规定》称之为"股权转让纠纷"，归类于"与公司有关的

---

[*]　钱玉林，华东政法大学经济法学院教授。本文系江苏省第四期"333 工程"科研项目《公司纠纷案件裁判说理研究》（BRA2015335）的研究成果。

纠纷"类型之中，并没有将其纳入"合同纠纷"的类型中。① 事实上，股权转让纠纷确实难以用合同纠纷来概括其中的实质性法律关系，该类纠纷除了股权转让人和受让人外，往往还涉及其他股东、公司甚至第三人，并且《合同法》对股权转让做出了特别规定，② 而《合同法》又没有将股权转让合同类型化为典型合同，因此，在法律适用上，应依照《合同法》第 123 条、第 124 条和第 174 条的规定，③ 优先适用《公司法》的规定，然后补充适用《合同法》的规定。

最高人民法院指导性案例第 67 号即属于依照《合同法》第 174 条的规定，参照适用买卖合同有关规定的案件。④ 该案件涉及分期付款转让股权的问题，⑤ 因"买卖合同的标的物，也叫买卖物，在我国现行法上限于有体物，包括不动产和动产"⑥，股权转让不属于《合同法》上所称的买卖合同，而应

---

① 最高人民法院《民事案件案由规定》（法〔2011〕41 号）第 249 种案由。民事案件案由不单纯是民事诉讼案件的名称，它是以民法理论对民事法律关系的分类为基础，并结合现行立法及审判实践而确立的。民事案件案由反映了案件所涉及的民事法律关系的性质，是人民法院将诉讼争议所包含的法律关系进行的概括，对人民法院在民事立案和审判中准确确定案件诉讼争点和正确适用法律有重要的作用。参见最高人民法院《民事案件案由规定》（法发〔2008〕11 号）。

② 参见《公司法》第 71 条。

③ 《合同法》第 123 条规定："其他法律对合同另有规定的，依照其规定。"第 124 条规定："本法分则或者其他法律没有明文规定的合同，适用本法总则的规定，并可以参照本法分则或者其他法律最相类似的规定。"第 174 条规定："法律对其他有偿合同有规定的，依照其规定；没有规定的，参照买卖合同的有关规定。"

④ 为了行文方便，本文在阐释指导性案例第 67 号裁判规则和裁判理由时称"指导性案例第 67号"，在描述或引用指导性案例第 67 号所涉案件的一审、二审和再审判决理由时简称"本案"。

⑤ 本案基本案情：原告汤长龙与被告周士海于 2013 年 4 月 3 日签订《股权转让协议》及《股权转让资金分期付款协议》。双方约定：周士海将其持有的青岛变压器集团成都双星电器有限公司6.35% 的股权转让给汤长龙。股权合计 710 万元，分四期付清，即 2013 年 4 月 3 日付 150 万元；2013 年 8 月 2 日付 150 万元；2013 年 12 月 2 日付 200 万元；2014 年 4 月 2 日付 210 万元。此协议双方签字生效，永不反悔。协议签订后，汤长龙于 2013 年 4 月 3 日依约向周士海支付第一期股权转让款 150 万元。因汤长龙逾期未支付约定的第二期股权转让款，周士海于 2013 年 10 月11 日，以公证方式向汤长龙送达了《关于解除协议的通知》，以汤长龙根本违约为由，提出解除双方签订的《股权转让资金分期付款协议》。次日，汤长龙即向周士海转账支付了第二期 150万元股权转让款，并按照约定的时间和数额履行了后续第三、四期股权转让款的支付义务。周士海以其已经解除合同为由，如数退回汤长龙支付的 4 笔股权转让款。汤长龙遂向人民法院提起诉讼，要求确认周士海发出的解除协议通知无效，并责令其继续履行合同。另查明，2013 年11 月 7 日，青岛变压器集团成都双星电器有限公司的变更（备案）登记中，周士海所持有的6.35% 股权已经变更登记至汤长龙名下。（参见《最高人民法院关于发布第 14 批指导性案例的通知》中的法（2016）311 号指导性案例第 67 号"汤长龙诉周士海股权转让纠纷案"。）

⑥ 崔建远：《合同法》，北京大学出版社，2013，第 435 页。

当被认定为合同法第 174 条所称的"其他有偿合同"。作为股权转让合同标的的股权，在性质上为一种独立的民事权利，① 对于"权利转让或让与，首先适用相应特别法的特别规定，无此规定时，才适用《合同法》关于买卖合同的规定乃至总则"②。《最高人民法院关于审理买卖合同纠纷案件适用法律问题的解释》（以下简称"买卖合同司法解释"）也做了与学理上大体一致的规定。③《公司法》虽然对股权转让做出了特别规定，但对于分期付款股权转让并没有任何规定，依照《合同法》第 174 条的规定，《公司法》没有规定的，参照买卖合同的有关规定。《合同法》上，有关分期付款买卖合同的规定仅为一条，即《合同法》第 167 条，该条分两款分别规定："分期付款的买受人未支付到期价款的金额达到全部价款的五分之一的，出卖人可以要求买受人支付全部价款或者解除合同。""出卖人解除合同的，可以向买受人要求支付该标的物的使用费。"本案一审法院四川省成都市中级人民法院认为，案涉《股权转让资金分期付款协议》约定的款项系分期支付，参照《合同法》第 167 条的规定，受让人未支付的到期款项已经超过全部价款的 1/5，故认定转让人有权解除合同。④ 二审法院四川省高级人民法院及再审法院最高人民法院均认为，本案不适用《合同法》第 167 条有关解除权的规定，最高人民法院在再审裁定中还详尽地阐释了裁判的理由，并在此基础上生成了指导性案例第 67 号的裁判规则。

指导性案例对审理类似案件具有普遍的指导意义，⑤ 各级法院审理类似案件时应当严格参照指导性案例，⑥ 并应当将指导性案例作为裁判理由引述。⑦ 指导性案例虽然不同于作为正式法源的英美判例法，但"指导性案例具有事

① 股权的法律性质是一个争论已久的问题，主要有物权说、债权说、社员权说、独立民事权利说等。参见江平、孔祥俊《论股权》，《中国法学》1994 年第 1 期；王利明：《论股份制企业所有权二重结构》，《中国法学》1989 年第 1 期；郭锋：《股份制企业所有权问题的探讨》，《中国法学》1988 年第 3 期。值得注意的是，《民法总则》第 125 条将股权和其他投资性权利列为不同于物权、债权和知识产权的一种独立的民事权利。

② 崔建远：《合同法》，北京大学出版社，2013，第 435～436 页。

③ 《最高人民法院关于审理买卖合同纠纷案件适用法律问题的解释》（法释〔2012〕8 号）第 45 条："法律或者行政法规对债权转让、股权转让等权利转让合同有规定的，依照其规定；没有规定的，人民法院可以根据合同法第一百二十四条和第一百七十四条的规定，参照适用买卖合同的有关规定。"

④ 参见四川省成都市中级人民法院（2013）成民初字第 1815 号民事判决书。

⑤ 参见《〈最高人民法院关于案例指导工作的规定〉实施细则》法〔2015〕130 号。

⑥ 参见《最高人民法院关于发布第一批指导性案例的通知》法〔2011〕354 号。

⑦ 参见《〈最高人民法院关于案例指导工作的规定〉实施细则》法〔2015〕130 号。

实上的拘束力"①，因此，指导性案例第 67 号将影响各级法院在审理类似案件时的裁判思路和裁判结果。对包括权利转让在内的其他有偿合同，《合同法》第 174 条明文规定在法律没有规定的情形下参照买卖合同的有关规定，而指导性案例第 67 号为什么认为分期付款股权转让合同不能参照适用《合同法》第 167 条规定的解除权；司法实践中，对于分期付款股权转让合同，是否存在参照适用合同法第 167 条做出裁判的案件？指导性案例第 67 号的裁判理由是否能够证成该案所生成的裁判规则；等等。这些问题值得深思。

一　指导性案例第 67 号裁判要点与问题

指导性案例的体例主要包括标题、关键词、裁判要点、相关法条、基本案情、裁判结果、裁判理由七个部分，其中，裁判要点是整个指导性案例要点的概要表述，主要归纳和提炼了指导性案例中具有指导意义的重要裁判规则、理念或方法。② 指导性案例第 67 号归纳和提炼的裁判要点如下：

> 有限责任公司的股权分期支付转让款中发生股权受让人延迟或者拒付等违约情形，股权转让人要求解除双方签订的股权转让合同的，不适用《中华人民共和国合同法》第 167 条关于分期付款买卖中出卖人在买受人未支付到期价款的金额达到合同全部价款的五分之一时即可解除合同的规定。

该裁判要点似乎十分符合最高人民法院提出的"应当概要、准确、精练，结构严谨，表达简明，语义确切"的编写要求，③ 从正面理解，可以概括为一句话，即分期付款股权转让合同的单方解除权不适用《合同法》第 167 条的规定。但根据《合同法》第 167 条、第 174 条以及第 124 条的规定，该裁判要点其实并非简单的一句话所能表达。基于股权转让合同为非典型合同，且为其他有偿合同的一种，根据《合同法》第 124 条对非典型合同和《合同法》

---

① 胡云腾、罗东川、王艳彬、刘少阳：《〈关于案例指导工作的规定〉的理解与适用》，《人民司法》2011 年第 3 期。

② 参见最高人民法院研究室印发的《关于编写报送指导性案例体例的意见》（法研〔2012〕2 号）。

③ 参见最高人民法院研究室印发的《关于编写报送指导性案例体例的意见》（法研〔2012〕2 号）。

第 174 条对其他有偿合同的法律适用规则，股权转让合同可以补充适用合同法总则的规定，也可以参照买卖合同的有关规定，因此，指导性案例第 67 号的裁判要点并未排除适用《合同法》总则和《合同法》第 167 条的其他规定。这就意味着从反面理解或从隐含的角度解释，该裁判要点实际上同时包含了另外两方面的内容：一是分期付款股权转让中发生受让人延迟或拒付等违约情形，股权转让人要求解除双方签订的股权转让合同的，适用《合同法》总则第 94 条的规定行使合同解除权；二是分期付款股权转让中发生受让人延迟或拒付等违约情形，适用《合同法》第 167 条关于分期付款的买受人未支付到期价款的金额达到全部价款的 1/5 时，出卖人可以要求买受人支付全部价款的规定。易言之，分期付款股权转让合同的解除问题只能适用《合同法》总则的一般规定，《合同法》第 167 条对解除权的特别规定没有适用的余地。

问题在于，《合同法》第 167 条明文规定，"分期付款的买受人未支付到期价款的金额达到全部价款的五分之一的，出卖人可以要求买受人支付全部价款或者解除合同"。该法条在逻辑结构上具备构成要件和法律效果两个要素，属于能够作为请求权的独立依据的完全性法条。该法条的法律效果部分使用了"或者"的法律用语，表明在法律适用上该两项法律效果之间系选择关系。① 也就是说，分期付款的买受人的违约行为符合第 167 条的构成要件时，出卖人有权在该条规定的两项法律效果（要求买受人支付全部价款和解除合同）中自由选择。但指导性案例第 67 号所确立的裁判规则限制了股权转让人的选择权，在该案的裁判理由中认为股权转让人即使依据《合同法》第 167 条的规定，也应当首先选择要求受让人支付全部价款，而不是解除合同。显然，这一裁判规则割裂了《合同法》第 167 条规定的法律效果的适用。

对于在分期付款买卖中，出卖人在何种情形下可以解除合同，各个国家和地区的法律规定有所不同，归纳起来大致有三种立法例。一是以德国和瑞士为例，除了当事人以特别约定保留所有权外，出卖人并无解除权。如德国《分期买卖法》第 5 条规定："出卖人基于其保留的所有权将标的物取回的，视为解除权之行使。"而依德国民法和瑞士债务法关于一般买卖的规定，出卖人于价款支付前已将标的物交付买受人的，出卖人不得以价款未支付为由解除合同。② 二是以我国台湾地区为例，台湾地区"民法"对分期付款买卖合

---

① 《立法技术规范（试行）》（法工委发〔2009〕62 号）第 13.3 条规定："'或者'表示一种选择关系，一般只指其所连接的成分中的某一部分。"
② 参见《德国民法典》第 454 条；《瑞士债务法》第 214 条。

同出卖人在何种情形下可以解除合同未做规定，理论和实务中均认为出卖人得依照"民法"第 254 条有关解除合同的一般规定行使解除权。① 三是以日本为例，日本《分期付款买卖法》第 5 条规定，买主未履行支付分期付款价款的义务时，卖主应以书面文件形式在 20 日以上的期间进行催告。买主如不在该期间内履行义务，卖主可以买主迟延支付分期付款的价款为由解除合同，同时也可请求未到期的分期付款价款的支付。② 我国《合同法》第 167 条关于分期付款买卖中出卖人的解除权的规定，不同于德国、瑞士和我国台湾地区的立法例，与日本立法例也不尽相同，没有日本法上出卖人应经催告后行使解除权的规定。可见，指导性案例第 67 号的裁判规则并未遵循《合同法》第 167 条的规定，转而将股权转让人的解除权回归到《合同法》总则的一般规定中，即应依照《合同法》第 94 条行使催告程序后，方可行使合同解除权，这一裁判规则貌似是我国台湾地区立法例和日本立法例的混合物。

值得一提的是，指导性案例第 67 号裁判要点中对于《合同法》第 167 条的规定使用了"不适用"而非"不参照"或者"不参照适用"的用语，这是不妥当的。如前所述，分期付款股权转让合同不是合同法意义上的买卖合同，而是《合同法》第 174 条所称的其他有偿合同。《合同法》第 174 条明文规定，法律对其他有偿合同没有规定的，"参照"买卖合同的有关规定；买卖合同司法解释第 45 条则规定，法律或者行政法规对债权转让、股权转让等权利转让合同没有规定的，"参照适用"买卖合同的有关规定。"参照"不是"依照"或"适用"，"'参照'一般用于没有直接纳入法律调整范围，但是又属于该范围逻辑内涵自然延伸的事项"③，"'适用'、'参照'等法律术语十分鲜明地彰显了拟处理的案型与被引用的法条所规范的案型之间相同与否及类似性高低的程度。若两种案型相同，则应'适用'，不必采取类推适用的技术手段；若两种案型既非同一亦非相异而在重要性质或特征上具有高度的类似性，则基于'等者等之，不等者不等之'的平等原则，藉类推适用之手段，以既有规范来处理待决案型"④。

《合同法》第 174 条和买卖合同司法解释第 45 条的实质是类推适用，即

---

① 参见史尚宽《债法各论》，中国政法大学出版社，2000，第 96 页。
② 转引自吴志忠《论我国〈合同法〉有关分期付款买卖规定的不足》，《武汉大学学报（哲学社会科学版）》2009 年第 3 期。
③ 《立法技术规范（试行）》（法工委发〔2009〕62 号）第 18.3 条。
④ 易军：《买卖合同之规定准用于其他有偿合同》，《法学研究》2016 年第 1 期。

法院在处理分期付款股权转让纠纷时，因公司法对分期付款股权转让没有规定，系构成法律上的漏洞，为填补这一法律漏洞，依《合同法》第174条和买卖合同司法解释第45条的指示参引，比附援引在性质上最相类似的《合同法》第167条的规定加以适用。类推适用作为对明显法律漏洞的司法填补，已为法院普遍使用，"'相类似之案件，应为相同之处理'的法理，为类推适用的基本原理"①。这也是正义的基本要求。类推适用的方法系依照逻辑推理三段论法演绎推理而成，即"将法理针对某构成要件（A）或多数彼此相似的构成要件而赋予之规则，转用于法理所未规定而与前述构成要件相类的构成要件（B）。转用的基础在于：二构成要件——在与法律评价有关的重要观点上——彼此相类，因此，二者应作相同的评价"②。"其推理公式为：M法律要件有P法律效果（大前提），S与M法律要件类似（小前提），故S亦有P法律效果（结论）。"③结合本案，在买卖以外的其他有偿合同中，股权转让合同具有与买卖合同相同的一时性、财产性以及移转财产权等特征，两者具有高度的类似性，以至于在司法实践中不少当事人将订立的股权转让合同称为股权买卖合同；④而有的法院也将股权转让合同定性为买卖合同，或者标的为股权的买卖合同。⑤虽然将股权转让合同直接定性为买卖合同是不恰当的，但这足以说明两者案型类似程度极高，尤其是分期付款股权转让合同与分期付款买卖合同，"两者足够相似，则可将被引用规范的构成要件或法律效果适用到系争案件"⑥。买卖合同司法解释的起草者也认为，对于分期付款买卖，《合同法》第167条第1款的规定"虽规定于《合同法》的'买卖合同'章，适用于有体物的买卖，但对于以股权为标的物的买卖合同也是可以适用的"⑦。因此，就法律适用方法而言，指导性案例第67号将《合同法》第167

---

① 杨仁寿：《法学方法论》，中国政法大学出版社，1999，第146页。

② 〔德〕尔·拉伦茨：《法学方法论》，陈爱娥译，商务印书馆，2003，第258页。

③ 杨仁寿：《法学方法论》，中国政法大学出版社，1999，第161页。

④ 参见山东省济南市中级人民法院（2014）济商初字第228号民事判决书、江西省上饶市中级人民法院（2014）饶中民二终字第203号民事判决书、安徽省宣城市中级人民法院（2016）皖18民终第1523号民事判决书等。

⑤ 参见山东省高级人民法院（2013）鲁商终字第249号民事判决书、江苏省徐州市中级人民法院（2014）徐商终字第0590号民事判决书、陕西省商南县人民法院（2015）商南民初字第00037号民事判决书、上海市闵行区人民法院（2014）闵民二（商）初字第614号民事判决书等。

⑥ 易军：《买卖合同之规定准用于其他有偿合同》，《法学研究》2016年第1期。

⑦ 奚晓明主编《最高人民法院关于买卖合同司法解释理解与适用》，人民法院出版社，2012，第674页。

条规定的两项法律效果做切割适用，也是有违方法论的。

二 对"分期买卖一般以生活消费为目的"的裁判理由之回应

指导性案例第 67 号之所以不适用《合同法》第 167 条规定的合同解除权，其中一个非常重要的理由，就是法院在裁判理由中认为，分期付款买卖"多发、常见在经营者和消费者之间，一般是买受人作为消费者为满足生活消费而发生的交易"，并针对本案进一步阐释了对分期付款股权转让合同的基本观点：

> 尽管案涉股权的转让形式也是分期付款，但由于本案买卖的标的物是股权，因此具有与以消费为目的的一般买卖不同的特点：一是汤长龙受让股权是为参与公司经营管理并获取经济利益，并非满足生活消费；二是周士海作为有限责任公司的股权出让人，基于其所持股权一直存在于目标公司中的特点，其因分期回收股权转让款而承担的风险，与一般以消费为目的分期付款买卖中出卖人收回价款的风险并不同等；三是双方解除股权转让合同，也不存在向受让人要求支付标的物使用费的情况。①

分期付款买卖作为买卖合同的特殊形式，在古罗马时就已存在，② 但它的繁荣始于近代，工业革命和信用经济催生分期付款买卖制度的蓬勃发展，立法也随之逐步跟进。早期主要在房屋、汽车、电视机、缝纫机等高档耐用消费品领域，时至今日，分期付款买卖合同已经渗透到市场的更多领域，在实践中愈益普遍。立法上，有的国家对分期付款买卖专门立法，如德国、日本、英国等，这些国家在分期付款买卖法中一般只限定标的物的适用范围，③ 但并

---

① 参见《最高人民法院关于发布第 14 批指导性案例的通知》中的法〔2016〕311 号指导性案例第 67 号"汤长龙诉周士海股权转让纠纷案"。

② 参见徐炳《买卖法》，经济日报出版社，1991，第 495 页。

③ 分期付款买卖标的物的范围应当如何界定，各国立法有所不同。多数国家的立法规定适用于不动产和动产，德国《分期付款买卖法》第 1 条将标的物限于动产，这是因为德国民法主张不动产转移的意思表示不允许附条件。关于权利是否也可以成为分期付款买卖的对象，学说上有争论，但肯定说占主流。参郑玉波《民法债编各论（上册）》，台湾三民书局，1981，第 101 页；黄立：《民法债编各论（上）》，中国政法大学出版社，2003，第 129 页；史尚宽：《债法各论》，中国政法大学出版社，2000，第 93 页；邱聪智：《新订债法各论（上）》，姚志明校订，中国人民大学出版社，2006，第 145 页。

不限定适用的主体或特定的法律关系。我国台湾地区在"民法典"中对分期付款买卖做出了一般性规定,"消费者保护法"则对经营者与消费者之间的分期付款买卖做出了特别规定,学者认为,"消费者保护法关于分期付款买卖之规定,与民法此处所定分期付价买卖之关系,固可视为本法之特别法……解释上民法分期付价买卖仍有相当广泛之存在空间"①。指导性案例第 67 号仍主张分期付款买卖多发、常见于经营者和消费者之间,分期付款买卖中的买受人一般以生活消费为目的,因而提出了以股权为标的的分期付款转让合同不同于一般分期付款买卖合同的观点。指导性案例的"裁判理由应当根据案件事实、法律、司法解释、政策精神和法学理论通说,从法理、事理、情理等方面,结合案情和裁判要点,详细论述法院裁判的正确性和公正性"②。为了验证指导性案例第 67 号上述裁判理由和观点的正确性,本文通过最高人民法院中国裁判文书网,以"分期付款买卖合同纠纷"案由为检索对象,并以关键词"《中华人民共和国合同法》第一百六十七条"进行全文搜索,截至 2017 年 4 月 5 日共检索到 199 份民事判决书。通过阅读、整理后发现,这 199 件案件均适用合同法第 167 条做出了裁判,其中,以生活消费为目的的分期付款买卖合同纠纷案件共 14 件,主要涉及手机、家具等买卖,仅占全部案件的 7%;其余 185 件均系为生产经营目的之需的有关运输车辆、工程机械设备等货物分期付款买卖合同,占全部案件的 93%(见图 1)。以生活消费为目的的 14 件分期付款买卖合同纠纷案中,当事人依照合同法第 167 条的规定请求解除合同的有 7 件,另有 7 件请求买受人支

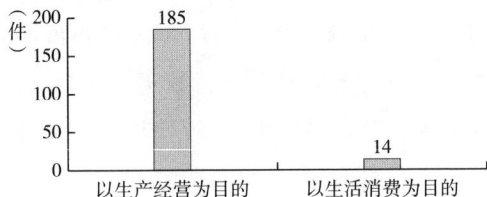

图 1　分期付款买卖合同纠纷案件

付剩余全部价款,当事人的请求均得到了法院的支持;在以生产经营为目的的 185 件分期付款买卖合同纠纷案中,当事人依照《合同法》第 167 条的规定请求支付剩余全部价款的有 182 件,仅有 3 件当事人请求解除合同,该类

---

① 邱聪智:《新订债法各论(上)》,姚志明校订,中国人民大学出版社,2006,第 144 页。
② 最高人民法院研究室《关于编写报送指导性案例体例的意见》(法研〔2012〕2 号)。

案件当事人的请求也均得到法院的支持。由此可见，从司法审判的角度，实践中分期付款买卖合同纠纷多发生于为生产经营为目的的买卖合同中，而非以生活消费为目的的买卖合同中。

唯有疑问的是，既然指导性案例第 67 号认为分期股权转让合同标的物是股权，具有与以消费为目的的一般分期买卖合同不同的特点，那么，这是否意味着分期付款股权转让合同不能参照《合同法》第 167 条的规定呢？本文仍通过最高人民法院中国裁判文书网，以"股权转让纠纷"案由为检索对象，截至 2017 年 4 月 8 日共搜索到参照适用买卖合同有关规定的案件 244 件。其中，适用买卖合同司法解释做出裁判的案件共 195 件，适用合同法买卖合同有关规定做出裁判的案件 49 件。买卖合同司法解释被引用最多的是该解释第 24 条有关逾期违约金的计算方法，涉及案件 115 件；合同法买卖合同有关规定被引用最多的是合同法第 167 条分期付款买卖合同的规定，涉及案件共 20 件。该 20 件案件中，有 18 件案件当事人依照《合同法》第 167 条的规定请求支付全部价款，仅有 2 件案件当事人请求解除合同（见图 2），法院对其中的一件予以支持，① 另一件予以驳回。② 虽然这一样本未必能全面反映实际，但该样本提供的数据表明，当事人请求解除合同的情形可能并不多见。如果这一样本反映了真实情况，这就意味着指导性案例第 67 号裁判规则对同类案件参照适用的示范意义并没有想象得那么大，但该裁判规则会严重影响当事人诉讼请求的提出。不管怎么说，该 20 件案件充分说明，审判实践中存在着分期付款股权转让合同参照适用《合同法》第 167 条的事实。这一事实难以印证指导性案例第 67 号裁判理由中主张的股权转让合同不同于以消费为目的的一般买卖合同的观点；相反，该司法审判经验削弱了指导性案例第 67 号裁判理由的说服力和透彻性。

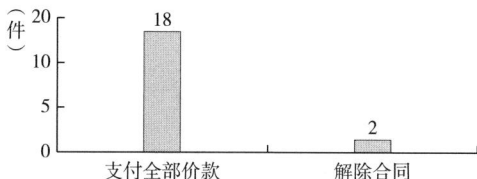

图 2　适用合同法第 167 条的分期付款股权转让纠纷案件

① 参见连云港市连云区人民法院（2013）港商初字第 0113 号民事判决书。
② 参见湖北省孝感市中级人民法院（2015）鄂孝感中民二终字第 00231 号民事判决书。

指导性案例第 67 号裁判理由中除了认为分期付款股权转让合同与以消费为目的的一般买卖合同不同外，还提出了在分期付款股权转让中，"双方解除股权转让合同，也不存在向受让人要求支付标的物使用费的情况。"该理由显然是针对《合同法》第 167 条第 2 款的规定，即"出卖人解除合同的，可以向买受人要求支付该标的物的使用费"。这一见解同样值得商榷。对于合同法第 167 条第 2 款的规定，买卖合同司法解释第 39 条做出了进一步规定："分期付款买卖合同约定出卖人在解除合同时可以扣留已受领价金，出卖人扣留的金额超过标的物使用费以及标的物受损赔偿额，买受人请求返还超过部分的，人民法院应予支持。"买卖合同司法解释的该项规定无疑是参酌其他国家和地区立法经验的结果。如我国台湾地区"民法"第 390 条规定："分期付价之买卖，如约定出卖人于解除契约时，得扣留其所受领价金者，其扣留之数额，不得超过标的物使用之代价，及标的物受有损害时之赔偿额。"德国、瑞士等国都有类似的规定。学者普遍认为，这是解除合同的法律后果使然。[1] 根据我国《合同法》第 97 条有关解除合同的法律后果的规定，"分期付款买卖在因买受人一方的原因而由出卖人解除合同时，标的物已经交付买受人，因此，买受人在占有标的物期间的利益也即是出卖人的一种损失"[2]。因此，《合同法》第 167 条第 2 款所称的"标的物的使用费"，在性质上应当解释为《合同法》第 97 条所指的"赔偿损失"责任。对于股权转让合同而言，《合同法》所称的标的物的使用费，就是因受让股权而取得的经济利益。而指导性案例第 67 号所谓的股权转让合同解除后，不存在向受让人要求支付标的物使用费的情况的论点，明显带有"依葫芦画瓢"之感，有悖于"参照适用"中类推的法学方法论，因为"法学上的类推适用无论如何都是一种评价性的思考过程，而非仅形式逻辑的思考操作"[3]。

三 "分期付款买卖"的类推与指导性案例第 67 号裁判规则检讨

本案能否类推适用《合同法》第 167 条之规定，关键在于《合同法》第

---

[1] 黄立：《民法债编各论（上）》，中国政法大学出版社，2003，第 130 页；史尚宽：《债法各论》，中国政法大学出版社，2000，第 96 页。

[2] 崔建远：《合同法（第 2 版）》，北京大学出版社，2013，第 459 页。

[3] 〔德〕卡尔·拉伦茨：《法学方法论》，陈爱娥译，商务印书馆，2003，第 258 页。

167 条所称的分期付款买卖合同，其本质特征究竟是什么？

我国《合同法》分则分 15 章规定了 15 种典型合同或有名合同，每章第 1 条都是定义条款，分别对 15 种典型合同做出了概念性的解释，分期付款买卖合同规定在第 9 章买卖合同部分，在学理上将其与试验买卖、样品买卖、招投标买卖、拍卖等统称为特种买卖，合同法对这一特种买卖并未给出明确的定义。买卖合同司法解释第 38 条则仅仅对《合同法》第 167 条规定的"分期付款"做出了解释，① 也即仅仅明晰了买方所承担的分期付款义务的内涵，而对卖方的义务没有任何解释，因此，该司法解释并未对"分期付款买卖"这一完整的概念界定清楚。

有学者认为，分期付款买卖"是买受人将其应付的总价款分为若干部分，按照一定期限分不同期数向出卖人逐次支付的买卖"②。这一定义与买卖合同司法解释的规定一样，强调了分期付款买卖在付款期限与方式上的"分期"，但未能真正揭示分期付款买卖的本质特征。如果分期付款买卖与一般买卖只是在付款期限与方式上存在差异，那将其作为特种买卖就没有任何法律意义。例如，乙向甲购买货物，双方订立的买卖合同约定，乙在一个月内分三次向甲支付总价款后，甲向乙交付货物。这一买卖合同能认定为分期付款买卖合同吗？当然不能。乙虽然在一定期限内向甲分期付款，但这仍然无异于预付款性质，与分期付款买卖合同迥异。"法定构成要件中，哪些要素对于法定评价具有重要性，其原因何在，要答复这些问题就必须回归到该法律规整的目的、基本思想，质言之，法律的理由上来探讨。"③《合同法》第 167 条的立法目的是为了对分期付款买卖这一特种买卖进行规制，而不是对一般买卖进行规制。分期付款买卖是信用经济的产物，其特征在于卖方给买方的信用，而不是买方给卖方的信用，基于此，分期付款买卖应当是指"当事人以特约约定由买受人受领标的物，并以分期方式支付价金之全部或一部分的买卖"④。这一概念相对精确地概括出了分期付款买卖区别于一般买卖合同的显著特征，即交付标的物后分期付款。

---

① 《最高人民法院关于审理买卖合同纠纷案件适用法律问题的解释》第 38 条规定："合同法第一百六十七条第一款规定的'分期付款'，系指买受人将应付的总价款在一定期间内至少分三次向出卖人支付。"
② 崔建远：《合同法》，北京大学出版社，2013，第 458 页。
③ 〔德〕卡尔·拉伦茨：《法学方法论》，陈爱娥译，商务印书馆，2003，第 258 页。
④ 黄立：《民法债编各论（上）》，中国政法大学出版社，2003，第 128 页。

本案再审法院最高人民法院在再审裁定书中认为，从《合同法》第167条规定的内容上看，"该条规定一般适用于经营者和消费者之间，标的物交付与价款实现在时间上相互分离，买受人以较小的成本取得标的物，以分次方式支付余款，因此出卖人在价款回收上存在一定的风险"[1]。虽然认定《合同法》第167条一般适用于经营者和消费者之间的观点值得商榷，但该裁定对分期付款买卖的特征性描述基本上还是贴切的。基于信用交易是分期付款买卖的本质属性，分期付款买卖被称为"物先交付型"最典型的形态，在这一买卖形态里，"因标的物已归买受人占有，因此，如何使出卖人确实能收回各期价款，成为立法上对分期付款买卖最重要的课题"[2]。理论上讨论《合同法》第167条究竟是保护买受人利益还是出卖人利益的问题，[3] 也是出于交付标的物后如何保障分期付款信用实施的考量。所以，交付标的物是分期付款买卖的前提，也是分期付款买卖的基础，"于契约订立后，使买受人取得直接占有，则有分期付款买卖之成立"[4]。关于交付标的物后的分期付款，理论上，价款的支付期数依照当事人的约定，但至少须于标的物交付后仍有两期以上，始为分期付款买卖。如果标的物交付后，在一定期间一次支付，或仅剩余一期应支付款项，都不是立法上所称的分期付款买卖。[5] 买卖合同司法解释规定在一定期间内至少分三次支付，未明确自何时起分期付款，但从分期付款买卖合同为信用交易的角度，分期付款的期数应从标的物交付时起计算，当属题中应有之意。质言之，先行交付标的物和买受人受领标的物后分两次以上付款，是分期付款买卖合同彰显信用交易最显著的特性。

本案二审法院四川省高级人民法院判决本案不适用《合同法》第167条的理由，是本案所涉股权转让协议不符合分期付款买卖的特征，该院民事判决书认为：

> 关于买卖合同分期付款的内容，其最根本的特征是标的物先行交付，也即在出卖人交付货物、买受人实际控制货物后，出卖人收回款项的风险加大，法律赋予出卖人在一定情形下规避风险的措施，包括解除合同

---

[1] 最高人民法院（2015）民申字第2532号民事裁定书。

[2] 刘得宽：《民法诸问题与新展望》，中国政法大学出版社，2001，第3页。

[3] 参见姚欢庆《〈合同法〉第167条规范宗旨之错位及补救》，《浙江社会科学》2007年第2期。

[4] 史尚宽：《债法各论》，中国政法大学出版社，2000，第93页。

[5] 参见郑玉波《民法债编各论（上册）》，台湾三民书局，1981，第101页；史尚宽：《债法各论》，中国政法大学出版社，2000，第94页。

和要求一次性支付货款，立法宗旨在于平衡出卖人、买受人之间的利益。结合双方 2013 年 4 月 3 日所签《股权转让资金分期付款协议》的约定，周士海将其持有的青岛变压器集团成都双星电器有限公司 6.35% 的股权转让给汤长龙，股权转让款合计 710 万元分四次支付，但没有明确约定股权交付与分期付款的时间先后顺序，故本案《股权转让资金分期付款协议》不具备分期付款买卖合同中关于标的物先行交付的基本特征，故本案《股权转让资金分期付款协议》不适用《中华人民共和国合同法》第一百六十七关于买卖合同分期付款的规定。①

根据指导性案例第 67 号概括的基本案情，本案股权转让协议于 2013 年 4 月 3 日订立，股权总价分四期付清，分别为 2013 年 4 月 3 日、2013 年 8 月 2 日、2013 年 12 月 2 日和 2014 年 4 月 2 日。因买受人逾期未支付约定的第二期股权转让款，股权转让人于 2013 年 10 月 11 日以公证方式向买受人送达解除协议的通知。2013 年 10 月 13 日买受人向法院提起诉讼，要求确认解除协议的通知无效，并责令其继续履行合同。2013 年 11 月 7 日，案涉股权变更登记至买受人名下。根据案情，本案股权转让协议订立时并不符合分期付款买卖合同的特征，但自 2013 年 11 月 7 日股权变更登记后，尚有两期分期付款，因此，自 2013 年 11 月 7 日起，本案股权转让协议才具备了分期付款买卖合同的信用交易的本质特征，在此之前，买受人的付款在性质上属于预付款，分期付款买卖尚未成立。由此判断，本案出卖人在 2013 年 10 月 11 日解除合同时，无权行使《合同法》第 167 条规定的解除权。这是本案股权转让合同不适用《合同法》第 167 条的根本原因。从这个意义上讲，本案二审法院不适用《合同法》第 167 条所阐释的裁判理由是正确的。指导性案例第 67 号裁判理由也认为，根据合同法和买卖合同司法解释的规定，分期付款买卖的特征之一是"买受人向出卖人支付总价款分三次以上，出卖人交付标的物之后买受人分两次以上向出卖人支付价款"。应当说，这一观点符合分期付款买卖的事理和法理，遗憾的是，指导性案例第 67 号在归纳、凝练裁判规则而阐释裁判理由时，偏离了这一最为关键和核心的观点。

事实上，在审判实践中，法院对于分期付款股权转让纠纷在参照适用《合同法》第 167 条的规定时，一般只关注《合同法》第 167 条规定的"买受

① 四川省高级人民法院（2014）川民终字第 432 号民事判决书。

人未支付到期价款的金额达到全部价款的五分之一"的事实，对股权转让合同是否符合分期付款买卖的特征，往往不把它作为调查的重点，或者即使认定了相关事实，也没有将这些事实与分期付款买卖的特征联系起来。本文前述 20 件参照适用《合同法》第 167 条规定的分期付款股权转让纠纷案件中，有 10 件其实不符合分期付款买卖的特征，是不能参照适用《合同法》第 167 条的规定做出裁判的。其中，有 2 件不符合分期付款买卖中标的物交付后仍有两次以上支付的要求；4 件付款在先，股权尚未交付，不符合分期付款买卖先行交付的信用交易的特征；3 件案件中法院对股权是否交付未做调查，难以认定分期付款股权转让是否符合分期付款买卖的特征；1 件股权尚未交付，且付款不符合分期三次以上的要求。仅有一个案件，法院在说理中阐释了案涉股权转让合同具有分期付款买卖合同的法律属性，认为"一方面，该合同由转让方先行交付标的物，另一方面，该合同从分两期支付变更为剩余价款分四期支付，总计共分五期"①。笔者认为，在认定分期付款股权转让纠纷是否适用《合同法》第 167 条的规定时，分期付款股权转让合同能否类推为分期付款买卖合同是裁判时首先应当认定的问题，而司法实践中有一半案件回避或忽视了对这一问题的重点审理，应当引起高度重视。

四　合同法的适用与准用：指导性案例第 67 号留下的思考

对于股权转让合同这类非典型合同、有偿合同和其他法律有特别规定的合同，合同法创设了三个法条为其提供法律适用的制度供给，即《合同法》第 123 条、第 124 条和第 174 条。其中，第 123 条解决了特别法优先适用的问题，第 124 条填补了非典型合同的法律适用规则问题，而第 174 条则成为买卖合同以外的其他有偿合同法律漏洞的补充。《合同法》第 123 条和第 174 条除了在立法技术上考虑立法经济外，最重要的功能在于对法律漏洞的填补。结合该两条不难发现，非典型合同可以"适用"合同法总则的规定，而其他有偿合同可以"参照"《合同法》分则买卖合同的有关规定。因此，股权转让合同适用《合同法》总则的规定和参照买卖合同的有关规定，应属于《合同法》第 123 条和第 174 条涵摄的范围。那么，指导性案例第 67 号在依《合同法》第 123 条和第 174 条而适用《合同法》总则和参照买卖合同的法律运

---

① 湖北省武汉市中级人民法院（2015）鄂武汉中民商初字第 01016 号民事判决书。

用过程中，有无值得商榷的问题呢？

指导性案例第 67 号的法院生效判决认为，本案争议的焦点问题是股权转让人是否享有《合同法》第 167 条规定的合同解除权，对此，法院给出了四点裁判理由，概括为：第一，尽管案涉股权的转让形式也是分期付款，但由于本案买卖的标的物是股权，因此具有与以消费为目的的一般买卖不同的特点；第二，双方订立股权转让的合同目的能够实现；第三，从诚实信用的角度，依照《合同法》第 60 条的规定，股权转让人即使依据《合同法》第 167 条的规定，也应当首先选择要求受让人支付全部价款，而不是解除合同；第四，从维护交易安全的角度，如果不是受让人有根本违约行为，动辄撤销合同可能对公司经营管理的稳定产生不利影响。① 这四点理由毫无疑问都是围绕本案的争议焦点展开的，但仔细斟酌，法院在裁判思维方面存在对《合同法》总则的适用与对分则买卖合同的参照适用相混淆的问题。裁判理由第一点主要阐述本案为什么不参照适用《合同法》第 167 条，从逻辑上讲这的确是围绕争议焦点展开的讨论，但其余三点理由并不能成为本案不参照适用《合同法》第 167 条的理由，这三点实际上是在回答本案为什么同时不能适用《合同法》总则第 94 条的规定。在此基础上生成的裁判规则难免会引起逻辑上的疑问。

事实上，《合同法》第 123 条和第 174 条之间是没有矛盾的。根据《合同法》第 174 条的指示，当确实不能参照适用买卖合同的有关规定时，并不意味着不能适用《合同法》总则的规定。对于本案而言，一审中当事人实际上是根据《合同法》第 123 条的指示，适用《合同法》第 94 条的规定主张解除合同，但一审法院在说理部分却同时引用了《合同法》第 167 条的规定，认为本案属于分期付款股权转让合同，参照《合同法》第 167 条的规定，股权转让人也享有解除权，这样，二审中本案究竟能否适用《合同法》第 167 条的规定就成了争议的焦点。《合同法》第 94 条和《合同法》第 167 条虽然都是对合同解除权的规定，但两者在实质要件方面并不完全相同。《合同法》第 167 条规定的解除权意味着只要买受人（本案中为股权受让人）违约达到法定数额，出卖人（本案中为股权转让人）即可享有合同解除权，而《合同法》第 94 条规定的解除权，要求以"经催告后在合理期限内仍未履行"或者

---

① 参见《最高人民法院关于发布第 14 批指导性案例的通知》中的法〔201〕6311 号指导性案例第 67 号"汤长龙诉周士海股权转让纠纷案"。

"致使不能实现合同目的"为构成要件。指导性案例第 67 号裁判理由涉及合同目的、根本违约等内容，这些应当成为论证本案不适用《合同法》第 94 条规定的理由，而非不适用《合同法》第 167 条的理由。根据本案案情和法院查明的相关事实，本案不仅不能参照适用《合同法》第 167 条规定的解除权，同时也不适用《合同法》总则第 94 条规定的解除权。而指导性案例第 67 号裁判规则却发出了错误的信息：做出了分期付款股权转让合同不适用《合同法》第 167 条规定的解除权的结论，但给出了错误的理由；给出了本案不适用《合同法》总则第 94 条规定的解除权的正当理由，却没有在裁判规则中归纳、凝练出相应的结论。

商事指导性案例裁判要点焉能脱离原案标新立异？

——最高法院指导性案例第 67 号评析

吴建斌[*]

【内容摘要】 最高法院指导性案例第 67 号"汤长龙诉周士海股权转让纠纷案"试图确立有限责任公司股权转让在受让人违反分期付款约定时，不适用《合同法》第 167 条合同解除权规定的裁判规则，其中蕴含着民商法分立思路中组织法上的交易有别于合同法上的交易的商事裁判理念。不过，该案三级裁判文书并无此意。商事指导性案例裁判要点应当归纳、提炼原案裁判文书本意，而非脱离原案任意发挥、标新立异或再造新的规则，这样才能确保指导性案例的制度价值及应有权威。

【关键词】 商事指导性案例　裁判要点　归纳本意　指导性案例第 67 号　标新立异　任意发挥

问题的提出

撇开肇始于 1985 年的《最高人民法院公报》案例，仅自 2011 年正式实施指导性案例制度起至 2017 年 4 月底，最高法院就已发布了 16 批 87 个指导性案例，[①] 商事指导性案例更是不在少数，但仍有学者统计分析得出商事指导性案例数量偏少比例不高的结论。[②] 学界对指导性案例的研究热情日趋高涨，相关学术成果不断涌现。[③] 有关指导性案例规范性的研究也初见成

---

* 吴建斌，博士，南京大学法学院教授、博导。

① 参见最高人民法院《最高人民法院发布第 16 批指导性案例》，《人民法院报》2017 年 3 月 16 日。

② 参见邹海林《指导性案例的规范性研究——以涉商事指导性案例为例》，载中国社科院法学所《商事指导性案例的规范化论文集》，2017 年 4 月 22 日，第 2 页。

③ 拙文《公司纠纷指导性案例效力定位》曾罗列过 2015 年上半年之前权威法学期刊刊载的 34 篇有关指导性案例专题研究论文（参见《法学》2015 年第 6 期）。两年过去了，（转下页注）

效，①但批评性意见似乎更多。有关个案规范性问题的研究尚不多见，而理论研究究竟能在多大程度上优化最高法院指导性案例的质量，也不无疑问；另

(接上页注③)相关文献更多。主要有邓矜婷：《确定先例规则的理论及其对适用指导性案例的启示——基于对美国相关学说的分析》，《法商研究》2015年第3期；秦宗文、严正华：《刑事案例指导运行实证研究》，《法制与社会发展》2015年第4期；刘树德：《最高人民法院司法规则的供给模式——兼论案例指导制度的完善》，《清华法学》2015年第4期；凌斌：《法官如何说理：中国经验与普遍原理》，《中国法学》2015年第5期；夏引业：《论指导性案例发布权的合法性困境与出路》，《法商研究》2015年第6期；孙谦：《援引法定刑的刑法解释——以马乐利用未公开信息交易案为例》，《法学研究》2016年第1期；泮伟江：《论指导性案例的效力》，《清华法学》2016年第1期；宋保振：《法律解释方法的融贯运作及其规则——以最高法院"指导性案例第32号"为切入点》，《法律科学》2016年第3期；安晨曦：《最高人民法院如何统一法律适用——非正规释法技艺的考察》，《法律科学》2016年第3期；侯学宾：《司法批复衰落的制度竞争逻辑》，《法商研究》2016年第3期；刘风景：《司法解释权限的界定与行使》，《中国法学》2016年第3期；孙光宁：《指导性案例裁判要旨概括方式之反思》，《法商研究》2016年第4期；孙光宁：《反思指导性案例的援引方式——以〈关于案例指导工作的规定〉实施细则为分析对象》，《法制与社会发展》2016年第4期；周翠：《民事指导性案例：质与量的考察》，《清华法学》2016年第4期；王天华：《案例指导制度的行政法意义》，《清华法学》2016年第4期；王天凡：《"不能胜任工作"与"末位淘汰"规则的规范分析——指导性案例第18号评析》，《清华法学》2016年第4期；孙维飞：《隐名的指导性案例——以"指导性案例第1号"为例的分析》，《清华法学》2016年第4期；向力：《从鲜见参照到常规参照——基于指导性案例参照情况的实证分析》，《法商研究》2016年第5期；曹志勋：《论指导性案例的"参照"效力及其裁判技术——基于对已公布的42个民事指导性案例的实质分析》，《比较法研究》2016年第6期；安晨曦：《最高人民法院如何统一法律适用——非正规释法技艺的考察》，《法律科学》（西北政法大学学报）2016年第3期；侯学宾：《司法批复衰落的制度竞争逻辑》，《法商研究》2016年第3期；刘风景：《司法解释权限的界定与行使》，《中国法学》2016年第3期；刘克毅：《法律解释抑或司法造法？——论案例指导制度的法律定位》，《法律科学》2016年第5期；熊静波、林洹民：《由内在态度决定的权威——对指导性案例规范性的再评估》，《法学评论》2016年第6期；资琳：《指导性案例同质化处理的困境及突破》，《法学》2017年第1期；徐阳：《我国刑事诉讼证明标准适用观念之思考——从增强可操作性到增强操作过程的规范性》，《法商研究》2017年第2期；刘作翔：《案例指导制度："人民群众"都关心些什么？——关于指导性案例的问与答》，《法学评论》2017年第2期；万方：《股权转让合同解除权的司法判断与法理研究》，《中国法学》2017年第2期；孙新宽：《分期付款买卖合同解除权的立法目的与行使限制——从最高人民法院指导性案例第67号切入》，《法学》2017年第4期。

① 重要论文如陈兴良《案例指导制度的规范考察》，《法学评论》2012年第3期；汤文平：《判例纂辑方法研究》，《法商研究》2013年第1期；汤文平：《论指导性案例之文本剪辑——尤以指导性案例第1号为例》，《法制与社会发展》2013年第2期；汤文平：《指导性案例援引方式之规范研究——以将裁判要点作为排他性判决理由为核心》，《法商研究》2014年第4期；孙光宁：《指导性案例裁判要旨概括方式之反思》，《法商研究》2016年第4期；周翠：《民事指导性案例：质与量的考察》，《清华法学》2016年第4期；熊静波、林洹民：《由内在态度决定的权威——对指导性案例规范性的再评估》，《法学评论》2016年第6期；徐阳：《我国刑事诉讼证明标准适用观念之思考——从增强可操作性到增强操作过程的规范性》，《法商研究》2017年第2期；万方：《股权转让合同解除权的司法判断与法理研究》，《中国法学》2017年第2期。

外，最高法院自身设有一套关于指导性案例生成的操作性规范。① 据此，指导性案例除了符合社会广泛关注、法律规定比较原则、具有典型性、疑难复杂或者新类型以及具有指导作用等其他条件外，② 还应当符合"已经发生法律效力，认定事实清楚，适用法律正确，裁判说理充分，法律效果和社会效果良好，对审理类似案件具有普遍指导意义"的要求，且在编排上统一由"标题、关键词、裁判要点、相关法条、基本案情、裁判结果、裁判理由以及包括生效裁判审判人员姓名的附注"等部分组成。③ 而编写裁判要点"应简要归纳和提炼指导性案例体现的具有指导意义的重要裁判规则、理念或方法，应当概要、准确、精练，结构严谨，表达简明，语义确切，对类似案件的裁判具有指导、启示意义"④。最高法院相关负责人还进一步强调"指导性案例的指导性集中体现在裁判要点上，裁判要点在形式上表现为解释概念、明确规则或总结经验3类，在内容上主要体现为亮点、盲点、争点、新点、难点或热点案例"⑤。上述要求不可谓不明确、具体。问题是，最高法院在编写发布商事指导性案例时可能并未严格遵行上述规范性要求，指导性案例第67号"汤长龙诉周士海股权转让纠纷案"即是典型，本案作为指导性案例的规范性仍有待提高。

最高法院指导性案例第67号的裁判要点为"有限责任公司的股权分期支付转让款中发生股权受让人延迟或者拒付等违约情形，股权转让人要求解除双方签订的股权转让合同的，不适用《中华人民共和国合同法》第167条关于分期付款买卖中出卖人在买受人未支付到期价款的金额达到合同全部价款的五分之一时即可解除合同的规定"⑥，可以简化为"有限责任公司股权转让在受让人违反分期付款约定逾期金额达到五分之一时，不适用合同法第167条合同解除权规定"⑦。其中蕴含着组织法上交易有别于合同法上交易这一体现

---

① 参见《最高人民法院关于案例指导工作的规定》及其实施细则。

② 参见《最高人民法院关于案例指导工作的规定》第2条。

③ 参见《〈最高人民法院关于案例指导工作的规定〉实施细则》第2~3条。

④ 最高人民法院研究室：《关于编写报送指导性案例体例的意见》，2015年6月30日。

⑤ 胡腾云：《最高法院法官谈指导性案例的编选与参照》，《人民法院报》2011年7月20日；胡云腾、吴光侠：《指导性案例的编选标准》，《人民司法》2015年第15期。

⑥ 参见指导性案例第67号"汤长龙诉周士海股权转让纠纷案"（最高人民法院审判委员会讨论通过，2016年9月19日发布）。

⑦ 也有学者进一步简化为"分期付款股权转让人解除合同的，不适用合同法第167条有关解除合同的规定"，似不够准确。当然，见仁见智。参见钱玉林《分期付款股权转让合同的司法裁判——指导性案例第67号裁判规则质疑》，载中国社科院法学所《商事指导性案例的规范化论文集》，2017年4月22日，第63页。

商事裁判理念的全新裁判规则。已经发表的权威法学期刊专题研究论文，对此也有正确认识。① 不过，这一理念不仅在"后《民法总则》时代"需要重新检讨，更为关键的是，该案三级裁判文书本身并无上述裁判要点所归纳的含义。需要进一步追问的是，为何会出现这样的"乌龙指"？问题在于商事指导性案例第 67 号在加工提炼过程中，脱离了原案的法律争点和裁判文书的本意，也即原案三级裁判文书所反映的争议焦点，并未涉及不同于一般性买卖合同标的物、具有虚拟权利性质的有限责任公司的股权转让。在受让人违反分期付款约定逾期金额达到 1/5 时，是否适用《合同法》第 167 条有关合同解除权的规定，转让人是否享有合同解除权这一体现民商分立立法体例中组织法上交易有别于合同法上交易的商事裁判理念的争议。该商事指导性案例的裁判要点并未传承裁判文书的本意，而是脱离原案的法律争点，凭着编写人员先入为主的主观臆断任意发挥、标新立异地再造出了新的规则，严重影响了指导性案例的指导价值及应有权威。② 本文将以现有的三个裁判文书以及经过加工提炼的指导性案例第 67 号文本为对象，揭示最高法院在商事指导性案例形成过程中是如何"荒腔走板"的，并适当推及其他案例，说明上述做法并非孤例，以便检验最高法院指导性案例形成机制的潜在弊病。最高法院商事指导性案例承载着促使纷繁复杂的商事纠纷同案同判的价值追求，研究个案编辑、加工、提炼的裁判要点是否符合原案本意不无意义，甚至决定着指导性案例制度是否具有独立的制度价值。当然，本文行文也许有点直白刺耳，不过忠言逆耳，作为最高裁判机关的最高法院也许确需引以为戒、加强自律、完善相关制度。

本文除引言外，分为以下 5 个部分：一是案件裁判与指导性案例第 67 号法律争点比较，二是案件本身争议与生效裁判评判，三是指导性案例第 67 号加工提炼弊病剖析，四是类似情形拓展分析，五是结语。

一 案件裁判与指导性案例第 67 号法律争点比较

最高法院商事指导性案例第 67 号有关"基本案情"的加工、提炼、归

---

① 参见万方《股权转让合同解除权的司法判断与法理研究》，《中国法学》2017 年第 2 期；孙新宽：《分期付款买卖合同解除权的立法目的与行使限制——从最高人民法院指导性案例第 67 号切入》，《法学》2017 年第 4 期。

② 对于邹海林教授有关商事指导性案例裁判要点与原生效裁判本意之间关系的论述，笔者深以为然。

纳、浓缩并无大的问题，只是有所遗漏，股款支付和提起诉讼的时间顺序也颠倒了。经对照三级裁判文书补充更正如下：2013 年 4 月 3 日，原告汤长龙与被告周士海签订《股权转让协议》及《股权转让资金分期付款协议》，双方约定，前者受让后者所持的青岛变压器集团成都双星电器有限公司 6.35% 股权，股款总价 710 万元，分四期付讫（其中 2013 年 4 月 3 日付 150 万元；2013 年 8 月 2 日付 150 万元；2013 年 12 月 2 日付 200 万元；2014 年 4 月 2 日付 210 万元）。双方签字生效，永不反悔。但股权怎么交付、何时进行过户登记约定不明。汤长龙随后依约按期如数向周士海支付了第一期股款 150 万元，第二期 2013 年 8 月 2 日的股款逾期未付。同年 10 月 11 日，周士海以公证方式向汤长龙送达了《关于解除协议的通知》，主张汤长龙经多次催告拒付逾期股款构成根本违约，依法通知解除合同。次日，汤长龙即向周士海转账支付了第二期股款 150 万元，同时诉请法院确认周士海解除合同通知无效，并责令其继续履行合同。诉讼期间双方来回支付及退回股款。一审期间的 2013 年 11 月 7 日，公司登记机关将案涉股权变更登记到汤长龙名下，周士海是否加以配合的具体细节未予审理查明。本案一审驳回诉请，二审予以改判后形成生效判决，最高法院最终驳回申诉申请。

原案裁判文书中三级法院归纳的争议焦点，均非指导性案例第 67 号裁判要点所指的组织法与交易法上交易有别的合同解除权，而是《合同法》第 94 条和第 96 条所涉一般性的法定合同解除权，至多涉及《合同法》第 167 条规定的分期付款买卖合同交易法上特殊的合同解除权。钱玉林教授和肖雄法官的论文对此已有深入仔细的研究。[①] 其中，四川省成都市中级人民法院一审确认的争议焦点是"周士海是否享有合同解除权，其要求解除双方签订的《股权转让资金分期付款协议》的行为是否已经生效"；[②] 四川省高级人民法院二审归纳的争议焦点问题为"周士海要求解除《股权转让资金分期付款协议》有无事实依据及法律依据"；[③] 最高法院的驳回申诉裁定则具体列明两点：一是本案是否应当适用《合同法》第 167 条之规定；二是二审法院依据《合同

---

① 参见钱玉林《分期付款股权转让合同的司法裁判——指导性案例第 67 号裁判规则质疑》，载中国社科院法学所《商事指导性案例的规范化论文集》2017 年 4 月 22 日，第 63 页；肖雄：《指导性案例第 67 号的"创新"与证伪》，载中国社科院法学所《商事指导性案例的规范化论文集》2017 年 4 月 22 日，第 140 页。

② 参见四川省成都市中级人民法院一审（2013）成民初字第 1815 号民事判决书。

③ 参见四川省高级人民法院二审（2014）川民终字第 432 号民事判决书。

法》第 94 条之规定认定周士海未尽催告义务，无权解除合同，是否亦属适用法律错误。可见，上述生效判决并未包含指导性案例第 67 号所描述的争议焦点，其所描述的情形即"法院生效判决认为：本案争议的焦点问题是周士海是否享有《中华人民共和国合同法》（以下简称《合同法》）第一百六十七条规定的合同解除权"，与实际不符。只有上述最高法院的驳回申诉裁定中才有"本案是否应当适用合同法第 167 条之规定"的内容，指导性案例第 67 号的表述涉嫌"张冠李戴"。何况，上述行文究竟有无提炼出组织法与交易法上交易有别的法律问题，还是不甚明了。

值得注意的是，一审法院民事判决书所载明的案件争议焦点虽然不太明确，但从被告周士海于 2013 年 10 月 11 日向汤长龙公证送达《关于解除协议的通知》的内容来看，其主张合同解除权的事实依据为后者逾期未付第二期股款且经多次催告仍拒绝继续履行，这符合《合同法》第 94 条第 3 项规定的"当事人一方迟延履行主要债务，经催告后在合理期限内仍未履行"的法定合同解除权行使要件。一审法院审理重点之一也确实是债权人的催告情节，并认定被告所举证据形成了证据锁链，已经催告"催收符合生活常理"。不过，这有点偏听偏信。从原告汤长龙接函后翌日即汇付该期逾期付款部分 150 万元并于同一天起诉的案情看，上述认定就很值得怀疑，二审、申诉审查相关证据后做出相反认定，并将未经催告作为改判支持一审原告诉请的重要裁判理由，应当是正确的。

另外，本案当事人双方在一审中似乎并未就合同履行行为以及违约救济是否适用或者参照适用《合同法》第 167 条进行主张和抗辩。[①] 但不可否认的是，本案一审判决所依据的事实确实存在。案涉股权转让合同股款总额为 710 万元，原告汤长龙逾期支付第二期股款的数额为 150 万元，逾期部分已占合同股款总额的 21% 强，超过前述《合同法》第 167 条所规定的分期付款买卖合同出卖人行使合同解除权的下限 20%。而且，被告的解约通知也是在合同约定的付款日期 2 个月之后。但即使如此，一审法院也并未注意到是否应当将"股权转让"合同与该条语境中的货物买卖合同区别开来的问题。在二审判决书的裁判理由部分，审理法院的重点不在于有限公司股权是否有别于《合同法》第 167 条所针对的一般性标的物，而是是否符合先交付后付款的分

---

① 因未收集到该案一审判决书，只能依据二审判决书中了解信息的信息做出判断，可能不够准确。

期付款合同的特性，这实际上既与民事合同和商事合同的区别无涉，更遑论组织法上交易与交易法上交易（买卖）合同的不同了。到了最高法院申诉阶段，除了催告情节外，其归纳的核心争议焦点为前述"本案是否应当适用合同法第167条之规定"。该院驳回申诉裁定的理由共有6点，其中第3点确实是专门针对特殊标的物股权的，现照录如下："本案买卖的标的物是股权，在双方没有在当地的工商登记部门进行股权变更登记之前，买受人购买的股权不具有对抗第三人的权利。换言之，如果目标公司没有在股东名册上登记汤长龙的股权，在工商部门变更登记之前，汤长龙就没有获得周士海转让的股权。本案中双方约定的第二期价款支付的时间在工商部门股权变更登记之前。"我们暂且不去评判该段论述是否符合法律逻辑、在公司法上有无实定规范依据或者坚实的法理基础，仅就文义而言，其所指显然为标的物是否交付或者权利是否转移，而丝毫没有对组织法上的交易与合同法上的交易区别对待的意思。

如此说来，我们也许能够得出初步结论：最高法院商事指导性案例第67号依据案件争议焦点总结、归纳、加工、提炼出来的裁判要点，不是提炼、归纳原案裁判本意，而是脱离原案、无中生有、标新立异、再造新规了。

二　案件本身争议与生效裁判评判

既然最高法院商事指导性案例第67号的裁判要点脱离了原案，那原案本身的争议以及法院裁判又该如何评价呢？

本案是因分期付款股权转让合同在履行过程中出现受让人逾期付款情形后，转让人行使法定解除权，受让人迅即汇付欠款并反过来主动诉请继续履行合同的纠纷，不同于通常经转让人催告后受让人仍继续拖欠股款的分期付款股权转让纠纷案件，具有一定的特殊性。正如前述，尽管三级法院归纳的案件争议焦点并非完全相同甚至差异很大，各自的裁判理由也多有似是而非、"貌合神离"之处，但似乎均指向交易合同，而非组织合同，但三者之间也存在重大差别。一审被告依据《合同法》第94条的规定发出解除合同的通知，行使法定解除权，原告也根据该条和第96条提出诉请。一审法院在审理过程中，除了着重调查并认定被告所举的已经合法催告的证据外，根据前述原告逾期支付第二期股款的比例已超过股款总额20%的客观事实，在判决词部分增加应当参照适用《合同法》第167条的理由。归纳起来，原案一审判决书的裁判理由为：原告逾期付款行为构成根本违约，其逾期部分大于《合同法》第167条规定的1/5的比例，且被告发出解约通知前已经催告，故被告有权解除合同，依法驳回原告诉请。① 二审改判理由有二：一是本案并无先交付后付款的情节，故不存在参照适用第167条的前提条件，一审判决属法律适用不当；二是被告并无证据证明已经催告故无权解约，一审法院事实认定有错。② 撇开一审法院的事实认定错误，即使本案纠纷不能参照适用《合同法》第167条，仅凭转让人已经合法催告，受让人逾期2个月后醒悟过来（也许股价暴涨），立即支付欠款并主动提前付清后续2期股款，也不影响被告行使法定解除权。不过，这仅仅是假设而已，事实情况正好相反，正如前述，被告并无有效证据证明已经合法催告。从被告通知后翌日原告即全额付清第二期股款并随即起诉的情节看，被告有关几经催告的主张也难以成立。其实，本案一审和二审仅需审查这一事实，并适用《合同法》第94条和第96条，即可下判。一审判决在无端搬出《合同法》第167条作为论证其裁判理由的法律依据后，败诉原告在上诉时不得不对此做出回应，且抗辩理由较为充分："合同法第一百六十七条关于买卖合同分期付款的规定，根本特征是先款后货，但案涉股权转让与实物交付不同，且周士海发出合同解除通知之时，股权还没有变更至汤长龙名下，因此，原审判决参照合同法第一百六十七条关于买卖合同分期付款的规定，判定汤长龙逾期付款超过总价款的五分之一，周士海有权解除合同，属适用法律错误。"③ 二审判决几乎完全采信了这一上诉理由。但问题的关键是，汤长龙上诉理由虽称"案涉股权转让与实物交付

① 其相关内容如下：汤长龙逾期付款的行为构成根本违约，应当承担相应的违约责任；周士海所举证据锁链证明其向汤长龙履行了催告义务；由于《股权转让资金分期付款协议》约定的款项系分期支付，根据《合同法》第174条"法律对其他有偿合同有规定的，依照其规定；没有规定的，参照买卖合同的有关规定"，参照《合同法》第167条"分期付款的买受人未支付到期价款的金额达到全部价款的五分之一的，出卖人可以要求买受人支付全部价款或者解除合同"，汤长龙未支付的到期款项150万元已经超过全部价款710万元的1/5，周士海有权解除合同。

② 其相关内容如下。第一，《合同法》第167条系关于买卖合同分期付款的内容，其最根本的特征是标的物先行交付，案涉股权转让协议且明确约定股权交付与分期付款的时间先后顺序，不具备分期付款买卖合同中关于标的物先行交付的基本特征，故不适用《合同法》第167条关于买卖合同分期付款的规定。原审判决参照《合同法》第167条的规定判定案涉合同解除，属适用法律不当。第二，周士海所举证据不足以证明其尽到合理催告义务，不符合《合同法》第94条规定的情形，周士海无权解除合同。原审判决认定周士海已尽到合理催告义务，属认定事实不当。

③ 参见四川省高级人民法院二审（2014）川民终字第432号民事判决书。

不同"，但既未列明具体不同之处，也未阐明何以阻碍股权转让合同适用《合同法》第 167 条。二审改判理由既非基于股权标的物的特殊性，也未区分经营性合同标的和消费性合同标的，更未考虑商事裁判与民事裁判的不同理念，而仅仅为双方争议标的有无先交付后付款即"先货后款"的情节，因本案诉讼发生时案涉股权未予登记过户，当然不适用《合同法》第 167 条的规定。本案转让（交易、买卖）的标的物恰巧是股权，假如换为一般的货物（有形物）的分期付款交易，并同样出现未予交货的情节，出卖人请求付款的，买受人不仅不负违约责任，还可行使《合同法》规定的先履行抗辩权或者同时履行抗辩权，根本就不可能出现本案那样类型的诉讼。

最高法院驳回申诉申请的理由除了同样否定催告事实外，实际上认定了二审有关并未交付股权（先货后款）的事实，但在表述上则不如二审生效判决那样简洁明了。其他理由则属于合理性考量而非合法性判断。具体分为以下 6 点。

"1.《中华人民共和国合同法》第一百六十七条共分两款。第一款的规定是分期付款的买受人未支付到期价款的金额达到全部价款的五分之一的，出卖人可以要求买受人支付全部价款或者解除合同。第二款的规定是出卖人解除合同的，可以向买受人要求支付该标的物的使用费。

2. 从上述规定内容上看，该条规定一般适用于经营者和消费者之间，标的物交付与价款实现在时间上相互分离，买受人以较小的成本取得标的物，以分次方式支付余款，因此出卖人在价款回收上存在一定的风险。

3. 本案买卖的标的物是股权，在双方没有在当地的工商登记部门进行股权变更登记之前，买受人购买的股权不具有对抗第三人的权利。换言之，如果目标公司没有在股东名册上登记汤长龙的股权，在工商部门变更登记之前，汤长龙就没有获得周士海转让的股权。本案中双方约定的第二期价款支付的时间在工商部门股权变更登记之前。

4. 一般的消费者如果到期应支付的价款超过了总价款的五分之一，可能存在价款收回的风险。本案中买卖的股权即使在工商部门办理了股权过户变更登记手续，股权的价值仍然存在于目标公司。周士海不存在价款收回的风险。

5. 从诚实信用的角度看，由于双方在股权转让合同上确载明"此协议一式两份，双方签字生效，永不反悔"，周士海即使依据《中华人民共和国合同法》第一百六十七条的规定，也应当首先选择要求汤长龙支付全部价款，而不是解除合同。

6. 案涉股权已经过户给了汤长龙，且汤长龙愿意支付价款，周士海的合同目的能够实现。因此，二审法院认为本案不适用《中华人民共和国合同法》第一百六十七条，周士海无权依据该条规定解除合同的理由并无不当。"

从上述内容可以看出，第一点理由只是简单列举合同法第 167 条的规定，不能成为单独的裁判理由。第二点理由为第一点所列法条的文义解释，且在适用对象上做了限缩解释；对立法目的又做了扩大解释。根据钱玉林教授的研究，这样的限缩解释不仅缺乏实定法依据，也与法院裁判实证数据相悖，司法实践中经营性货物分期付款买卖合同纠纷的比例远远大于消费性货物买卖合同（93%：7%）；① 肖雄法官则从比较法角度对这样的限缩解释提出了质疑；② 孙新宽更是充分论证了上述限缩解释的内在逻辑矛盾。③ 第三点理由虽然主要为事实陈述，但也有学理论证的成分。前者试图申明股权并未交付，实际上为二审生效判决查明事实的另行表述；后者所称"本案买卖的标的物是股权，在双方没有在当地的工商登记部门进行股权变更登记之前，买受人购买的股权不具有对抗第三人的权利"，是对公司法第 32 条的简单解释，其本身没有错。"本案中双方约定的第二期价款支付的时间在工商部门股权变更登记之前"，也与事实相符。但是，该段中间部分的解释，即"换言之，如果目标公司没有在股东名册上登记汤长龙的股权，在工商部门变更登记之前，汤长龙就没有获得周士海转让的股权"，则值得商榷。该部分意见不仅与前述第一层有关股权登记仅有对抗效力而非生效效力的意见相左，而且无论从立法上、理论上还是最高法院本身诸多案件的裁判意见不同角度看，均不够严谨、准确。最高法院早就确立了股权纠纷内外有别的商事裁判规则、股东名册以及工商登记的权属外观状况并非公司内部关系中的股东资格或者股权确权依据，而是以相反证据（如有的话）为准，学界几乎对此形成了共识。④第四点的价值判断有点武断。股权在工商部门办理了股权过户变更登记手续后，尽管股权的价值仍然存在于目标公司，但很难说转让人就不存在价款收

---

① 参见钱玉林《分期付款股权转让合同的司法裁判——指导性案例第 67 号裁判规则质疑》，载中国社科院法学所《商事指导性案例的规范化论文集》，2017 年 4 月 22 日，第 68 页。

② 参见肖雄《指导性案例第 67 号的"创新"与证伪》，载中国社科院法学所《商事指导性案例的规范化论文集》，2017 年 4 月 22 日，第 140 页。

③ 参见孙新宽《分期付款买卖合同解除权的立法目的与行使限制——从最高人民法院指导性案例第 67 号切入》，《法学》2017 年第 4 期。

④ 参见最高人民法院（2014）民提字第 00054 号民事判决书。

回的风险，如受让人丧失支付能力、目标公司被查封被宣告破产、股东或者公司抽逃转移资产、股权被质押被查封甚至被强制执行等，均有可能危及转让人的债权安全。第五点理由不当限制了原告的选择权，本案假如没有生效判决确认的周士海未经催告的情节，其依据《合同法》第167条选择行使合同解除权，而非要求汤长龙继续履行合同、支付全部股款，是法律明文赋予他的选择权，任由其基于理性人的考量做出决断。这样的商业判断通常不用法院费心劳力，审理法院更不能借用道德标准对原告进行谴责甚至认定其背离诚实信用原则。否则，如何有效保护其合法权利？第六点理由虽不无道理，但并非二审生效判决适用《合同法》第167条的理由。

综上所述，指导性案例第67号原案一审判决虽然被改判，但其原因在于事实认定不清，而非法律适用错误，尽管判决结果有误，其判决思路却是清楚的，判决理由也几乎无懈可击。二审生效判决事实认定清楚、适用法律准确，堪称国内优秀裁判文书的典范。最高法院裁定驳回申诉理由有点拖沓甚至画蛇添足，有的内容表述还不够准确，但裁定结果维持了生效判决，值得肯定。不过，需要再次强调的是，一审二审判决仅仅体现合同法上一般性交易合同纠纷的裁判思维，几乎没有考虑组织法上交易的特殊性；最高法院申诉审查意见虽然注意到了案涉交易标的有限公司股权不同于交易法上甚或消费性合同标的，但显然没有将组织法上的交易标的与交易法上的交易标的的分期付款买卖加以区别对待的意思。

三 指导性案例加工提炼弊病剖析

正如前述，指导性案例第67号的问题出在其加工提炼阶段，表现主要有四。一是前述所指基本案情部分搞错了后续付款时间。将一审原告合同约定的第二期以后股款的支付时间表述为诉讼之前，实际上第二期付款时间在原告接获被告解约通知翌日，原告也在同一天诉诸法院。原告在诉讼期间曾续付第三、四期股款，均被被告退回。因除了第二期股款支付时间与本文主题有关，其余无涉，故不予赘述。二是争议焦点与生效判决存在差异。指导性案例第67号中的争议焦点不是其所称的二审法院归纳的内容，而是前述最高法院裁定书的表述。三是裁判理由不符合生效判决原意，更多地吸收了最高法院驳回申诉裁定的意见，但也并不一致。四是该指导性案例最大的创新同时又是最大的败笔，即前述裁判要点的加工提炼归纳总结部分，几乎完全脱离三级法院裁判文书甚至该指导性案例本身的案情和裁判理由，有点任意发挥、标新立异。下文仅就后两者进行简要剖析。

先谈裁判理由。前文摘录归纳的一、二审裁判理由均只有 2 个，分别回应转让方有无催告事实以及是否属于"先货后款"的分期付款交易。最高法院裁定中有关是否参照适用《合同法》第 167 条的 6 个裁判理由，真正具有针对性的其实只有前四点，并可进一步归纳为 2 点：一是本案没有"先货后款"的情节，这与二审判决没有实质性差异；二是股权转让合同不同于消费性合同，即使股权已经过户转让方也无收回股款的风险。指导性案例第 67 号所加工提炼总结归纳的内容则大异其趣，相关内容如下。

1. 根据《合同法》第 167 条及最高法院《关于审理买卖合同纠纷案件适用法律问题的解释》第 38 条的规定，① 分期付款买卖的主要特征为：一是买受人向出卖人支付总价款分三次以上，出卖人交付标的物之后买受人分两次以上向出卖人支付价款；二是多发、常见在经营者和消费者之间，一般是买受人作为消费者为满足生活消费而发生的交易；三是出卖人向买受人授予了一定信用，而作为授信人的出卖人在价款回收上存在一定风险，为保障出卖人剩余价款的回收，出卖人在一定条件下可以行使解除合同的权利。

本案系有限责任公司股东将股权转让给公司股东之外的其他人。尽管案涉股权的转让形式也是分期付款，但由于本案买卖的标的物是股权，因此具有与以消费为目的的一般买卖不同的特点：一是汤长龙受让股权是为参与公司经营管理并获取经济利益，并非满足生活消费；二是周士海作为有限责任公司的股权出让人，基于其所持股权一直存在于目标公司中的特点，其因分期回收股权转让款而承担的风险，与一般以消费为目的分期付款买卖中出卖人收回价款的风险并不同等；三是双方解除股权转让合同，也不存在向受让人要求支付标的物使用费的情况。综上特点，股权转让分期付款合同，与一般以消费为目的的分期付款买卖合同有较大区别。对案涉《股权转让资金分期付款协议》不宜简单适用《合同法》第 167 条规定的合同解除权。

2. 本案中，双方订立《股权转让资金分期付款协议》的合同目的能够实现。汤长龙和周士海订立《股权转让资金分期付款协议》的目的是转让周士

---

① 最高法院《关于审理买卖合同纠纷案件适用法律问题的解释》第 38 条规定：《合同法》第 167 条第 1 款规定的"分期付款"，系指买受人将应付的总价款在一定期间内至少分三次向出卖人支付。分期付款买卖合同的约定违反《合同法》第 167 条第 1 款的规定，损害买受人利益，买受人主张该约定无效的，人民法院应予支持。

海所持青岛变压器集团成都双星电器有限公司 6.35% 的股权给汤长龙。根据汤长龙履行股权转让款的情况，除第 2 笔股权转让款 150 万元逾期支付两个月，其余 3 笔股权转让款均按约支付，周士海认为汤长龙逾期付款构成违约要求解除合同，退回了汤长龙所付 710 万元，不影响汤长龙按约支付剩余 3 笔股权转让款的事实的成立，且本案一、二审审理过程中，汤长龙明确表示愿意履行付款义务。因此，周士海签订案涉《股权转让资金分期付款协议》的合同目的能够实现。

3. 从诚实信用的角度看，《合同法》第 60 条规定，"当事人应当按照约定全面履行自己的义务。当事人应当遵循诚实信用原则，根据合同的性质、目的和交易习惯履行通知、协助、保密等义务"。鉴于双方在股权转让合同上明确约定"此协议一式两份，双方签字生效，永不反悔"，因此周士海即使依据《合同法》第 167 条的规定，也应当首先选择要求汤长龙支付全部价款，而不是解除合同。

4. 从维护交易安全的角度看，一项有限责任公司的股权交易关涉诸多方面，包括其他股东对受让人汤长龙的接受和信任（过半数同意股权转让）等。本案中，汤长龙受让股权后已实际参与公司经营管理、股权也已过户登记到其名下，如果不是汤长龙有根本违约行为，动辄撤销合同可能对公司经营管理的稳定产生不利影响。

上述第一个理由是从最高法院驳回申诉裁定意见中阐发开来的，但只是提及而不再强调生产性买卖合同和消费性买卖合同之间的差异，也无视二审生效判决以及最高法院本身驳回申诉裁定已经认定的案涉股权在诉讼时并未交付的事实，并将其作为裁判重要依据的正确做法，而是不惜笔墨阐述分期付款买卖合同与案涉分期付款股权转让合同的不同特点，尽管这样的分析不无道理，但并未回答这样的区别为何影响《合同法》第 167 条的适用或者参照适用。也许编写者自己也有点心虚，故未敢直截了当地得出毫无争议的结论，而只是认为"对案涉《股权转让资金分期付款协议》不宜简单适用《合同法》第 167 条规定的合同解除权"。如此转换，立即将本案合法性问题的争议降格为合理性问题的争议。用法律经济学的视野考察，将原本属于产权界定的问题，更换为交易成本的考量。而科斯理论所拒斥的不论是非产权不清的交易成本考量或者利益权衡，均是"黑板经济学"（也是黑板法学）闭门造车式的推演结果，根本不是真正能够解决现实案例争议的正确方法。更为关键的弊端在于，生效判决中直指双方争议本质的本案"先货后款"这一事实是否存在变得扑朔迷离、混沌不清。演绎开来，我国和谐司法、和谐社会的诉求却导致更多社会矛盾这样事与愿违的结果，究其原因，本案最高法院申诉裁定以及指导性案例第 67 号所体现的不讲是非一味权衡的司法理念，恐怕难辞其咎。

第二个理由混淆了解约通知效力争议和合同实际履行之间的关系。本案汤长龙起诉的起因是收阅了周士海的解约通知，意图对周士海未经催告径自发出解约通知提出异议，并请求继续履行合同。在汤长龙提起诉讼的当日即 2013 年 10 月 12 日，他虽然付清了第二期股款，但毕竟较合同约定的付款日期迟延了 2 个月零 10 天，当然构成违约。双方真正的争议焦点在于，汤长龙逾期付款的数额达到总价款的 1/5 或者 20% 时，周士海是否有权不经催告径自通知解除合同。在解释论上，这一争议涉及是适用《合同法》第 94 条第 3 项还是第 4 项，以及第 94 条《合同法》总则一般性规定与该法第 167 条分则特殊性规定之间关系的问题。周士海的解约通知虽然并未注明其依据《合同法》第 94 条第几项，但从其有关"周士海在合理期限内多次提出履行义务的催告，而汤长龙仍未付清上述费用，且拒绝与周士海就协议履行问题会面协商"的内容来看，显然依据的是该法第 94 条第 3 项，即"当事人一方迟延履行主要债务，经催告后在合理期间内仍未履行"。据此，需要审查的就只有汤长龙逾期支付的第二期股款数额 150 万元是否属于主要债务，以及是否存在"经催告后在合理期间内仍未履行"的事实，而无须考虑《合同法》第 167 条的适用或者参照适用了。即便涉及《合同法》第 167 条，也应围绕该条并未明确的分期付款买卖合同买受人逾期付款时，出卖人有权径自通知解除还是也须催告无果后才能解除的争议焦点进行审理。本案一审在判决理由中引入该条，纯粹是顾左右而言他；二审另辟蹊径，从本案股权并未交付没有"先货后款"情节角度认定不存在适用该条的前提条件，尽管没有回应本案真正的争议本质，却还是收到了四两拨千斤的效果；最高法院驳回申诉意见则明显不如二审判决那样干净利落。至于《合同法》第 167 条与第 94 条的关系，前引孙新宽新作已做充分论证以及域外法考察；第三、四个理由前文也已有评述，在此不赘。可见，指导性案例第 67 号对于原案裁判实质性理由的归纳有点词不达意甚至不着边际。

让我们回头再看最高法院指导性案例第 67 号所加工提炼总结归纳的裁判要点："有限责任公司的股权分期支付转让款中发生股权受让人延迟或者拒付等违约情形，股权转让人要求解除双方签订的股权转让合同的，不适用《中

华人民共和国合同法》第 167 条关于分期付款买卖中出卖人在买受人未支付
到期价款的金额达到合同全部价款的五分之一时即可解除合同的规定。"前文
已将其简化为："有限责任公司股权转让在受让人违反分期付款约定逾期金额
达到五分之一时，不适用合同法第 167 条合同解除权规定的裁判规则。"假如
不是笔者理解有误，其中确实蕴含着组织法上的交易有别于合同法上的交易
的商事裁判理念，这是民商法分立思想的派生产物。尽管刚刚通过的《民法
总则》已经明确宣示我国采纳民商合一的民法体例，《民法总则》中甚至很难
找到反映商法能够具有部门法地位的影子，大民法的立法理念较之台湾地区
"民法"走得更远，商法学界仍有人孜孜以求地呼吁商法的独立地位，其精神
可嘉，而其结果必然是徒劳无功的。我们不否认民商法规则以及相应的裁判
确有差异，组织法上的交易也与交易法上的交易有所区别，但不足以构成有
限公司股权转让合同不适用《合同法》第 167 条的理由。比如本案有限公司
股权转让除了当事人之间的合意外，还须依据《公司法》第 71 条的规定征求
其他股东同意、其他股东享有优先购买权、注销（换发）出资证明书（股权
证书）、修改股东名册（日本公司法所称的股东名义更换）、调整公司章程中
的股东姓名或者名称，直至由当事人和公司相互配合到公司登记机关办理股
权变更登记手续。不过，上述所有股权本身的转让合意之外的事务，与其说
是合同法上的随附义务，倒不如说是公司法上的法定义务。无论从商法是民
法的特别法、公司法又是商法的特别法，还是公司法就是民法的特别法来
看，① 公司法作为特别法均有优先适用的地位。我国作为秉承大陆法国家传
统、采行有限责任公司与股份有限公司区分立法的国家，仅在《公司法》第
139 条、第 140 条中规定股份权属转移的依据，如"记名股票（实际为记名
股份，股票只是股份的有价证券形式——笔者注），由股东以背书方式或者法
律、行政法规规定的其他方式转让"，"转让后由公司将受让人的姓名或者名
称及住所记载于股东名册"，前者具有股权权属变动的效力，后者仅有对抗公
司（也同时对抗第三人）的效力；"无记名股票（实际为股份——笔者注）
的转让，由股东将该股票交付给受让人后即发生转让的效力"，据此，股份有
限公司的股份转让，其转让标的的权属变动或者转移依据几无争议，有限责
任公司则反而规则不明，尤其是《公司法》第 73 条并未赋予出资证明书（股
权证）的股权表征效力，也不依实际只能采取记名式出资证明书（股权证）

----

① 参见梁慧星《民法总论》，法律出版社，2012，第 2、12~13 页。

的背书或者交付为股权变更或者转移的标志，这是引发实践中争议频发的重要原因。但所有这些特殊性或者立法上的漏洞缺陷，都无法证成指导性案例第 67 号裁判要点的裁判规则。当然，回到本案的局限条件或者特定语境，要从三级法院裁判文书中提炼出种种足以支撑和证明商法独立性的系列规则并加以类型化，或者证成组织法上的交易有别于交易法上的交易因而不适用《合同法》第 167 条，古今中外并无先例，非不为也，实不能也。最高法院通过个案再做尝试，大可不必。

至此，我们再次对照前述最高法院所提出的编写裁判要点要求，即"应简要归纳和提炼指导性案例体现的具有指导意义的重要裁判规则、理念或方法，应当概要、准确、精练，结构严谨，表达简明，语义确切，对类似案件的裁判具有指导、启示意义"。指导性案例第 67 号似乎远未做到，甚至差异太大了。

四　类似情形拓展分析

上述指导性案例第 67 号存在的问题，绝非个案，经过一定途径的遴选并由带有行政管理色彩的指导性案例工作办公室刻意加工的指导性案例，也许普遍存在是否忠实于原案的问题，下面仅就笔者较为熟悉的公司纠纷类指导性案例稍做分析。

在指导性案例第 67 号发布之前，大体有 4 个公司纠纷指导性案例，它们是指导性案例第 8 号公司僵局纠纷强制解散案件、指导性案例第 9 号无过错股东不能免除清算责任案件、指导性案例第 10 号认定无理由解聘经理职务的董事会决议仍然有效案件以及指导性案例第 15 号确认公司人格混同适用公司法人格否认法理案件。

正如另文已经指出的那样，[①] 指导性案例第 8 号涉嫌法院过度干涉具有合伙性质的特定公司（夫妻公司）内部治理机制，很容易不当挤压公司的自治空间；指导性案例第 9 号混淆过错程度不同股东的清算责任，可能产生激励逆向选择的不良效果；指导性案例第 10 号仅仅体现现行法条的应有之义，了无新意；指导性案例第 15 号则脱离原案裁判文书的本意，创设新的公司法人格否认法理，超越司法机关的法定权限。可见，不仅四个指导性案例均有瑕

---

① 吴建斌：《公司纠纷指导性案例效力定位》，《法学》2015 年第 6 期。

疵。考虑到篇幅，我们仅简要分析指导性案例第 8 号"林方清诉常熟市凯莱
实业有限公司、戴小明公司解散纠纷案"和指导性案例第 15 号"徐工集团工
程机械股份有限公司诉成都川交工贸有限责任公司等买卖合同纠纷案"。

指导性案例第 8 号被告常熟市凯莱实业有限公司（以下简称"凯莱公
司"）为某服装城房产所有权人，原告林方清与第三人公司执行董事戴小明为
该公司的夫妻股东。两人分别持股 50%，章程规定任何决议均需两个股东一
致同意方能通过，这似乎借鉴了外商投资企业的做法，有点类似于合伙企业
协议的约定，很容易导致公司营运中出现公司僵局的情况。不过，该公司章
程其实还设有对执行董事的特别授权条款，即"在发生不可抗力等重大事件
时，可对一切事务行使特别裁决权和罢免权"，其但书"必须符合公司利益，
事后向股东报告"的内容实际为软约束条款。双方讼争发生前，一直由戴小
明担任执行董事、法定代表人，但随着两人夫妻关系的恶化甚至发生肢体冲
突，夫妻股东双方先后以公司不同身份召集临时股东会，终因另一位股东不
予配合，要么股东会议无法召开，要么会议不能形成有效决议，第三方多次
调解无果。不过，公司仍然经营正常。一审江苏省苏州市中级人民法院认为
本案虽然两股东陷入僵局，但凯莱公司目前经营状况良好，不存在公司经营
管理发生严重困难的情形，驳回了林方清请求法院判决公司强制解散的诉请。
林方清上诉后，二审江苏省高级人民法院改判理由有四：一是股东会机制已
经失灵；二是执行董事的行为不再体现权力机构的意志；三是公司监督机构
监督机制失灵；四是即使公司处于盈利状态也无碍公司经营管理发生严重困
难的认定。最高法院指导性案例第 8 号的裁判要点为：公司法第 183 条将
"公司经营管理发生严重困难"作为股东提起解散公司之诉的条件之一。判断
"公司经营管理是否发生严重困难"，应从公司组织机构的运行状态进行综合
分析。公司虽处于盈利状态，但其股东会机制长期失灵，内部管理有严重障
碍，已陷入僵局状态，可以认定为公司经营管理发生严重困难。对于符合公
司法及相关司法解释规定的其他条件的，人民法院可以依法判决公司解散。

笔者另文已就该案的裁判理由从 8 个方面进行了评析：如股东会机制失
灵并不一定影响其他机制发挥作用避免公司僵局；案涉公司章程有关权利配
置重心，已经从股东会转移到拥有董事会权力的执行董事；案件本身反映出
林方清并未依法行使股东权利不能以此断定股东会机制已经失灵；案涉执行
董事行为即使不能反映权力机构的意志也并不违法；监督机制失灵并非公司
僵局的判断依据；双方矛盾僵持不下但由戴小明控制公司"使（林方清——

笔者注）股东利益受到重大损失"并非司法强制解散公司的救济范畴；案涉具有合伙性质的夫妻公司内部矛盾引发的纠纷不宜作为司法强制解散指导性案例。在上述论文写作过程中，笔者还电话联系案件第三人戴小明及其代理律师调查核实相关情况，获知凯莱公司于该案终审判决生效后历时多年仍未解散，公司经营正常进行，原告林方清和戴小明的股东身份并无变化，相互之间的矛盾处于胶着状态，还居然"相安无事"，并因此发出感慨："如此令人啼笑皆非的结果，足以引起我们的反思：终审改判公司解散究竟合适不合适？"

写作本文时，三年又过去了，新的情况怎样？2017 年 5 月 7 日上午，笔者带着疑问又电话询问了戴小明，得知他与林方清已经离婚，但公司股东仍然未变，只是在政府相关部门的协调下，原夫妻双方股东在法院主持下对公司名下的出租房产等进行了分割，并各自独立经营自负盈亏。这样做，虽然在公司对外关系上仍有可能对曾经的夫妻股东双方带来风险，但在股东内部关系上的权利义务已经分割清楚，也即最终以解散公司以外的方式解决了双方的纠纷。特别值得一提的是，周先生对最高法院看作该指导性案例裁判要点的点睛之笔的"公司虽处于盈利状态，也不能改变经营管理已发生严重困难的事实"这一司法裁判意见耿耿于怀，认为法律应该促进和维护公司的正常经营，怎么能否定公司正常经营、处于盈利状态可以作为拒阻"经营管理已发生严重困难"的认定理由呢。这与笔者另文的观点也是契合的：它既未超出最高法院关于公司纠纷司法解释（二）第 1 条的本意，又背离了论证公司僵局充要条件的思维逻辑。该条第 2 款有关"股东以公司亏损等为由提起解散公司诉讼的，人民法院不予受理"的规定尚有其合理性，而特别强调公司处于盈利状态不能作为否认公司僵局的情节，则有点本末倒置。因此指导性案例 8 非但没有给未来的公司僵局司法强制解散纠纷裁判带来良好的示范效应，反而有可能将各级法院引入裁判误区。而从加工提炼的角度而言，表面上该案裁判要点与原案裁判意见差异并不明显，但忽视了夫妻股东各占50% 股权以及章程对执行董事有特别授权，从而即使股东会层面无法达成合意，也不一定导致公司管理僵局的特殊情形，将其选为指导性案例，赋予普遍适用的地位，显然并不合适。

指导性案例第 15 号的裁判要点有二："1. 关联公司的人员、业务、财务等方面交叉或混同，导致各自财产无法区分，丧失独立人格的，构成人格混同"；"2. 关联公司人格混同，严重损害债权人利益的，关联公司相互之间对外部债务承担连带责任"。而江苏省高级人民法院生效判决理由一方面认为川交工贸公司、川交机械公司和瑞路公司三个公司人员混同、业务混同、财务混同，三个公司之间表征人格的因素（人员、业务、财务等）高度混同，导致各自财产无法区分，已丧失独立人格，构成人格混同。另一方面，在援引《公司法》第20条第3款规定后江苏省高级人民法院又认为：本案中，三个公司虽在工商登记部门登记为彼此独立的企业法人，但实际上相互之间界线模糊、人格混同，其中川交工贸公司承担所有关联公司的债务却无力清偿，又使其他关联公司逃避巨额债务，严重损害了债权人的利益。上述行为违背了法人制度设立的宗旨，违背了诚实信用原则，其行为本质和危害结果与《公司法》第20条第3款规定的情形相当，故参照《公司法》第20条第3款的规定，川交机械公司、瑞路公司对川交工贸公司的债务应当承担连带清偿责任。很显然，原案生效判决在认定案涉三个公司人格混同的前提下，是依据民法基本原则，类推适用《公司法》第20条第3款的人格滥用这样的公司法人格否认法理规则做出判决的，其中并无公司人格混同直接适用法人格否认法理的含义，指导性案例第67号并未将原审判决意见提炼上升到股东滥用公司独立人格的理论高度上，而是将其引向公司法人格否认法理的另外一个范畴即公司人格混同的法理基础，有点张冠李戴。而且，有关公司人格混同的公司法人格否认之法理基础，在我国公司法第63条有所体现，但仅限于一人公司，适用对象也以股东为限，指导性案例第67号将其推及普通公司，适用对象扩大到关联公司或者姊妹公司，属于超出公司法立法本意的重大创新，最高法院也有越权嫌疑。

结　语

综上，指导性案例第67号的裁判要点脱离原案本意，自由发挥、标新立异，其他公司纠纷指导性案件也有类似情形，其并非成文法国家最高裁判机关的应有作为。何况，其刻意提炼实际却是"荒腔走板"的所谓新的裁判规则，没有任何立法和法学理论支持。由此延伸开来，尽管最高法院不断重申其指导性案例制度不同于域外的判例制度，但英美法成熟的判例法制度的优点，仍可以而且应当借鉴。其中有一点可能更值得吸取，即判例不是在裁判形成之后经裁判以外的机关及其人员重新加工提炼重塑而成的，裁判本身就是一个既定或者最终的司法成果，其价值在于原案已经内含并值得后案遵循的法律规则。据域外权威专家考察论证,"现在,只有具备两个条件,司法先例才会有拘束力:(a)很好的法律报告;(b)稳定的司法层级"。"遵循司法先例原则建立在(法律报告)精确记录的基础上,在这些记录中保留着先前的判决。""自 1865 年开始,在英格兰与威尔士判例报告特许理事会(现代称谓)的管理下,判例报告已经得以出版;这个理事会是由出庭律师公会、事务律师协会和出庭律师理事会联合组建的。人们仅将其视为判例报告,它们在裁判庭上具有优先性,因为审案法官在公布之前要阅读和修改报告。但是,私人判例报告仍然存在,在这些私人判例报告之中,全英判例报告初创于1963 年,每周都会出版,是私人判例报告中唯一的全面报告。现在,这些报告由审案法官进行修订。"从以上内容可以看出,英美法的典型代表,英国的判例就是属于民间机构性质的判例报告,是特许理事会编写并经审案法官修改审定的判例。假如有人特别是非审理案件法官再行加工,则有可能与原案大相径庭,甚至面目全非。其中的裁判要点成为借助案例名义的司法解释,有时连以案说法都不如,本案即是典型;指导性案例第 8 号素材本身就是选择不当,社会效果更是不佳;指导性案例第 15 号只是裁判要点本身符合公司法人格否认法理,但根本没有反映原案裁判本意。如此看来,我国的指导性案例尤其是商事指导性案例的形成过程以及办法,确实需要改进,起码不能逃离原案标新立异,甚至随意发挥、信口雌黄,也可仿照英国法院判例形成机制,应该让生效判决审案法官修改审阅。

论商事指导性案例的法源地位及适用顺位[*]

——兼及我国商法渊源的立法构想

王建文[**]

【内容摘要】 在大陆法系国家，商事裁判虽不具有判例地位，但客观上在一定范围或一定程度上具有法律约束力。为吸收判例制度的优点，合理发挥判例作用，我国确立了指导性案例制度。但该制度在司法实践中陷入了某种困境。因商法适用存在解释路径的多样性，故指导性案例的权威性实际上并不太强，甚至被法官们有意无意地忽略。因此，我国应将商事指导性案例确定为正式的法律渊源，并重新构建我国商法渊源制度，同时对其法律适用顺位做明确规定。

【关键词】 商事指导性案例　法源地位　商法渊源　适用顺位

一　问题的提出：商事指导性案例的法源地位

为克服成文法不可避免的局限性，我国法学界曾在相当长一段时期内对我国是否应引进判例法制度给予高度关注。一些学者主张我国应顺应两大法系相互融合的时代潮流，在坚持制定法作为主导法律渊源的前提下，引进判例法制度，改变制定法的僵硬性，赋予法律适用以更多的灵活性与适应性。另一些学者则认为，虽然判例在司法实践中具有一定的指导作用，甚至可以说我国最高法院的判决事实上具有法律渊源的效力，但我国不应实行判例法制度。[①] 总体而言，持反对说者占多数。

然而，应当承认，判例的有限适用确实可以给我国法律的不确定性提供

————————————

*　基金项目：国家社科基金一般项目"公司章程防御性条款法律效力研究"（14BFX077）。

**　王建文，1974年生，法学博士，南京航空航天大学人文与社会科学学院院长、教授、博士生导师。

①　参见魏振瀛主编《民法》，北京大学出版社、高等教育出版社，2000，第15页。

一个比较好的克服方法。因此，一些学者主张我国应实行有限判例制度具有一定的合理性。为此，我国理论界与法院系统采取了一种折中方案，将建立案例指导制度确定为克服成文法局限性的方案。事实上，从 20 世纪 50 年代初开始，最高人民法院就通过编选案例来总结审判经验、指导法院审判工作。从 1985 年开始，《最高人民法院公报》就已刊登具有指导意义的案例。最高人民法院还于 2010 年专门印发了《最高人民法院关于案例指导工作的规定》。依此，指导性案例特指由最高人民法院发布的具有指导作用的典型案例，法官在审判类似案件时应当参照这些指导性案例，并可用作裁判文书的说理依据加以引用。为了落实案例指导制度，总结审判经验，统一法律适用，最高人民法院于 2011 年 12 月 20 日发布了第 1 批指导性案例（4 个），此后陆续发布了 15 批指导性案例，及至 2017 年 3 月第 16 批指导性案例发布后已累计发布指导性案例 87 个。指导性案例的发布，意味着法学界呼吁多年、最高人民法院力推和主导的案例指导制度已经进入实际运用阶段。

不过，需要说明的是，我国的指导性案例本身不同于英美法系中的判例，并不具有正式的法律效力，不属于正式的法律渊源。2017 年 3 月 15 日颁布的《民法总则》将习惯确定为补充性法律渊源，但未确立指导性案例的法源地位。或许这一问题在民法中表现得不太突出，但在瞬息万变、日新月异的商事交易实践面前，成文商法的滞后性已日益凸显。那么，面对这一不可回避的现实，立法者与司法者究竟应当如何应对呢？对此，固然可以有多种解决问题的具体方案，但笔者认为，就可能性与现实性而言，我国应在现行指导性案例制度基础上，依据市场交易的发展性与复杂性特点，在总纲性商法规范中确立商事指导性案例的法源地位。此外，笔者基于商事裁判的效力演进，对我国商事指导性案例的法源地位及其制度重构提供学理论证及相应方案。

二 大陆法系国家商事裁判法律效力的演进与论证

（一）大陆法系国家商事裁判法律效力的演进

欧洲大陆进入近代，尤其是进入 19 世纪以后，在法律适用上实行绝对严格规则主义，完全排除法官的自由裁量因素。在此之前，其经历了漫长的绝对的自由裁量主义过程。由于绝对的自由裁量主义，实质上就是无"法"司法，就是人治，其基本理念与近代欧洲的经济、政治与意识形态的环境格格不入，因此受到了普遍的否定。

从经济基础方面来说，19 世纪正是资本主义生产方式形成和发展的时期，这种生产方式对法律提出了自己的要求。其基本要求即法律必须是合理的法律，而所谓"合理的法律"就是可预测行为后果的法律，亦即能为社会带来安全感的法律。① "资本主义形式的工业组织，如要合理地运用，就必须能依靠可预测的判断和管理……它所需要的是像机器一样靠得住的法律。"② 因此，"尽管有必要通过解释法律条文的宽阔的自由度来缓和法律的死板性，但法官仍必须依然做法律的奴仆"。③

从法律适用原理上讲，法律规定越完善、越缜密，法官的自由裁量权就越小，法律就越有安全性。同时，从资本主义国家的经济史来看，司法干预总是国家干预的重要形式，承认司法自由裁量权即隐含着承认国家干预的可能。而 19 世纪的欧洲大陆各国普遍信奉自由资本主义。因此，在一定程度上可以说，19 世纪欧洲大陆采取严格规则主义的立法与司法方式，是自由资本主义经济基础的产物。

从政治基础方面来说，资产阶级革命胜利之后，欧洲大陆各国普遍信奉严格的分权学说，极力排除尚不能为立法者完全信任的法官的法律解释权，因而法官就不可能获得自由裁量权。

从意识形态方面来说，19 世纪绝对严格规则主义的法典法，是建立在当时以绝对主义的认识论、用自然科学方法对待人文科学、重视几何学方法和形而上学的世界观为特征的理性主义哲学基础之上的。④

然而，由于法律技术上的特点，其目的不可能完全实现，因而不可避免地具有局限性，即法律基于其防范人性弱点工具的特质，在取得其积极价值的同时不可避免地要付出相应的代价。具体来说，由于法律作为以语言为载体的行为规范的内在特性，它必然具有不合目的性、不周延性、模糊性与滞后性等局限性。因此，法律的价值选择是极为困难的。尤其是随着社会经济生活的迅速发展，这些矛盾就日益凸显出来。于是，长期以来，几乎成为定律的严格规则主义的司法形式逐渐受到质疑。作为 20 世纪第一部民法典的

---

① 参见徐国栋《民法基本原则解释——成文法局限性之克服》，中国政法大学出版社，1992，第 154 页。

② 参见〔德〕马克斯·韦伯《世界经济通史》，姚曾廙译，上海译文出版社，1981，第 234、291 页。

③ 参见〔法〕亨利·莱维·布律尔《法律社会学》，许钧译，上海人民出版社，1987，第 77 页。

④ 参见徐国栋《民法基本原则解释——成文法局限性之克服》，第 177 页。

1907 年《瑞士民法典》引言部分第 1 条第 2 款即明确规定："无法从本法得出相应规定时，法官应依据习惯法裁判，如无习惯法时，依据自己如作为立法者应提出的规则裁判。"① 这一规定意味着成文法的局限性已经为大陆法国家所承认，在立法技术上必然要设立一般条款，以便法官就个案进行价值判断，适时地引进新的价值观念且顾及个案的衡平做出判决。而且，它还意味着大陆法系公开地承认了法官的造法功能，不再是机械的"自动售货机"。在法国，随着社会的不断发展，成文法的抽象性造成的概念不精确与多含义，以及法律规定的不全面日益显露出来，于是司法判例便承担了使法典与现代社会的需要相适应的职责。同时，司法判例又通过解释对这种社会需求予以发展、补充或限制，既阐发旧的法律思想，又提出新的法律思想。而且，对于德国联邦宪法法院的判决，其约束力超越个案的当事人，并对联邦及州等宪法机构也具有法律效力；在其他领域，德国法承认，从某些"有指导的案例"，可以引申出新的法律原则，下级法院不得随意偏离有一系列联邦法院判例支持的法律原则。② 可见，在大陆法系国家，虽然成文法占主导地位，但法官不再是消极地适用法律，在一定的条件下法官也可以造法。这主要是针对一些法律没有具体规定的情况，法官可以根据法律的基本原则，或从公平、正义等法律价值观念出发，对争议做出创造性的处理。这比之法典修改，既能迅速适应经济生活的变化，避免法律漏洞，又有利于社会稳定。③

于是，进入 20 世纪后，大陆法系国家逐步重视判例的作用。例如，在法国，侵权法中的无过错责任就是法院在对《法国民法典》第 1384 条进行解释的基础上通过大量的判例形成的，其行政法则几乎完全是依赖判例法发展起来的。④ 在法国理论界，关于判例应否成为法的渊源，仍然存在争议；但理论界普遍认为，判例对认识实体法具有无可争议的巨大重要意义，并且大多数学者正式承认其为法的渊源。即便是那些不承认判例的法律渊源属性的学者，也承认判例乃"享有特殊地位"的一种权威。⑤ 在德国，最高法院的判决具

---

① 参见《瑞士民法典》，殷生根、王燕译，中国政法大学出版社，1999，第 3 页。
② 参见宋冰《读本：美国与德国的司法制度及司法程序》，中国政法大学出版社，1998，第 92 页。
③ 参见井涛《司法先例刍议》，《判例与研究》1997 年第 1 期。
④ 参见李永卓《判例法中的"判决理由"与中国司法实践中的判决理由现象》，载沈四宝主编《国际商法论丛》第 3 卷，法律出版社，2001，第 636 页。
⑤ 参见〔法〕雅克·盖斯旦、吉勒·古博、缪黑埃·法布赫－马南协《法国民法总论》，陈鹏、张丽娟、石佳友等译，法律出版社，2004，第 192 页。

有先例的约束力。人们已经普遍承认司法行为既是一种智慧行为也是一种意志行为。根据《德国法院组织法》第 137 条之规定，法官实际上负有不断发展法律的义务。而如果不能变更法律就谈不上发展法律，由此产生的结果是法典或法规不断受到司法判决的扩充或改变，使司法判决经常创制出新的法律规则。现在，在人们研讨法律问题时，司法判决往往起着一种十分重要的作用，而且常常是决定性的作用。① 由此，尽管关于司法判决的法源地位（是否为正式的法律渊源）尚存争议，但司法实务界和学界高度接纳了判例，甚至可以说法律是依赖判例而发展的。② 在日本，最高法院出版的"判例集"具有一定的约束力。实际上，在现代日本民法中，许多法律制度都是由判例法发展起来的。让与担保便是由判例法发展而来的典型制度。在日本的各种判例集中，列举参照的法律条文时应当标明该判决所依照的条文。但是，在让与担保的判决中往往记载："本判决，作为问题并非直接适用民法第 369 条，是就'让与担保'作出的判决。"实际上，"有关让与担保的法律制度，正是民法典施行一百年以来的这段时期，由判例而形成的"。③ 在商法适用顺位上，日本学者还普遍认为商事判例法应在商事习惯法与民法之前而适用。在西班牙、哥伦比亚、瑞士等国，最高法院在宪法问题上的判决具有约束力。④ 由此可见，至少可以保守地说，即使是在大陆法系国家，判例也在一定范围或一定程度上具有法律约束力。

那么，是否就可以认为大陆法系国家也存在着判例法呢？对此，有人认为，普通法与大陆法都有不同程度的遵循先例的原则，毕竟法律适用要求统一性和确定性，这就是说对类似案件应有类似处理方法，而这也正是法制社会的共同信念。⑤ 据此，似乎大陆法系国家也早已承认了判例的法律渊源效力了。然而，如果说判例在大陆法系国家确实具有一定的一般法律约束力的话，其产生一般法律约束力的范围是受到严格限定的，只是"在一定程度上"产生效力而已。出于种种原因，法国承认了行政法判例在法律创制上的效力，

---

① 参见〔德〕罗伯特·霍恩等《德国民商法导论》，楚建译，中国大百科全书出版社，1996，第 64 页。
② 参见高尚《德国判例结构特征对中国指导性案例的启示》，《社会科学研究》2015 年第 5 期。
③ 参见〔日〕道垣内弘人《日本民法的展开——判例形成的法——让与担保》，段匡、杨永庄译，载梁慧星主编《民商法论丛》第 15 卷，法律出版社，2000，第 450 页。
④ 参见赵雯、刘培森《关于建立判例制度的几点思考》，《山东法学》1999 年第 6 期。
⑤ 参见赵岩《法律解释方式：从司法解释到判例》，《烟台大学学报》（哲学社会科学版）2001 年第 1 期。

在德国，宪法判例也被赋予法律效力，但事实上，不管是哪个大陆法系国家，它们都并未在私法领域明确赋予判例以法律效力。

（二） 大陆法系国家商事裁判法律效力的论证

在大陆法系国家，基于私法范畴的商法而产生的商事裁判，当然也不可能具备一般法律约束力。那么，又该如何理解大陆法系国家面对难以预见的市场经济发展形势而采取的立法与司法上的适应性措施呢？在任何法律体系中，法律的稳定性和适应性始终存在冲突。为了解决二者的协调关系，大陆法系与英美法系势必在一定程度上相互吸收、相互借鉴，使其在保持并进一步发挥各自优点的同时，能够较好地克服各自所固有的缺陷。

于是，《瑞士民法典》公开地承认了法官的造法功能。在《德国民法典》"债法"的修订中，判例的成果起着相当大的作用，诸如缔约过失责任、积极的侵害债权与一般人格权等都是为 1896 年《德国民法典》所未规定而由司法判例确立起来的。但是，大陆法系国家并未在私法领域明确承认判例的法律效力。毕竟，判例法是一种法律渊源，而不是一种适用法律的方法。判例法的精神实质是要求法院将判例作为处理今后相同或相似案件的依据，体现的是其规范效力，在这一层面上它与制定法具有相同的意义。① 因此，大陆法系国家私法领域的判例，严格来说，并不是一种法律，而是一种适用法律的方法和制度。

具体到商法领域来说，商事审判中，由于商法所固有的发展性与变动性，成文商事立法更加不可能完全满足其完全调整商事交易实践活动的需要，势必需要借助灵活的法律适用方法。因此，长期以来受到严格遵从的绝对严格规则主义开始松动，法官借助法典中普遍存在的一般条款，频繁地进行创造性司法。而这些创造性司法的结果——商事裁判，客观上也确实对其后发生的相同或相似案件产生了明显的指导作用。从某种意义上讲，这种能够对其后发生的相同或相似案件产生事实上的法律适用指导的商事裁判，在一定程度上具备了判例的效力，只不过不能直接援引而已。从法律适用的本质上说，法律渊源只不过是法律的外壳，关键在于法官适用法律时必须遵从法律的精神，根据案件事实，依照法律规定或一般法律条款做出合理的裁判。基于此，即使是在大陆法系国家，商法的发展性与变动性导致商法明显的滞后性与不

---

① 参见汪建成《对判例法的几点思考》，《烟台大学学报》（哲学社会科学版）2000 年第 1 期。

适应性，根据商法的一般规定而做出的创造性商事裁判，必然都会对审理其后发生的同类案件的法官产生一定的影响，从而使其产生能够对其后发生的同类案件形成一定"约束力"的"法律效力"。

当然，所谓一定的"约束力"与"法律效力"，其影响力的发生并非制度性的，而是法官在无法可依的情况下，自觉或不得已地借鉴其法律适用方法的结果。而这些可能对法官产生"约束力"的商事裁判，也必然会对商事交易当事人产生影响，使其成为事实上指导商事交易当事人的行为规则。从理论上讲，这种现象的出现，一定意义上可归因于理性主义哲学思想的破灭与经验主义思潮所产生的广泛影响。这一效力的产生，正如霍姆斯所说的："毫不夸张地说，对法院实际上将做什么的预测就是我所说的法律。"① 或许，这种表述难以为大陆法系国家学者所接受。日本学者四宫和夫的表述则更易令人接受。四宫和夫认为，裁判之中也潜藏着适用于同类事件的一般性规范。尽管这种规范并非理所当然地约束法官的"法律"，但为求得法令统一解释，将此任务交给最高法院，规定最高法院的审判具备某种形式者，对以后的审判具有法律约束力。于是，判例这一特殊的法律渊源（不同的法院也会有些不同，在这一意义上它不像其他法源那样强而有力——作者原注）得以成立。另外，如果同一内容的裁判反复进行，特别是在最高法院进行时，审判结果甚至会左右国民的行为方式，或成为习惯。② 这样，基于经验规则，商事裁判客观上产生了法律效力。

三　我国商事裁判法律效力的历史传统与实践

（一）我国传统法律中判例的法律效力

主张引入判例法制度的许多学者都认为，引例断案在我国有悠久的历史，从我国法制史考察中可知，判例法并非"舶来品"。1975 年发现的云梦秦简，不仅记载了秦朝的成文法，而且记载了 20 多个治狱判例，其内容与法律条文一样被司法官员引用。在汉代，审案引例叫"比"或"决事比"，即取判决

① See 21 Mich. L. R. 530, citing Holmes, *Collected Papers*, p. 173. 转引自〔美〕本杰明·N. 卡多佐《法律的成长·法律科学的悖论》，董炯、彭冰译，中国法制出版社，2002，第 205 页。

② 参见〔日〕四宫和夫《日本民法总则》，唐晖、钱梦珊译，五南图书出版公司，1995，第 11 页。

成例作为司法审判的依据。"决事比"使判例制度进一步发展。南北朝时期，封建法律形式已渐趋完备，除律、令外，又有科、比、格等形式。其中的"比"即包括援引成例定罪。① 更有学者明确提出："我国古代有着成文法与判例法相结合的独特法律体系，我们应当珍视和继承这一宝贵的法律文化遗产，为当今法制建设服务。"②

那么，传统中国的法律环境是否真的包含或容纳了判例法制度呢？对此，有学者提出，判例法与经验哲学间有着必然的逻辑关联，并进一步提出，既然判例法与经验哲学间所表现的经验理性的个别性和一般性能形成互需与互补之势，则判例法对经验哲学在理论上的依赖和经验哲学对判例法在实践上的依赖也就是不可避免的、顺理成章的。③ 从中国哲学数千年的发展中可以明显地看出，尊重人们生活经验的智慧应是其基本特点。表现在法律上，中国古代除了有人所共知的法典式制定法之外，还有发达的判例法。自西周以来，在有据可查的法制史料中，我们可以不断地发现古代中国的判例法。据此，该学者明确提出，事实上，正像英国判例法的发达与其经验主义哲学的发达间具有必然的逻辑关联那样，中国古代判例法的发达同样与其经验哲学的发达间具有必然的逻辑关联。④

另有学者通过对我国传统法律样式的分析，得出我国自古即有判例法传统的结论。⑤ 具体来说，商代的法律样式是"任意法"，西周和春秋的法律样式是"判例法"（议事以制），战国开始则又转化为"成文法"。在自西汉至清末的封建时代，中国法律样式的总体风貌是"大混合法"。而"大混合法"包括两层含义：第一是成文法与判例制度相结合；第二是法律规范与非法律规范（或曰准法律规范、半法律规范）相结合。这种判例传统在不同历史时期有不同形态，但始终在司法实践中发挥着重要作用。⑥

中华民国时期（1912～1949年）的中国法律样式可以被概括为"小混合法"。"小混合法"是相对于"大混合法"而言的，即仅仅指成文法与判例法相结合，而不包含法律与半法律相结合这一层含义。北洋政府统治时期，在

---

① 参见赵雯、刘培森《关于建立判例制度的几点思考》，《山东法学》1999年第6期。
② 参见杨廷福《唐律初探》，天津人民出版社，1982，第197页。
③ 参见谢晖《经验哲学之兴衰与中国判例法的命运》，《法律科学》2000年第4期。
④ 参见谢晖《经验哲学之兴衰与中国判例法的命运》，《法律科学》2000年第4期。
⑤ 参见武树臣《中国法律样式的反思与重构》，《学习与探索》1994年第5期。
⑥ 参见胡云腾、于同志《案例指导制度若干重大疑难争议问题研究》，《法学研究》2008年第6期。

制定大量单行法规的同时，还编纂与成文法并行并具有同等效力的大理院判例和解释例。在国民党统治时期，成文法获得长足发展并形成"六法"体系。与此同时，最高法院判例要旨、司法院解释例和判例汇编得以编纂，作为司法审判的依据。这一模式可谓"例以辅律"传统的延续。1934 年，时任司法院院长兼最高法院院长的居正先生指出，"中国向来是判例法国家，类似英美制度"，在颁布民法之前，"支配人民法律生活的，几乎全赖判例"。① 由此可见，不仅我国古代社会长期存在着判例法，而且一直到国民党统治时期还继续存在着判例制度。

（二）裁判法律效力的中国现实法律环境

对于新中国的法律样式，武树臣教授指出，自新中国成立至"文化大革命"结束的近 30 年间，支配法律实践活动的是执政党和国家的政策。这一时期的法律样式可被称为"政策法"。在"文化大革命"结束特别是 1978 年党的十一届三中全会以后，我国进入法律"成文法"时期。关于中国法律样式的未来蓝图，武树臣教授曾明确提出，历史和现实已经给出答案，这就是新型的"混合法"。而这种"混合法"的主体便是成文法与判例制度相结合的运行方式。② 据此，上述学者认为在我国现行法律样式中，并不存在判例法，但未来则应引入判例制度，使之与成文法有机结合。

面对中国的具体法律环境，我们真正亟须去做的，不是反复论证判例法之于成文法的作用与中国的判例法传统，而是论证中国的现实法律环境是否需要判例制度以及是否可能引入判例制度。由于司法实践中存在着大量司法解释与司法解释性文件，因此对于判例、司法解释与成文法规范的关系，我国学界与实务部门都有比较清晰的认识。随着社会发展日新月异，新事物出现的频率要比以前快得多，单纯以成文法进行规范很难保证同样的规范会得到同样的解释，同案同判的司法追求可能很难实现。而判例的灵活性可以弥补多样性和普遍性的矛盾，有利于维护法律适用的统一性。因此，曾有学者主张，我国应确立有限判例制度。③ 毕竟，在我国的法制建设中，法律的不确

---

① 参见居正《司法党化问题》，《中华法学杂志》第 5 卷第十、十一、十二号合刊。该文是为居正先生首次专文论述法学问题。
② 参见武树臣《中国法律样式的反思与重构》，《学习与探索》1994 年第 5 期。
③ 参见沈敏荣《我国判例制度的建立与完善》，《上海市政法管理干部学院学报》2001 年第 3 期。

定性特征已越来越明显，形成对成文法合法性和合理性的冲击，对法律权威的确立和法律意识的形成十分不利。而对于这个问题的解决，判例法提供了一个很好的思路。判例法中的判例主义可以为我国传统思想中的"合理性"问题提供一个很好的诠释。判例和司法解释的结合可以给法律规则提供一个比较详细、完备的解释。这样，既可以注意到普遍性的情况，也可以注意到个别情况下法律适用的一致性。

那么，中国实行判例制度究竟有没有必要与可能呢？毫无疑问，在两大法系正日益相互交融的背景下，我国作为大陆法系国家，应当注意吸收判例制度的优点，使成文法的具体适用不至于过于僵化。但是，依据我国古代与近代的所谓判例法传统，① 以及成文法所固有的缺陷与判例法所具备的优点，就认为我国必须实行判例制度，则显得过于武断了。当然，应当承认，判例的有限适用确实可以给我国的法律不确定性提供一个比较好的克服方法。因此，一些学者主张我国应实行有限判例制度具有一定的合理性。不过，该观点的主张者也承认有限的判例乃是一种对法律规则的解释，而不是一个单独的法源。在法律判决和裁判文书的形成中，判例的引用都是第二位的，规则本身在法律渊源中才是第一位的。② 依此，判例具备可以直接援引作为裁判依据的效力。事实上，这一观点仍然过于偏激，在目前的法律环境下，将判例作为裁判的依据，哪怕只是依据之一，也是不妥当的。例如，在实行案例指导制度之前，由最高人民法院统一发布的公报案例在司法实践中具有很高的权威性，但只是对审理同类案件的法官有一定的指导意义，而不具备刚性的约束力。③ 即使是指导性案例，根据《最高人民法院关于案例指导工作的规定》，法官在审判类似案件时应当参照这些指导性案例，并可用作裁判文书的说理依据加以引用，但仍不能将其作为法律依据和裁判规则直接适用。作此限制的关键原因在于我国尚未确立判例制度，公报案例与指导性案例均不具备法源地位。

有学者认为，我国不实行判例法制度是因为我国不存在与判例法相适应

---

① 就这种结论来说，在理论界实际上是存在较大争议的。

② 参见沈敏荣《我国判例制度的建立与完善》，《上海市政法管理干部学院学报》2001 年第3 期。

③ 在我国法院审判实践中，法官普遍认为最高人民法院以公报形式发布的典型案例，即所谓公报案例，具有判例效力。但这种理解其实缺乏应有的法律依据。在审判实践中，法官事实上将其视为一种法律渊源甚至是最重要的法律渊源，但法官在据此裁判时并不直接援引，而是采纳相关裁判规则后将其转换为自己的论证。

的历史积淀。判例法在英美法系国家的存在少说也有近十个世纪的历史，在这个漫长的过程中，形成了与判例法相适应的丰厚的历史积淀，如对先例的忠诚，对法官的信赖，对法律崇高精神的追求，等等。判例法可以引进，但适于判例法生长的这些肥沃土壤是无法移植的，而判例法一旦离开了这些赖以生存的文化背景，不知道会变成什么样子。① 不过，这种局面正在发生变化，我国实行的案例指导制度是同世界两大法系逐渐融合的大趋向分不开的②，一定程度上可谓对判例法制度的吸收和借鉴③。

（三）商事裁判法律效力的中国现实法律环境

对于起源于中世纪商人习惯法的商法而言，急剧发展变化的商事交易实践，使其与成文商法之间的距离越发拉大，从而使商法显示出更大的不适应性。而限于成文法修订上的烦琐性，商法又不可能"与时俱进"，得到适时的修订，从而商法在法律适用上的矛盾明显大于其他法律。例如，在公司法与证券法方面，由于我国市场经济体制尚处于建设与完善阶段，除了许多既有制度尚不成熟外，更有大量法律空白使得大量商事交易活动处于无法可依的状态。因此，不少地方法院的法官就在不做出任何解释的情况下，一再拒绝受理（主要存在于立案登记制度之前）或者不做实体审理即裁定驳回该类诉讼。但是，这并非合适的处理问题的方式，毕竟法院基于其最后的裁判者的角色是无权因为缺乏法律规定而拒绝受理或驳回相关案件诉讼的。基于此，赋予商事裁判以判例的效力，似乎显得更加重要。然而，即使是在商法领域，不应实行判例制度的原因仍然存在，或者说至少在现行法律制度下，真正意义上的判例制度并不存在，因此商事裁判仍然不能具备判例意义上的一般约束力。

面对大量无法可依的商事交易活动，缺乏法律的明确规定往往会造成相同或相似案件的审判结果大相径庭。此外，对于商事交易中频繁发生相似案件又重新做出解释本身就是一种有限司法资源的巨大浪费。更为严重的是，第二次进行的解释，还往往改变甚至歪曲第一次进行的解释。这就导致司法在付出巨大成本的同时，却未能得到相应的收益。可以说，对于像我国这样存在着严重的法律不确定性并正在走向现代法制的国家来说，判例对经验的

---

① 参见汪建成《对判例法的几点思考》，《烟台大学学报》（哲学社会科学版）2000 年第 1 期。
② 参见刘作翔、徐景和《案例指导制度的理论基础》，《法学研究》2006 年第 3 期。
③ 参见黄泽敏、张继成《案例指导制度下的法律推理及其规则》，《法学研究》2013 年第 2 期。

积累作用确实不可低估。因此，我国理论界与实务部门都对案例指导制度的价值给予了高度评价。

四 我国商事指导性案例法源地位的立法政策考量

鉴于《最高人民法院关于案例指导工作的规定》第 7 条明确将指导性案例定位为"应当参照"适用，我国学者普遍认可了指导性案例的非法源性：指导性案例不是法律渊源，不具有法源性的拘束力。至于"应当参照"适用的指导性案例究竟有何种拘束力，学者们的解释不尽相同。我国不少学者借用德国法中"事实上的拘束力"概念来概括指导性案例"应当参照"的效力。所谓"事实上的拘束力"，是指本级和下级法院"必须"充分注意并顾及，若明显背离并造成裁判不公，将面临司法管理及案件质量评查方面负面评价的危险，案件也可能面临发回重审、改判的风险。[1] 虽然指导性案例无法与判例法中法源性判例相提并论，但"应当参照"带有行政性的"硬约束力"。[2] 为消解"事实上的拘束力"概念的非规范性，有学者提出指导性案例因"经最高审判组织确定认可的程序安排"而获得了"准法律的权威性"。[3] 另有学者认为，指导性案例是中国法院的司法裁判中基于附属的制度性权威并具有弱规范拘束力的裁判依据，可被称为"准法源"。[4]

上述论断虽不尽相同，但都有一个共同点，即都认为指导性案例不具有法源效力，但其因最高法院的确认而获得了特殊的拘束力。就指导性案例拘束力的制度功能而言，有学者认为，案例指导制度与司法解释制度虽是相互独立的司法制度，但两者的功能都是通过解释为司法活动提供裁判规则。[5] 事实上，指导性案例的效力远不及司法解释，前者不具有法源性，最多被称为"准法源"；后者属于广义的法源，法院可将其作为裁判依据而直接援引。不仅如此，司法实践中，不少法官都在审理与指导性案例相似案件时回避对指导性案例的参照适用说明，导致指导性案例的权威性难以

---

① 参见泮伟江《论指导性案例的效力》，《清华法学》2016 年第 1 期。
② 参见孙国祥《从柔性参考到刚性参照的嬗变——以"两高"指导性案例拘束力的规定为视角》，《南京大学学报》（哲学·人文科学·社会科学）2012 年第 3 期。
③ 参见张骐《再论指导性案例效力的性质与保证》，《法制与社会发展》2013 年第 1 期。
④ 参见雷磊《指导性案例法源地位再反思》，《中国法学》2015 年第 1 期。
⑤ 参见陈兴良《我国案例指导制度功能之考察》，《法商研究》2012 年第 2 期。

有效确立。^① 究其原因,一方面是因为不参照适用或仅仅隐性适用并不承担责任^②;另一方面则是因为某些指导性案例存在内在缺陷而未能产生应有的权威性,如许多指导性案例法律解释技术的运用不具有典型性^③,某些指导性案例本身还存在妥当性争议^④。

以上分析说明,我国指导性案例制度陷入了某种困境。这一问题在商事指导性案例中表现得尤为明显。在我国商事司法实践中,由于存在大量"无法可用""有法不好用"等商法规范缺陷,且缺乏总纲性商法规范,而商法理念及商法思维也远未成为商事审判法官的内在理论认知,因而法官们对商事纠纷的法律适用往往存在较大的认识分歧,从而导致商事裁判法律适用不统一的现象较为严重。这一现象表明,因商事审判中法律适用不统一、不确定的问题更为严重,更应强调商事指导性案例的指导作用。然而,恰恰因为商法适用存在解释路径的多样性,指导性案例的权威性实际上并不太强,甚至被法官们有意无意地忽略。例如,"指导性案例第 10 号:李建军诉上海佳动力环保科技有限公司公司决议撤销纠纷案",在中国裁判文书网上被 3 个案例(其中两个还是同一案件的一审裁判和二审裁判)援引,但都是当事人作为证据提交,法院在"本院认为"部分未做直接回应。"指导性案例第 15 号:徐工集团工程机械股份有限公司诉成都川交工贸有限责任公司等买卖合同纠纷案",在中国裁判文书网上被 23 个案例援引,属于被援引频率较高案例,不少法院在裁判理由的论证部分实际上采纳了该指导性案例确定的裁判规则,但在"本院认为"部分并未对当事人针对该指导性案例的陈述做直接回应,而是直接基于法律适用论证裁判理由。"指导性案例第 25 号:华泰财产保险有限公司北京分公司诉李志贵、天安财产保险股份有限公司河北省分公司张家口支公司保险人代位求偿权纠纷案"也是被援引较多的案例,在中国裁判文书网上被 14 个案例援引,但都是当事人作为证据或诉讼理由加以援引。虽然不少法院在裁判理由的论证部分采纳了该指导性案例确定的裁判规则,但在"本院认为"部分都未予

① 参见李友根《指导性案例为何没有约束力——以无名氏因交通肇事致死案件中的原告资格为研究对象》,《法制与社会发展》2010 年第 4 期。

② 参见赵晓海、郭叶《最高人民法院民商事指导性案例的司法应用研究》,《法律适用》2017 年第 1 期。

③ 参见郑智航《中国指导性案例生成的行政化逻辑——以最高人民法院发布的指导性案例为分析对象》,《当代法学》2015 年第 4 期。

④ 参见吴建斌《公司纠纷指导性案例的效力定位》,《法学》2015 年第 6 期。

直接回应。此外,还有很多指导性案例未被一例案例援引。① 由此可见,在我国商事司法实践中,指导性案例并未发挥预期作用。究其原因,一方面是因为法律或规范性文件并未强制要求法官在审理与指导性案例相似案件时必须就是否参照适用指导性案例做明确说明;另一方面是因为指导性案例不具有法源效力,即使参照适用,也不能直接援引为裁判依据,故法官们不如直接适用相关法律加以论证和裁判。

事实上,上述现象不仅存在于商事指导性案例中,各个领域的指导性案例普遍存在这一问题。那么,如何化解这一问题呢?笔者认为,尽管刑事等其他领域的指导性案例未必需要被确定为法律渊源,但对商事指导性案例的法源地位必须予以确认,以便解决商法规范滞后于商事实践从而导致的商法规范不适应实践需求的问题。当然,因商事指导性案例的遴选与发布存在一定的偶然性,且因最高人民法院需要考虑各类案例之间的平衡关系,真正需要确定为"判例"的裁判可能未必能够入选,从而导致商事指导性案例可能无法满足实践需求,故应改革我国商事指导性案例的遴选机制,大幅扩大入选案例数量。

五 商事指导性案例的适用顺位:商法渊源的立法构想

若将商事指导性案例确定为正式的法律渊源,就应重新构建我国商法渊源制度。为此需要立足于商法渊源的内涵与外延,论证我国应确立的商法渊源,并对其法律适用顺位提出立法构想。

(一) 商法渊源的内涵与外延

关于商法渊源,我国商法学者多不予关注,一般依民法渊源来理解。商法作为民法的特别法,固然与民法具有基本制度上广泛的一致性,商法渊源与民法渊源在法律性质与表现形式上也应当基本一致。然而,不应机械地将

---

① 例如,"指导性案例第 8 号:林方清诉常熟市凯莱实业有限公司、戴小明公司解散纠纷案""指导性案例第 51 号:阿卜杜勒·瓦希德诉中国东方航空股份有限公司航空旅客运输合同纠纷案""指导性案例第 52 号:海南丰海粮油工业有限公司诉中国人民财产保险股份有限公司海南省分公司海上货物运输保险合同纠纷案""指导性案例第 57 号:温州银行股份有限公司宁波分行诉浙江创菱电器有限公司等金融借款合同纠纷案"等都未在中国裁判文书网上被发现援引。以上数据都是截至 2017 年 4 月 16 日在中国裁判文书网(http://wenshu.court.gov.cn)上的检索结果。

商法渊源等同于或类比于民法渊源，而应单独考察其内涵与外延，从而使我国商事立法与司法拥有一个坚实的理论基础。

在传统商法中，商法渊源主要为商事制定法、商事判例法、商事习惯法与商法学说，其中在大陆法系国家中，具有重要意义的是以商法典为代表的商事制定法。至于商事交易习惯在何种情况下具有效力以及效力的范围如何，商法典和商事法规通常针对具体情况有不同规定。此外，在大陆法系的一部分国家中，商法学理论著作、百科全书、法律期刊以及有关商法典和其他商事法规的学理评纂等，在商事交易的法律适用中也具有一定的指导意义。而司法报告、判例的作用，与不成文法国家相比，在商事交易中的地位则要差得多。在英美法系国家中，虽然从传统的角度看，商事判例法和商事习惯法对商法具有第一重要的意义，商法学说在法律适用中也能发挥一定的作用，但在 20 世纪之前，英美国家就已经出现了大量的商事单行立法。因此，商法领域与其他领域不完全一样，成文法同样扮演着十分重要的角色。

在传统商法中，由于商事规模的局限（商事组织形式单一），通过个人意思自治所产生的约定，虽然能够受到法律保护，但这样一种约定形式处于简单状态，尤其在商事交易中，约定的表现形式还没有达到高度地严谨、完整和规范化。因此，它虽然能够得到法律的绝对保护，但它本身并未被认为是在适用时与法律规范具有同等效力的法律渊源，没有形成完整形态的商事自治法，没有能够使人们从法律渊源的高度引起重视。20 世纪以来，随着社会经济的进步和经济规模的扩大，尤其是伴随着社会经济组织形态和结构的完善、经济组织内部制度的日益健全以及经济组织对内对外交易手段的发达和多样化，商事自治法亦随之发展成为商法的一个重要法律渊源。这样，现代商法的渊源明显呈现多样化的局面。

上述分析只是就世界现代商法渊源的一般发展而言。关于现代商法的渊源，不管是各国立法与司法实践上的实际做法，还是各国商法学界的看法，实际上都并不统一。具体到不同国家在某个具体的商法渊源上的认识与制度可能差异极大。因此，严格地说，并不存在一个能够统一适用于世界各国的关于商法渊源外延的界定，只能就某一个特定的国家予以具体分析。不过，这些商法渊源的不同形式，毕竟都是调整商事交易活动的具有法律约束力的商事法律规范，对于确定我国商法的法律渊源以及理解其规范意义上的效力，还是具有较大的作用。笼统地说，构成现代商法渊源的法律渊源主要有：各国的国内法、商事习惯法、国际商事条约和公约、国际商事惯例、一般法律原则、国际统一协议、商事自治规则、国际标准合同、教规、学说等。[①]

具体到我国而言，国际商事条约和公约、国际商事惯例、国际统一协议与国际标准合同都得到了当今世界各国的普遍承认，其含义也较为确定，因而无须在总纲性商法规范中确定为商法渊源。因我国《民法总则》第 10 条已将习惯确定为法律之外的补充渊源，故商事习惯法作为商法渊源已无疑义。我国不存在教规作为法律渊源尤其是商法渊源的问题，也无须考虑。因此，在我国商法渊源的构建方面，仅就商事自治规则与学说加以分析即可。

（二）商事自治规则的法源地位

商法的早期形态即中世纪的商人习惯法时代的商法本属于独立于国家立法之外的商事自治法。例如，在中世纪的城市法和商人习惯法阶段，商业行会都有本行业的商业活动规范，如严禁会员在商事活动中的欺诈行为，商会有权统一商业交易的度量衡，并有调解商务纠纷的权力。这种自治规约，以历史上负有盛名的"汉萨同盟"为其代表。"汉萨同盟"虽具有一定的政治性，但其是以商业同盟为宗旨的。它萌芽于 12 世纪下半叶，自治城市吕贝克的商人不断扩展势力，同德国北部城市结盟，并与条顿骑士团配合，控制了波罗的海的商业。到 14 世纪中叶，这一同盟发展到极盛时期，几乎控制了北欧、西欧和俄罗斯的贸易，同盟城市发展到 166 个。这种组织具体由各种商业性的"公所""会馆"组成，以内部自治公约调整相互贸易关系。在中世纪一些自治城市中所订立的一些条例，如佛罗伦萨条例、米兰条例，基本上属于城市自治规约。[②]

自治是商人法的一个首要和显著的特征。这一点，正如美国著名法学家伯尔曼所言："商法最初的发展在很大程度上——虽不是全部——是由商人自身完成的：他们组织国际集市和国际市场，组建商事法院，并如雨后春笋般出现于整个西欧的新的城市社区中建立商业事务所。"[③] 然而，随着商法逐渐发展成为国内法与制定法，这一早期商法的属性逐渐减弱，商事法律关系成为国家权力干预的对象。不过，由于商事交易活动的复杂性以及商法的私法

---

① 参见任先行、周林彬《比较商法导论》，北京大学出版社，2000，第 99 页。
② 参见任先行、周林彬《比较商法导论》，北京大学出版社，2000，第 103 页。
③ 参见〔美〕哈罗德·J. 伯尔曼《法律与革命——西方法律传统的形成》，贺卫方等译，中国大百科全书出版社，1993，第 414 页。

属性，以权利为本位的现代社会日益增多地赋予商主体以自治权利已成为一项时代要求。为合理调整商事公司和其他团体的内部关系，需要在国家法律的原则性或一般性规定之外，另行制定与其组织结构和商事交易相适应的章程与约款，此即所谓商事自治法。在不违反强行法规定的条件下，法律往往承认其规范意义上的约束力，亦即法律承认其法律渊源的效力。从规范的实际效力考察，公司章程确实是公司在内部组织与行为方面的基本规范。还有学者认为公司章程是当事人之间针对法律行为所订立的共同契约条款。有学者甚至提出"股份公司自身规范文件"这一接近法律渊源的概念，并认为，所谓"股份公司自身规范文件"，是指股份管理机关根据现行法律和公司章程规定的权限所制定和采用的法规文件。① 多数国家都承认章程是团体的自治法规。章程一经制定和生效，就对内对外都具有约束力，甚至对第三人也产生约束力。有学者认为，商事自治法在商法适用中的突出地位，反映了现代商法发展的趋势。②

在我国，基于对"法"的严格认识，将具有事实上的规范效力的诸如公司章程等形式的规范称为商事自治法，显得不够严谨。但这些规范毕竟具有很强的约束力，只要其不与国家强行性法律规范相抵触，便能够在法律适用的顺序上处于优先地位，因此，我们将其称为商事自治规则。在现代商事交易中，这种商事自治规则的具体形式主要有：其一，公司章程；其二，交易所等社会中介组织的业务规则；其三，商业行会规约；其四，商事组织预先制定的格式合同条款。公司章程的法律效力已如前述。交易所业务规则是随着各种交易所的兴起，交易所为规范交易活动而制定的在"商品"的交易过程中必须遵循的业务规则。

显然，这种商事自治规则在某种程度上起到了相关国家监管法律规范的作用，具有明显的规范意义上的约束力，实质上已经具备了法律渊源的功能。可以预见，随着社会经济的发展，国家监管的职能将进一步被下放到这些具有社会中介组织性质的团体，由其代行相关政府职能。这样，交易所等组织的相关规则就日益明显地具备了商事自治规则的色彩，拥有了一定程度上的法律渊源的实际效力。现代社会仍然存在着大量的商业行会，许多商业行会也制定了一些章程、协议。与交易所等社会中介组织的业务

① 参见柴振荣《股份公司自身规范文件中利润的分配问题》，《管理科学文摘》1999 年第 6 期。
② 参见徐学鹿《商法总论》，人民法院出版社，1999，第 9 页。

规则相似，商业行会也在一定程度上代行了政府职能。因此，商业行会的章程、协议（往往被统称为"规约"）对该商业行会"管辖"范围内的商事企业的行为也具有规范意义上的约束力，从而使其具备实质上的法律渊源的功能。规约由各商业行会自行制定，商会范围内的企业之间的纠纷往往以自行调解、仲裁为主。① 商事组织预先制定的格式合同条款，也被称为商事约款，虽然多数是由企业或同业者团体一方制定的，有时也是由第三者制定的，但这些商事约款一般是经过交易双方的团体或同业者团体协议形成的。因此，在这些领域，如保险、运输、银行等业务中，同这些企业交易的主体尽管不知道约款的具体内容，但除非是特别表示不依据约款订立契约，其约款都当然作为其契约的内容或订立契约内容的主要依据。当然，由于格式合同条款对经济生活的影响极为广泛，其中不公平的约款将对数量众多的消费者的权益造成损害，因而应当对格式合同加以严格的法律控制。各国对格式合同条款的法律控制，主要是采用立法、行政、司法、行业自律等方式进行。② 一般来说，如果约款违反了公共秩序、善良风俗、诚实信用、禁止滥用权利以及公平原则，将不被法律认可其效力，从而失去其约束力。但除此之外，这些商事组织预先制定的格式合同条款还是具有明显的约束力，可以说具备了实质意义上的法律渊源的效力。

（三）一般法律原则与学说的效力

我国学者常常将日本及我国台湾地区法律及学理中所使用的条理或法理误解为法学理论（即学说）。事实上其所谓法理，乃指法律一般原则或自然法根本原理。如台湾学者王泽鉴教授认为："法理的基本功能系在补法律及习惯法的不备，使执法者自立于立法者地位，寻求就该案件所应适用的法则，以实现公平与正义，调和社会生活上相对立的各种利益，则所谓法理，应系指自法律精神演绎而出的一般法律原则，为谋求社会生活事物不可不然之理，与所谓条理、自然法、通常法律的原理，殆为同一事物的名称。"③ 郑玉波教

---

① 就我国商法实践而言，由于不重视商业团体的自治功能，忽视商业行会制度建设，结果我国的行业协会带有浓厚的行政色彩，行业管理反而成了行政权不正当进入商事领域的借口。参见冯果、卞翔平《论私法的二元结构与商法的相对独立》，载中国法学会商法学研究会编《中国商法年刊》（创刊号），上海人民出版社，2002，第132页。

② 参见苏号朋《论格式合同的法律控制》，载沈四宝主编《国际商法论丛》第1卷，法律出版社，1999，第498页。

③ 王泽鉴：《民法总则》（增订版），中国政法大学出版社，2001，第60页。

授则认为：法理，"乃多数人所承认之共同生活的原理也，例如正义、衡平，及利益较量等之自然法的根本原理"。① 在立法上，除《日本民法典》称之为"条理"外，《德国民法典》第 1 章第 1 条、《奥地利民法典》第 7 条、《瑞士民法典》第 1 条第 2 款分别称之为"由法规精神所生之原则""自然法则""依据自己如作为立法者应提出的规则"。

各国均要求必须在缺乏法律的相关规定的情况下，才能适用法理。王泽鉴教授认为，缺乏法律的相关规定，系指法律无明文规定，且依现存之法条解释，仍不能获得相应法律规则而言。因此，凡是具体案件可通过法律解释而获得可供适用的法律，或者存在相应习惯法时，则不能以法理作为判决依据。② 德国学者伯恩·魏德士教授则认为，对自然法的论证通常在社会或国家的非常情况下才会出现。在正常情况下，只要受委托的宪法机构的功能得到了保障，就不必适用高度抽象的自然法。宪法中所列举的基本权利实际上就是规范化的（实证化了的）自然法。而不成文的自然法则不属于法律渊源，法律适用者也不能从中推导出现行的法。③

在我国，原本就缺乏规范化意义上的自然法传统，也没有任何法律赋予法律规范之外的一般法律精神与原则以法律渊源效力，因而不宜将"法理"或"自然法"作为法律渊源。此外，我国立法一般将某法之基本原则予以明确规定，因而其作为制定法的内容之一，具有当然的法律渊源效力。

基于上述分析，笔者将容易引起误解的"法理"一词改称为"法律原则"，而将有些学者在学理、法学理论意义上所使用的"法理"一词改称为"学说"一词。

学说是指针对成文法的解释、习惯法的认知、一般法律原则的探求等所表示出的见解。在制定法律时，权威著作的见解，常被接受而订立于法典条款中，成为成文法规范。在法律被制定之后，在适用上遇有疑义时，也多借学说理论加以阐释。因此，学说本身虽非法律渊源，但对于法律的发展及法院审判都具有重要意义。一些权威性论著或论断，若在判决或仲裁中被作为"判决理由"加以引用或用以说明裁判依据，也就间接成了法律渊源。这样，学说就与判例一样，成为大陆法系国家和地区的间接法律渊

① 郑玉波：《民法总则》，中国政法大学出版社，2003，第 57 页。
② 参见王泽鉴《民法总则》（增订版），中国政法大学出版社，2001，第 60~61 页。
③ 参见〔德〕伯恩·魏德士《法理学》，丁小春、吴越译，法律出版社，2003，第 120~121 页。

源。① 如法国法律要求，法官在做出判决时，必须对所适用的法律准则进行创造性的解释，即法官必须使法律文本适应立法者所不能预见的新情况、新形势。这样，法官就得采用一种"自由的科学研究"方法来做出决定。在做出这种决定时，法官往往要依靠法学著作或法学评论家的意见。而实践中，许多判决都是由一种观点或一种流行学说决定的。因此，学说对法官来说，可谓构成了一种十分重要的自发性法律渊源。②

在德国，虽然其未在立法上将学说界定为法律渊源，并且德国主流民法教科书在讨论了习惯法与判例的法律渊源属性的情况下，甚至根本不提及学说③；但是，学术性的法学著作在制定和解释法律方面都发挥着实质性作用，法官必须根据学说做出判决，因而学说也构成法官判决不可或缺的间接法律渊源。

在日本，虽然被确认为法律渊源的乃一般法律原则意义上的"法理"而非学说，但学说对于整个法律体系的形成发展、判例的形成以及具体裁判的做出，都具有非常重要的意义，从而构成了间接法律渊源。④

在英美法系国家，由于"判决理由"乃判决中对后续案件具有拘束力的成分，即判决中得以成为先例的成分，因此传统上就一直将法学理论作为法律渊源之一；现在，在提出争辩和宣布判决时，法院更是比过去更加频繁地引证近代在世的法学家的著作作为次要的法律渊源。在法学著作中，英美法系国家也一直把学说与习惯法同样视为次要渊源。

在我国，学说虽然也对立法和司法具有不同程度的影响，在缺乏法律的明确规定又没有相关指导性案例的情况下，学说甚至成为法官审判案件的主要依据（当然并不明确援引）；但学说毕竟没有直接的法律效力，还不能被称为法律渊源。

（四）我国商法渊源及其适用顺位的立法构想

总纲性商法规范本身及相关单行商法作为基本的商法渊源，无疑应被优

---

① 参见王泽鉴《民法概要》，中国政法大学出版社，2003，第17页。

② 参见〔法〕雅克·盖斯旦、吉勒·古博、缪黑埃·法布赫－马南协《法国民法总论》，陈鹏、张丽娟、石佳友等译，法律出版社，2004，第503～510页。

③ 参见〔德〕迪特尔·梅迪库斯《德国民法总论》，邵建东译，法律出版社，2000，第38页；〔德〕卡尔·拉伦茨：《德国民法通论》（上册），王晓晔、邵建东、程建英等译，法律出版社，2003，第10～20页。

④ 参见〔日〕三本敬三《民法讲义Ⅰ·总则》，解亘译，北京大学出版社，2004，第3～4页。

先适用于商事法律关系。赋予商事习惯、商事自治规则以及商事指导性案例何种法律渊源效力，是我国总纲性商法规范立法中关于法律渊源规定的核心问题。对此，笔者做如下立法构想。

第 X 条　本法无规定时，适用商事单行法；商事单行法无规定时，适用民法相关规范；商法、民法均无规定时，适用最高人民法院统一发布的指导性案例。

第 X 条　在经营行为实践中存在的商事习惯可作为调整该商事关系的补充规范。①

第 X 条　商事自治规则具有补充适用于商事关系的效力，但该规则违反法律、行政法规的强制性规定及当事人之间的明确约定的除外。

本法所称商事自治规则，是指商会、行业协会以及交易所制定的调整内部关系的规章制度及自律规范。

依法登记备案的公司章程具有优先适用的效力，其内容可以排除法律、行政法规、商事习惯、商事自治规则以及商事判例的适用，但内容违反法律、行政法规的强制性规定的除外。

第 X 条　在法律无明文规定，且不存在相关商事指导性案例，又无法确认相关商事习惯及商事自治规则时，人民法院或仲裁机构可以根据商法的理念与基本原则自行提出裁判规则。

----

① 我国《民法总则》第 10 条规定："处理民事纠纷，应当依照法律规定；法律没有规定的，可以适用习惯，但是不得违背公序良俗。"据此，我国已正式将习惯确定为法律渊源，从而解决了商事交易习惯的法律适用问题。不过，若制定《商法通则》，仍有必要从总纲性商法规范的角度对商事习惯的法律渊源地位及其适用顺位做明确规定。

商事指导性案例中规则续造推理的规范性

曹兴权*

一 指导性案例的指导意义应在于规则 解释推理而非规则续造

虽然司法审判需要同时解决法律规范的解释与事实确认两个任务，但案例制度政策意图首先指向法律规范的解释问题。"总结审判经验，统一法律适用，提高审判质量，维护司法公正"是开展案例指导工作的根本目的。[①] 显然，为了实现该目标，应落脚于"统一法律适用标准"，并重点关注和充分发挥指导性案例的"指导作用"。[②] 案例指导制度，存在"用已决案例指导待决类似案件的裁判，可以在'抽象到具体'的法律适用中，增加一个'具体到具体'的参照"的指导价值。[③] 从法制效果看，这些案例由于主要针对"新的法律解决方法"，所以有助于"扩展人们对法律的理解"。[④] 同时，即使是法律事实的确认，也应围绕法律规范本身的要件而展开，需要考察涉案事实与法律假定的事实在整体上是否同类、在具体情节上是否相同。因此，法律规范的解释问题是指导性案例发挥指导作用的基础。

因具有示范性、规范性和引导性的积极意义，加之最高人民法院通过司法政策的力推，指导性案例事实上具有拘束力。当然，此种拘束力的产生基础应相当于产品之于市场的市场信誉，而非最高人民法院的特殊司法政策。既然指导性案例的指导方式是示范性、规范性和引导性的，那么它的生命力

---

* 曹兴权，西南政法大学民商法教授。

① 《最高人民法院关于案例指导工作的规定》第 1 条。

② 《〈最高人民法院关于案例指导工作的规定〉实施细则》第 1 条。

③ 周强：《充分发挥案例指导作用 促进法律统一正确实施》，《人民法院报》2015 年 1 月 4 日，第 1 版。

④ 胡云腾、于同志：《案例指导制度若干重大疑难争议问题研究》，《法学研究》2008 年第 6 期。

理应建立在本身推理的质量上。如果我们承认指导性案例解释续造规则的事实性效果，那么就不得不正视如何处理抽象性司法与指导性案例之间的关系问题。法院对法律的解释包括抽象性司法解释与个人裁判解释，前者是最高人民法院对法律文本进行直接的、有普遍拘束力的解释，后者是各级法院在审判中结合个案的法律运用而对具体规则做出的解释。抛开其他问题，抽象性司法解释本身需要解释的是我们在理解和适用抽象性司法解释时的普遍感觉。一方面，这些解释表现出规则创造的立法化或者泛立法化的特征①；另一方面这些解释本身可能是基于最高人民法院的推理主动发布的，② 不可避免地使得解释文本带有那种立法者智识局限给立法带来的相同局限。

抽象性司法解释本身需要解释，这恰恰反映出法官解释法律的个案裁判的指导价值所在。也就是说，从对司法审判有价值指引的角度看，个案解释比抽象解释更有价值。所以，我们应慎重对待抽象性司法解释，特别是要警惕那种基于推理启动的、偏重于利益调整的抽象解释。③

在这个意义上讲，法院最期待从法律解释中获得的不是规则而是解释运用规则或者运用规则获得解决问题方案的推理过程。对于指导性案例拘束力的载体，理论上有规则说与观点论证说之不同见解。前者认为，案例之后的其他裁判应受指导性案例裁判要点中展现的这些规则的拘束④；后者则认为，指导性案例中具有指导性的部分应当是判决中所确立的法律观点或对有关问题的法律解决方案以及对该观点或该方案的法律论证。⑤ 从指导性案例制度内在价值与社会期许看，我们似乎应采取后一种观点。

当然，或许规则续造本身也很重要。当社会中新型法律争议出现时，这些争议最开始的形态往往是较为简单明确的，针对该类争议的法律制度为水晶规则。然而，随着时间的推移，越来越多与之相同或相似的问题不断涌现，继续适用水晶规则规范相似问题可能会出现不公平、不公正的结果，于是法院便开始利用诚实信用或者公平等抽象原则对该水晶规则进行微调甚至有时会完全否定此类规则，泥巴规则由此产生。⑥ 该微调甚至否定的过程就是法院

---

① 袁明圣：《司法解释立法化现象探微》，《法商研究》2003 年第 2 期。
② 陈甦：《司法解释的建构理念分析——以商事司法解释为例》，《法学研究》2012 年第 2 期。
③ 陈甦：《司法解释的建构理念分析——以商事司法解释为例》，《法学研究》2012 年第 2 期。
④ 张骐：《试论指导性案例的"指导性"》，《法制与社会发展》2007 年第 6 期。
⑤ 蒋惠岭：《建立案例指导制度的几个具体问题》，《法律适用》2004 年第 5 期。
⑥ 关于水晶规则与泥巴规则的讨论，参见 Carol M. Rose, *Crystals and Mud in Property Law*, 40 Stan. L. Rev. 577, 1988, p. 580。

续造规则的过程。当然，立法时立法者为增加法律本身的适应性也会主动设置一些边界不清晰的泥巴规则，而法院根据时代的发展去界定边界的过程也可能是续造规则的过程。但是，每个裁判都离不开法官对规则的解释推理和自由裁量，而司法公正要求尽可能地同案同判，协调二者之间张力的有效路径不是规则本身而是先例与本案的类比，而在该类比中先例最具有价值的东西应是推理思维与逻辑。所以，即便是指导性案例不可避免地涉及规则的续造性解释，我们也应重点关注法官导出该结论的推理过程。

二 商事指导性案例中规则解释的续造倾向

(一) 关于样本及解释的类型化方法

1. 公司与保险案例

商事指导性案例应针对商事纠纷。发生在商主体之间的纠纷均属于商事纠纷；发生在商主体与非商主体诸如消费者之间的纠纷，从商主体的角度看也属于商事纠纷；发生在个人与个人之间的交易纠纷，如果个人不是以消费目的参与交易的，比如股权转让、公司决议等，也应属于商事纠纷。但为简化讨论，本文仅仅选择公司、保险这两类典型的商事纠纷有关的指导性案例展开分析。

截至目前，最高人民法院共发布十六批共 87 个指导性案例，其中涉及制度的有第 8 号、第 9 号、第 10 号、第 15 号、第 67 号、第 68 号。虽然第 67 号"汤长龙诉周士海股权转让纠纷案"只是转让的标的为股权而与公司制度发生牵连，但本质上属于合同纠纷，涉及的相关法条也只是《中华人民共和国合同法》第 94 条、第 167 条，与《公司法》具体条款无涉，本文不予选择。第 68 号争议焦点涉及民事诉讼法，欧宝公司与特莱维公司是否存在关联关系只是解决其他问题的论证手段而非目的，本文也不予选择。

涉及保险的指导性案例有第 25 号、第 52 号及第 74 号。但是，第 25 号案例只是借助保险人的代位求偿权的权利属性来解决案件管辖争议，诉讼纠纷不涉及保险代位权本身，援引的法条只是《中华人民共和国民事诉讼法(2012 修正)》第 28 条，故本文不予选择。

因此，为简化讨论，本文将样本限定在援引《公司法》《保险法》法条进行裁判的指导性案例第 8 号、第 9 号、第 10 号、第 15 号、第 52 号及第 74 号 6 个案例上。

2. 关于规范解释的类型

可以从多个向度对法律规范的解释进行类型化，比如解释方法、解释结果。在解释方法上，有文义解释与伦理解释，其中伦理解释又包括体系解释、历史解释、目的解释、比较解释、经济解释、法社会学解释等。从解释结果上看，有遵从文本原义而不做任何扩张或者限制的原义解释，也有基于特殊解释方法而对原义进行目的限制或者扩张限制的限缩性解释。无论是限缩性解释还是扩张性解释，已经构成解释者对原有规则的续造，所以也可被称为"续造性解释"。

需要说明的是，虽然很多指导性案例直接援引抽象司法解释的条款作为裁判依据，这些司法解释本身对立法规定的本文进行了扩张或者限缩，但在将抽象解释与个案解释作为平行的法律解释现象时，对于解释是否为续造仅以立法文本的原义为标准进行考察。

（二）商事指导性案例样本中规则解释的结果形态

1. 指导性案例第 8 号

林方清诉常熟市凯莱实业有限公司、戴小明公司解散纠纷案，（2010）苏商终字第 0043 号，2012 年 4 月发布。

该案涉及《公司法》第 182 条 "公司经营管理发生严重困难" 的理解与适用。虽然最高人民法院《关于适用公司法若干问题的规定（二）》（法释〔2008〕6 号）（《公司法司法解释二》）对规定的精神，对涉案公司的经营状态、是否符合公司僵局的特征等做出了认定，但本案从个案解释的角度对 "公司经营管理发生严重困难" 的内涵进行了再次解读。从生活常识判断，经营亏损、决策困难等都属于经营管理的情形；若严格依文义解释，则经营管理困难应包括外部经营管理困难及内部经营管理困难。二审法院在本案不存在外部经营管理困难时，仅以内部经营管理困难即适用本条规范，实为将经营管理困难缩小解释为内部经营管理困难。因此，本解释属于限缩性的续造。

2. 指导性案例第 9 号

上海存亮贸易有限公司诉蒋志东、王卫明等买卖合同纠纷案，（2010）沪一中民四（商）终字第 1302 号，2012 年 9 月 18 日发布。

对于该案例，法律未明确规定有限责任公司股东违反成立清算组义务之责任，而司法解释明确规定了这一责任，因此法官直接适用了司法解释。

该案涉及《公司法》第 183 条关于有限责任公司清算义务的规定。虽然

该条规定，公司因本法第 181 条第（一）项、第（二）项、第（四）项、第
（五）项规定而解散的应当在解散事由出现之日起十五日内成立清算组开始清
算，有限责任公司的清算组由股东组成，但是并没有明确规定具体义务的承
担者以及违反该义务的法律后果。虽然《公司法司法解释二》第 18 条对股东
怠于履行清算义务所导致的侵权民事责任做出了规定，但本案从个案的角度
再次进行了解读。在该案中，法院直接将有限责任公司的股东界定为清算义
务主体，并且在此基础上让其承担怠于履行清算义务的民事赔偿责任。

当然，本案法院认为，有限责任公司的股东因怠于履行义务导致公司主
要财产流失、账册灭失，直接认定构成滥用法人人格而适用《公司法》第 20
条，判决股东对拓恒公司的债务承担连带清偿责任。此问题属于对法人人格
否认规则的理解适用问题，涉及怠于履行义务导致公司主要财产流失、账册
灭失是否构成滥用法人人格与股东有限责任，以及是否必须利用法人人格否
认规则来解决该类纠纷、利用该法人人格否认规则进行裁判是否合理的问题。
对这些问题，后文将予以讨论。

3. 指导性案例第 10 号

李建军诉上海佳动力环保科技有限公司公司决议撤销纠纷案，（2010）沪
二中民四（商）终字第 436 号，2012 年 9 月 18 日发布。

本案涉及公司董事会决议是否存在效力瑕疵而应当被撤销的争议，与
《公司法》第 22 条第 2 款的理解与适用有关。在本案中，法院直接根据法条
规定的要件，诸如会议召集程序、表决方式是否违反法律、行政法规或者公
司章程，决议内容是否违反公司章程等要素进行审查，没有对法律文本的原
义做任何扩张或者限制。因此，本案的解释属于原义解释。

4. 指导性案例第 15 号

徐工集团工程机械股份有限公司诉成都川交工贸有限责任公司等买卖合
同纠纷案，（2009）徐民二初字第 0065 号、（2011）苏商终字第 0107 号，
2013 年 1 月 31 日发布。

本案直接援引《公司法》第 20 条第 3 款的法人人格否认规则进行裁判。
根据该款，如果公司的股东滥用公司法人独立地位和股东有限责任，逃避债
务，严重损害公司债权人利益的，该股东应当对公司债务承担连带责任。在
本案中，川交机械公司、瑞路公司与川交工贸公司三个关联公司人格混同，
法院基于该事实判决关联公司而不是名义债务人公司的股东对公司债务承担
连带责任。显然，法院将承担连带责任的主体从公司的股东扩展到了关联公

司，属于扩张性续造解释。

5. 指导性案例第 52 号

海南丰海粮油工业有限公司诉中国人民财产保险股份有限公司海南省分公司海上货物运输保险合同纠纷案（海商初字第 096 号，〔1997〕琼经终字第 44 号，〔2003〕民四提字第 5 号），2015 年 4 月 15 日发布。

该案涉及 2002 年修正的《保险法》第 31 条。该条规定"对于保险合同的条款，保险人与投保人、被保险人或者受益人有争议时，人民法院或者仲裁机关应当作有利于被保险人和受益人的解释"。根据该条规定的字面含义，只要保险人与投保人、被保险人或者受益人对保险合同条款有争议，无论各方主张是否合理，均要采取有利于被保险人和受益人的解释。该字面含义有明显局限。所以，最新《保险法》的第 30 条对原文做了调整，隐含了通常理解、各方主张都应是合理的之类限制。现行条文表述为"采用保险人提供的格式条款订立的保险合同，保险人与投保人、被保险人或者受益人对合同条款有争议的，应当按照通常理解予以解释。对合同条款有两种以上解释的，人民法院或者仲裁机构应当作出有利于被保险人和受益人的解释"。在本案中，法院直接否定中国人民银行《关于〈海洋运输货物保险"一切险"条款解释的请示〉的复函》以及中国人民银行在对《中保财产保险有限公司关于海洋运输货物保险条款解释》的复函中对"一切险"做出的解释，理由在于中国人民银行无权对保险条款进行立法。显然，法院没有对中国人民银行所解释的是否合理进行判断而直接否定，几乎是从原义对法律条文进行解释的。

6. 指导性案例第 74 号

中国平安财产保险股份有限公司江苏分公司诉江苏镇江安装集团有限公司保险人代位求偿权纠纷案，（2012）苏商再提字第 0035 号，2016 年 12 月 28 日发布。

该案涉及《保险法》第 60 条第 1 款规定的"第三者对保险标的的损害"的理解与适用。该款规定，"因第三者对保险标的的损害而造成保险事故的，保险人自向被保险人赔偿保险金之日起，在赔偿金额范围内代位行使被保险人对第三者请求赔偿的权利"。该款使用的是"因第三者对保险标的的损害而造成保险事故"的表述，并未限制规定为"因第三者对保险标的的侵权损害而造成保险事故"。按照保险代位权赖以产生的侵权法、保险法基本原理，该代位权似乎应被限制在侵权损害而造成保险事故之中。当然，从条文原义上考察，第三者对保险标的的损害应包括侵权损害与违约损害。法院不支持保险公司关于代位权应被限制在侵权损害而造成保险事故的抗辩，故该解释为原义解释。①

7. 小结

在上述 6 个样本案例中，3 例涉及续造性解释，3 例为原义解释。仅从数字上看，指导性案例中法律解释续造的比例不小。

有学者认为，与司法解释大胆造法迥异，商事个案审判中法官采目的解释方法的态度普遍趋于保守。② 若仅从数字看，似乎并非如此。就指导性案例第 15 号涉及的姐妹公司法人人格来说，司法实践中的案例并不少见。吴江天甬纺织有限公司诉江苏宝心缘服饰有限公司等买卖合同纠纷案，（2012）盐商初字第 0173 号，湖南新华晒北滩水电开发有限公司诉南宁广发重工集团有限公司等买卖合同纠纷案，（2011）永中法民一初字第 8 号，王振亚与李学清、潘二秀、郑州清秀汽车美容养护有限公司、李国良、河南清秀汽车租赁有限公司民间借贷纠纷案，（2013）牟民初字第 2284 号均属于此类。并且，这些案例中的裁判推理逻辑和表述与指导性案例第 15 号几乎相同。根据学者所做指导性案例司法引用情况的实证分析，法官主动援引第 15 号指导性案例的次数多达 9 次。③

当然，我们并不能仅从数字本身就表现出某种立场。因为，是否涉及解释续造可能是是否入选的一个重要因素，特别是在当我们将规则供给作为指导性案例制度重要目标的场合。在此种假定与选择政策背景中，指导性案例解释法律的续造比例当然很大。甚至，如果没有续造而入选反而成为被批判的理由。当然，或许更加理性的立场指向指导性案例推理的质量，应对将精彩评价的关注焦点从续造转移到推理过程或者论证过程。只要推理精彩，指

---

① 在裁判中，法院从文本文义和立法目的两个角度进行了论证。关于立法目的，法院认为，"从立法目的看，规定保险代位求偿权制度，在于避免财产保险的被保险人因保险事故的发生，分别从保险人及第三者获得赔偿，取得超出实际损失的不当利益，并因此增加道德风险。将《保险法》第六十条第一款中的'损害'理解为仅指'侵权损害'，不符合保险代位求偿权制度设立的目的"。其实，从推理论证充分的角度考虑，法院还可能从不利解释原则的角度进行论证。如果保险公司要将代位权限制在侵权领域，那么就应在条款中明确表明；否则就应接受这种可能合理解释的不利后果。

② 陈洁：《目的解释在商事裁判中的运用》，载《商法规范的解释与适用》，社会科学文献出版社，2013，第 49 页。

③ 郭叶、孙妹："最高人民法院指导性案例司法应用年度报告（2016）"，数据库《中国应用法学》2017 年第 4 期。

导性案例就会精彩。如果是坚持此种立场，或许我们没有规则续造的指导性案例的评价将是另外一番风景。

三 对商事指导性案例中规则续造推理的评析

民商事裁判文书的裁判理由是连接案件事实与判决结果的桥梁，是人民法院在认定事实的基础上，对案件的性质、当事人之间的民事关系和民事责任通过法律逻辑的推理得出的处理结论。① 裁判文书的主要内容是对案件事实进行法律判断并归之于特定的法律规范，进而得出裁判结果。因此，与"法律规则＋案件事实→裁判结果"的司法逻辑相对应，"查明案件事实→择取法律规范→涵摄推理→做出判决"是主要的裁判及说理路径。法律规范的解释显然发生在查明案件事实、择取法律规范之后。从规范解释的目的而言，查明案件事实意在对案涉法律关系与法律规范假定调整的法律关系进行对比，以便在此基础上寻找需要进行解释的规范。就续造解释本身而言，其推理涉及解释方法的选择、价值判断等问题。

（一）法律关系的识别

法律关系识别上的偏差将导致法律纠纷解决方案的整体偏差。在抽象性司法解释中，此类有待商榷的疑问即存在。《公司法司法解释三》第 16 条、第 17 条关于股东不出资、抽逃出资或者出资不实法律后果的规定即例证。按照这两条，如果公司章程有规定，公司可以依照章程限制股东的权利。此种处理符合法律原理。但是，在章程没有规定的场合，公司股东会做出限制股东权利决议有效的解释则明显存疑。疑问点在于，公司股东会有权对股东的私权进行限制吗？如果难以进行限制而又必须限制股东的私权，是否存在其他路径？事实上，《公司法》关于股东、发起人不行出资义务而对其他股东承担违约责任的规定本身指明了追究违约责任的路径，因为股东与股东之间事实上存在合同关系，依照合同路径完全可以解决问题。

在第 9 号指导性案例中，法院认定有限责任公司的股东因怠于履行义务导致公司主要财产流失、账册灭失，直接认定构成滥用法人人格而适用《公

---

① 孙智慧、郭雷、周淳、胡琴：《民商事裁判文书标准研究》，中国法制出版社，2015，第 76~78 页。

司法》第 20 条，判决股东对拓恒公司的债务承担连带清偿责任。此种认定，就存在法律关系识别上的疑问。从字面上解释，股东怠于履行义务属于消极行使股东权利，消极能否构成滥用股东权利本身就存在疑问。因为从常识判断，滥用应指向积极的、主动的、故意的行为，而非消极的、被动的、过失行为。也就是说，在承担清算义务的股东可以积极对待该义务也可能消极对待该义务的情况下，不履行清算义务与构成法人人格否认的股权滥用行为并不一一对应。所以，让股东对公司资产或者账册灭失给债权人造成的损失承担责任的前提在于，其怠于履行义务的行为导致公司资产或者账册灭失、该资产或者账册灭失导致债权人遭受损失、股东难以证明损失的范围，在此基础上，怠于履行清算义务的股东对债权人的损失承担连带责任。一般侵权而非法人人格否认，是该连带责任的基础。对此，已经有学者揭示其中的逻辑。[①] 法院将法人人格否认作为责任基础，相当于又一次隐形的续造，而该续造在法理上并不通畅。其根源在于，对案涉法律关系的法律定性存在偏差。

此种偏差，在第 15 号指导性案例中同样存在。如果法院将其他关联公司定性为侵权人，让侵权人对名义债务人的对外债务承担连带责任也未尝不可。因为在侵权法理论中，适当扩张解释《侵权责任法》第 2 条而将债权纳入侵权法的保护范围几乎没有障碍。当然，我们也可以从事实认定的角度寻找其他法律路径，诸如将利用关联公司逃债的这些公司的股东作为滥用公司人格和有限责任的主体，让这些股东对公司债务承担连带责任。已经有学者提出，除了揭开人格混同的关联公司的面纱外，还应进一步揭开关联公司背后滥用权利的控制股东的面纱。[②] 或者，在执行环节，将关联公司的财产通过其他合法路径纳入。

（二）解释方法的运用

在第 8 号案例中，法院认为，判断公司的经营管理是否出现严重困难，应当从公司的股东会、董事会或执行董事及监事会或监事的运行现状进行综合分析。"公司经营管理发生严重困难"的侧重点在于公司管理方面存有严重内部障碍，如股东会机制失灵、无法就公司的经营管理进行决策等，不应片

---

① 高永周：《清算义务人承担连带清偿责任的法理逻辑——评最高人民法院指导性案例》，《中南大学学报》（社会科学版）2014 年第 5 期。

② 樊纪伟：《关联公司扩张适用公司人格否认之检讨——兼评最高法院指导性案例第 15 号》，《湖南大学学报》（社会科学版）2016 年第 5 期。

面理解为公司资金缺乏、严重亏损等经营性困难。在此基础上，法院直接将公司资金缺乏、严重亏损等经营性困难排除在"公司经营管理发生严重困难"之外。虽然看不出法院运用了何种解释方法，但从字里行间可以隐约地找到目的解释的影子。由于本案相对比较简单，理论界对公司僵局的认识比较统一，所以这些简单的解释推理足矣。当然，如果法院能直接运用公司僵局的理论来解释，可能效果会更好。

指导性案例第9号。在该案中，由于法院直接援引《公司法司法解释二》的规定作为裁判依据，解释推理相对简单。法院认为，拓恒公司作为有限责任公司，其全体股东在法律上应共同成为公司的清算义务人；《公司法》及其相关司法解释并未规定蒋志东、王卫明所辩称的例外条款，因此无论蒋志东、王卫明在拓恒公司中所占的股份为多少、是否实际参与了公司的经营管理，两人在拓恒公司被吊销营业执照后，都有义务在法定期限内依法对拓恒公司进行清算；因房恒福、蒋志东和王卫明怠于履行清算义务，拓恒公司的主要财产、账册等均已灭失，无法被予以清算，房恒福、蒋志东和王卫明怠于履行清算义务的行为，违反了《公司法》及其司法解释的相关规定，其应当对拓恒公司的债务承担连带清偿责任。从常理看，让有限责任公司的股东成为清算义务人的结论是通畅的。但是本案还涉及关键的问题：为什么怠于清算的消极行为构成法人人格否认。对此问题，判决书只字未提，就此而言，该指导性案例的说理和推理并不充分。

指导性案例第15号。在该案中，法院认为，公司和股东彻底分离是公司取得独立法人资格的前提，也是股东有限责任原则的基础。就此逻辑，理应要求关联公司的股东对公司债务承担连带责任。但是，最终判决是让关联公司而非股东对此承担连带责任。按照推理常识，此类差异应是解释的重点：为什么不同事实的情况下要做相同判决？为什么公司和其股东的人格混同，与公司和其他公司人格完全混为一体的最终效果一致？遗憾的是，法院在解释中没有进行回应。裁判文书只是指出，"公司人格混同，是指公司与股东或其他公司人格完全混为一体，以至于形成股东即公司或公司即股东的情形"。显然，仅仅证明川交工贸公司与川交机械公司、瑞路公司人格混同的推理本身不能够得到否定关联公司人格的结论；同理，"导致各自财产无法区分"也不是这些公司承担连带责任的理由，也就无法得出"当关联公司的财产无法区分，丧失独立人格时，就丧失了独立承担责任的基础"的结论。至于混同行为"违背了法人制度设立的宗旨，违背了诚实信用原则，其行为本质和危害结果"的论断同样无法得到让这些公司承担连带责任的结论，而参照法人人格否认规则的判断也显得牵强，因为二者之间的要件完全不同，何来参照？从推理过程看，虽然综合运用了文义解释、类推解释、目的解释等多种解释方法，但本案的解释依然显得牵强。

（三）相关条款、关键词、裁判要点的指示与归纳

1. 相关条款

对裁判文书中的法律条款的引用不能漏引、错引，[①] 引用法条应当全面，[②] 对可能涉及的法律依顺序检索，并且应当遵循《立法法》第92条规定的顺序。

第8号指导性案例诉争问题清晰，法律关系定性精确，法条援引恰当。

第9号指导性案例援引的是《公司法》第20条、第184条。如前所述，由于涉及公司解散的清算义务人，第184条的援引没有问题；但是直接援引第20条而将违反清算义务的法律后果在法人人格否认的范围内类处理的做法值得商榷。法律关系识别上的偏差导致法条援引上严重问题的产生。

第15号指导性案例援引的是《中华人民共和国民法通则》第4条、《公司法》第3条第1款和第20条第3款。从增加论证说服力的角度考虑，援引《民法通则》第4条、《公司法》第3条第1款的做法值得赞赏，但是由于本案对姐妹公司共同侵犯公司债权人的法律性质定性、法律关系定性以及法律救济路径的选择在认识上出现偏差，援引第20条第3款则可能存在问题。从指导性案例的指导功能看，其可能给今后的裁判带来误导。在指导性案例中强化可能不当的法条，可能产生强化误导的不利后果。当然，或许我们会从美国公司法实务的做法中寻找依据，美国公司法实务中存在姐妹公司人格否认的案例。但是，我们应关注成文法传统下成文法解释与判例法传统下成文法解释可能存在的本质差异。就此而言，美国的做法并非能够成为支撑我国司法处理模式的当然理由。

2. 关键词

从写作常识看，关键词的价值在于便于资料收集者进行资料检索。从关键词中受众可以便捷地发现案例关注的焦点问题，设置关键词即成为扩大指

---

① 2015年3月19日天津市高级人民法院发布的《天津法院裁判文书质量标准（试行）》3.4.4 适用法律正确，援引法律条文规范。

② 李亮：《民事判决书判决理由探究》，《人民司法》2009年第21期，第104页。

导性案例影响力的一种必要技术手段。

第 8 号指导性案例设置的关键词包括：股东、公司解散、经营管理严重困难、公司僵局。从学术研究与司法裁判的多重角度看，经营管理严重困难、公司僵局两个关键词的设置能够达到目的，同时也不会给读者带来其他不利信息。

第 9 号指导性案例设置的关键词包括：民事、公司清算义务、连带清偿责任。从信息检索的角度看，"民事"一词没有实质意义；公司清算义务的指示意义是间接的，不如换成清算义务人。从法律适用的指导意义看，"连带清偿责任"一词可能带有误导，很容易让人产生只要违反该义务即面临连带责任之感觉。事实上，《公司法司法解释二》本身也并非持该立场。

第 15 号指导性案例设置的关键词包括：民事、关联公司、人格混同、连带责任。从信息检索的角度看，"民事"一词没有实质意义，关联公司、人格混同、连带责任三个关键词有直接指示意义。从法律适用的指导意义看，民事没有实质意义；关联公司、人格混同、连带责任有指导意义，但该意义是间接的，读者并不能够从中得出在关联公司人格混同的场合如何定性该行为、如何追究法律责任等关键信息，因为并非只存在法人人格否认这种唯一路径，况且这种解释路径还存在明显的推理障碍。

3. 裁判要点

"裁判要点偏重于严格的事实认定和法律适用，系对指导性案例审判规则的总结和提炼。"[1] 在指导性案例中，基于再加工而形成的裁判要点很重要。因为，该内容集中体现了法官在裁判具体案件时对法律适用、裁判方法、司法理念等方面的问题的判断，它不仅是对某个具体案件的裁判规则的归纳而体现"个别——一般个别"的逻辑进路，而且几乎是成文法规则的具体化。[2] 如前所述，很多学者特别看重裁判要点中的规则。这些提炼出的较为抽象的裁判要旨，在某种意义上更接近依附于具体案例的司法解释。[3] 当然，我们应准确把握指导性案例中"裁判要点"所归纳的指导信息，不得超越裁判要点的指导意见而去借题发挥。

第 8 号指导性案例。裁判要点关于"判断公司的经营管理是否出现严重困难，应当从公司的股东会、董事会或执行董事及监事会或监事的运行现状

---

① 杨力：《中国案例指导运作研究》，《法律科学》2008 年第 6 期。

② 邓志伟、陈健：《指导性案例裁判要旨的价值及其实现》，《法律适用》2009 年第 6 期。

③ 邓志伟、陈健：《指导性案例裁判要旨的价值及其实现》，《法律适用》2009 年第 6 期。

进行综合分析"的表述，凝练了法院解释的精髓，实现了案例价值的浓缩与升华，并且不会引人误解。

第9号指导性案例。裁判要点的意思大致有：第一，有限责任公司的股东、股份有限公司的董事和控股股东，应当依法在公司被吊销营业执照后履行清算义务；第二，不能以其不是实际控制人或者未实际参加公司经营管理为由，免除清算义务。第一点扩展有限责任公司的股东为清算义务人；第二点指出，该清算义务不存在不是实际控制人或者未实际参加公司经营管理就应当被免除的例外。从上述分析看，本案的扩展解释可能体现在两个方面：明确有限责任公司股东为清算义务人、怠于履行清算义务也可能构成法人人格否认的股权滥用。从行文看，后一个续造一级案例涉及的连带责任机制均从裁判要点的文字中体现出来。

第15号指导性案例。该案的裁判要点很长，涉及下列内容。第一，公司和股东彻底分离是公司取得独立法人资格的前提，也是股东有限责任原则的基础。第二，公司人格混同，是指公司与股东或其他公司人格完全混为一体，以致形成股东即公司或公司即股东的情形。第三，关联公司的人员、业务、财务等方面交叉或混同，导致各自财产无法区分，丧失独立人格的，构成人格混同，就丧失了独立承担责任的基础。第四，关联公司人格混同，严重损害债权人利益，违背了诚实信用原则的，其行为本质和危害结果与《公司法》第20条第3款规定的情形相当，关联公司相互之间对外部债务应当承担连带责任。从规则供给的角度看，第四点才是裁判要点的意义所在，即：人格混同的关联公司相互之间对外部债务应当承担连带责任，而前面的内容属于推理。这种揭示推理过程的裁判要点虽然过于冗长，但存在有助于法官提高其法律思维能力的明显优势，问题在于如何与裁判推理在功能上区分开来。同时，即使如此冗长的裁判要点，其中的推理也未能揭示出为什么承担连带责任的主体不是滥用股权的股东而是作为股东滥用股权的受害者关联公司。就此而言，第15号指导性案例裁判要点的指导意义被大打折扣。

四　初步启示

尽可能地遵从作为解释对象的法律文本的权威，是抽象性司法解释与个案裁判中的法律解释均应遵循的原则。对于指导性案例而言，这方面应当有特别要求；否则，典型裁判案例的指导可能转为误导。就此而言，对于现有指导性案例的理性成色，包括审理法院在审理过程中推理的理性以及指导性案例形成过程中再制作的理性都应被予以慎重评判。案例指导制度的重心在于论证适用法律的合理性。① 如果将续造性个案解释作为指导性案例司法指导价值的最佳载体，那么我们应特别关注这些个案法律解释充分推理的理性问题。

第一，最类似法律关系原则。解决"同案不同判"是最高人民法院推动指导性案例制度的一个重要动因。所谓"同案"，指两个案件涉及的整体事实和据具体情节事实相同；所谓"同判"，指法律认定上做出相同的结论。② 在裁判中对法律规则的解释建立在案件事实涉及法律关系的定位以及援引法条确定的基础上。被解释规范背后假定行为模式涉及的类型化法律事实应当与案件整体事实和具体情节事实尽可能相同，如果不相同则应当尽可能类似。否则，之后的法律解释将是失之毫厘，谬以千里。其实，在比较双方当事人争论的焦点与相关规范假定行为模式可能存在的焦点问题时也可能找到法律关系定性的线索。最高法院研究室负责人在《关于案例指导工作的规定》出台后的答记者问中指出，正确运用好指导性案例，要切实把握"类似案件"标准，类似案件不仅指案情类似，更重要的是指争议焦点类似。③ 当然，这涉及对焦点问题的再辨析问题。关于法律关系定位，在上述第 9 号与第 15 号指导性案例中都存在类似问题。为增加推理的充分性，如果对此类事实定性可能存在多元选择时，法院在规范解释前首先应当就为什么选择此类法律关系、选择此类请求权基础、选择此类法条作为裁判依据等问题进行释明。

第二，其他民商事法律解决方案用尽原则。为最大限度地尊重立法文本原义，将其可能带来的不利限制在有限的范围之内，应将续造性解释限制在迫不得已的场合。法律纠纷的解决路径可能并非只有规则续造这种唯一选择。如前所述，第 9 号指导性案例中股东清算义务违反后的法律责任之外还可能存在侵权责任法上的路径，并且此种路径在理论上可能更加通畅。第 15 号指导性案例中除对关联公司施加连带责任的救济之外，可能存在直接让这些公司的股东承担连带责任，或者追究关联公司是侵害债权的侵权责任人的救济路径。这些路径在理论和现行制度体系中也更加有说服力。在出现此类多元

---

① 胡云腾、于同志：《案例指导制度若干重大疑难争议问题研究》，《法学研究》2008 年第 6 期。

② 张志铭：《中国法院案例指导制度价值功能之认知》，《学习与探索》2012 年第 3 期。

③ 参见《用好用活指导性案例努力实现司法公正——最高人民法院研究室负责人就案例指导制度答记者问》，《人民法院报》2011 年 12 月 21 日，第 3 版。

救济路径可供选择时，法院对解释规则续造的动机应当被抑制，其应转而依靠其他路径。

第三，聚焦差异展开论证的原则。现有规则或者现有规则的字面含义无法应对现实解决需要时，规则续造解释才有实施的可能。也就是说，既有规定背后的行为模式与案涉事实中的行为之间的差异，才是续造解释的诱因。在续造解释中，法院当然应聚焦这些差异展开推理，对差异的整体属性及细节表现、差异发生的原因、无视差异的可能后果、差异化方案的价值选择等问题进行详细论证。在第8号指导性案例中，法院隐含地点明了公司治理僵局上的经营管理问题与经营亏损等外部经营问题中间的差异，值得肯定。但是在第9号指导性案例、第15号指导性案例中缺乏针对这些差异的充分论证，以至于结论显得勉强。

第四，多元论证原则。一份裁判文书应在推理上符合逻辑规则、在规则证成上符合价值准则、在事实证成上符合经验准则。[①] 推理的理性是多方面的，推理的思维或者方法也是多元的。为什么进行规则续造性解释，可能存在逻辑的、价值的、经济分析的多种解释路径。在规则续造性解释中，法院为增加续造解释的说服力，应运用多种解释方法进行充分推理。

第五，指导性案例构成要素的互益原则。最高法院目前发布的指导性案例，是再编辑的结果，以关键词、裁判要点、相关法条、基本案情、裁判结果和裁判理由的编写体例呈现于受众面前。其中，关键词、裁判要点、相关法条等内容在再编辑的过程中被加工的痕迹明显。虽然各个要素的功能有差异，不同受众对这些要素的关注程度也有差异，但指导性案例的各个要素作为一个整体发挥作用。因此，为整合这些要素的功能，在编写指导性案例文本时，应关注再加工要素之间的协调性，以确保构成要素之间能够实现互益，从而增强指导性案例的规范性、指导性。

---

① 王洪：《制定法推理与巧例法推理》，中国政法大学出版社，2013，第331页。

论案例指导制度的功能定位与遴选标准

缪因知[*]

【内容摘要】 指导性案例较之已经施行三十年的司法解释有何优越之处，应予以审视。指导性案例不应只是以案说法地诠释一个简单的法律规则，而宜在案情"具体而微"处予以区分。最佳的案例选择位置，是当事实处于光谱连续变化的关键节点、可能导致法律处置模式产生量变引发质变之处。在对指导性案例遴选时不妨重点考察引发批评的判决。如果认为批评言之有理，则对原判决予以审查反思，甚至促发审判监督和再审提审程序；如果认为存在两可，则不妨搜寻和推出与争议判决观点不一致的案例，以免前者在实务界的影响过大；如果认为学者批评甚是无理，可以将争议案例和类似案例编选为指导性案例。指导性案例要切实影响实务，有待于司法地位的继续提高。

【关键词】 指导性案例　案例指导制度　司法解释　司法错案

最高法院自 2010 年建立的案例指导制度对司法统一化做出了重要推动作用，也激发学者围绕其做出了很多高质量的研究。[①] 但近年来批评声音也不绝于耳。如以时间先后为序，李友根指出《最高人民法院公报》某类指导性案例在实践中并未被各地法院遵守与参考，甚至出现了完全相反的裁判。其原因在于案例的内在指导力不足、裁判理由未被广泛认可，案例的选择未建立在案例市场和法学理论的充分竞争基础上。[②] 孙国祥指出指导性案例定位于"参照性"行政约束，但现阶段"参照"本身含义不明，制度设计中缺乏配

　＊　缪因知，中央财经大学法学院副教授。

①　例子很多，如蒋大兴《"好公司"为什么要判决解散——最高人民法院指导性案例 8 号评析》，《北大法律评论》第 15 卷第 1 辑，北京大学出版社，2014，第 1 ~ 51 页。

②　李友根：《指导性案例为何没有约束力——以无名氏因交通肇事致死案件中的原告资格为研究对象》，《法制与社会发展》2010 年第 4 期。

套机制，相关解释模糊乃至矛盾。① 牟绿叶认可案例指导制度在指导裁判和创制规范方面取得了实质性的进步，但认为在制度构建和指导性案例的权威性方面存在不足。多元化的案例遴选机制没有摆脱行政化的内部操作运作传统，可能无法体现案例中蕴含的普遍法律问题，也可能在事实认定层面损害指导性案例的正当性。在目前刑事审判裁判说理严重弱化的情况下，让最高人民法院案例指导办公室来撰写裁判理由有悖司法亲历性和审级制度的基本要求。② 郑智航批评相当一部分指导性案例运用法律解释技术并不明确，弥补法律漏洞的情形也并不多，而且在有些情况下还存在违背中国现行法律之嫌。由于受行政化逻辑的支配，最高人民法院在遴选指导性案例时往往会从限制法院和法官自由裁量权的角度出发，突出自己公共政策的执行功能，致使其发布的指导性案例具有较强的政治色彩，其忽视了法院自身的技术治理优势。指导性案例的生成逻辑尚未实现从行政化逻辑到司法逻辑的转换。③ 黄卉直言学者对指导性案例出现了"深层次的失望并有固化的倾向"。④ 王天华认为行政法指导性案例"在概念选用、法律论证上亟须加强，同时其政策性考量也可以更周全"。⑤ 周翠认为指导性案例说理不够清晰、数量过少。⑥

对这些批评自然可以见仁见智，但既然存在争议，就值得反思。本文不拟讨论个案的得失，而希望思考案例指导制度的根本功能应该为何，何种情形的案例应当被选择为指导性案例。

一 指导性案例较之司法解释的优越性在于在案情"具体而微"处的区分

作为一名以金融法、企业法研究为主业，比较法知识背景以美国为主的研究者，笔者自然深切地了解案例法研究对于法学理论演绎和法律问题解决

---

① 孙国祥：《从柔性参考到刚性参照的嬗变——以"两高"指导性案例拘束力的规定为视角》，《南京大学学报》（哲学·人文科学·社会科学）2012年第3期。
② 牟绿叶：《论指导性案例的效力》，《当代法学》2014年第1期。
③ 郑智航：《中国指导性案例生成的行政化逻辑——以最高人民法院发布的指导性案例为分析对象》，《当代法学》2015年第4期。
④ 黄卉：《案例指导制度 专题絮语》，《清华法学》2016年第4期，第5页。
⑤ 王天华：《案例指导制度的行政法意义》，《清华法学》2016年第4期，第49页。
⑥ 周翠：《民事指导性案例：质与量的考察》，《清华法学》2016年第4期，第50页。

的巨大作用。然而，生活在大陆法系的中国，我们同样认可，甚至更为认可成文法规则对法律秩序塑造主导性的巨大作用。作为一个法制后发国家，我国的法典固然还较为单薄，但三十多年来最高法院通过司法解释、个案批复等形式已经大大充实了成文法体系，显著提高了其可操作性。

而且，司法解释兼具客体上的成文法优点和主体上的法官法优点：

第一，司法解释规则是对法制运行现实中常见或疑难情形的概括化提炼，甚至可能是对尚未发生实例的情形的预见性对应，针对性较强；

第二，司法解释规则用语较为简洁，争点明晰，相应的权利义务安排明确，规则识别和掌握成本较低；

第三，司法解释规则的主要功能是满足司法审判的实际需要，极少有我国法典中的宣示性条款的空洞性；

第四，司法解释规则常常以一组规则的形式出现，会一次性同时探讨多个具有逻辑关联的情形，大同小异的区别性能被通盘考虑，避免规则创制时顾此失彼的逻辑漏洞或涵盖性过宽或过窄的缺陷出现。

同为法律规则的生成方式，司法解释的长处必然不会是判例或指导性案例的长处。判例是个案化的，生成成本比司法解释低。然而，判例在诉讼现实中被动地生成，受到了真实案例的形塑。而真实生活是无须讲逻辑的，案情可以是糅杂、非典型的，但司法者又必须对之一一做出回答，判例是为正形或畸形的现实套上了法律的外壳，未必能对其他案例的解决产生明确的指导作用，甚至可能产生误导作用。

案例指导制度作为一种案例筛选制度，能减少真实案例中的无序性，尽量提炼出明确和有价值的争点。但这仍然不足以回答指导性案例较之于司法解释的优越性或曰独特功能何在。作为一项准备期长达数年、实施期更长的国家系统工程，其成本不菲，价值绝不应仅仅在于比司法解释能更方便快捷地被推出。

"总结审判经验，统一法律适用，提高审判质量，维护司法公正"（2010年最高法院《关于案例指导工作的规定》第 1 条）均不是指导性案例强于司法解释的理由。"增强生活质感"只是一个美学理由。防止司法解释成为一种事实的立法、僭越立法权，在理论上是一个理由，但在我国，似乎不会是重要理由。

客观言之，当前不少指导性案例的功能只在于为一条简单的规则配上一个案例。筛选者甚至似乎有意识地避免能导出多个规则的案例。这可能是由于现在还处于制度建设的早期，在方法论上要从简至难、避免在初期就陷入争议，但也可能是一以贯之、会长期坚持的价值观。可这样的操作模式，除了丰富法制的生态外，在实质功能上的补益并不显著。

本文认为，作为成文法之补充的指导性案例的价值，应该是对其规范内容尚不足以成文化，或已经成文化但未曾或难以细化的情形予以说明。指导性案例的施展空间，应该是案情存在"具体而微"（nuanced）之处，是在事实具有特殊性、非普遍性之处，而非法理存在特殊之处。最佳的案例选择位置，是当事实处于光谱连续变化的关键节点、可能导致法律处置模式产生量变引发质变之处。

例如，2017年2月28日最高法院公布了《关于适用〈婚姻法〉若干问题的解释（二）的补充规定》，明确"夫妻一方在从事赌博、吸毒等违法犯罪活动中所负债务，第三人（对夫妻另一方）主张权利的，人民法院不予支持"。显然，除了赌博、吸毒和犯罪活动外，还有不少夫妻一方承担了债务的情形不应成为夫妻共同财产，甚至可能涉及只存在婚姻法过错、未必构成"违法"的情形。而夫妻一方承担债务时另一方是反对、不知情、忍痛默认、忍痛明确承认、放任、赞同还是指使，也会导致巨大的法律区别产生。这些主观心态与案情相结合，会衍生出更多的配对。例如，甲允许配偶使用夫妻共同财产从事合法性存疑的投资方式（如违规借用他人名义从事交易），但不知道配偶同时挪用了公款，资金使用时也产生了混同，则在产生巨大亏损时，甲应对公款损失承担多大返还义务？

上述复杂斑驳的景象，自然可以由系统的司法解释来处理。但也难免挂一漏万，而且终究无法一一涵盖。在特别复杂的案例中，如欲完全涵盖，会导致成文法叙事啰唆。但指导性案例就能有较大的用武空间。

此外，若按有学者提倡的，将一些部门法如以任意法为主的公司法的指导性案例的效力定位于仅具有说服力而无拘束力的话，[①] 指导性案例和司法解释的分野将更为凸显。

二 指导性案例的选择标准中的正导与纠偏：如何面对学界的批评

司法解释和当前的指导性案例都以正面确认法律规则、正向导引为特色。

[①] 吴建斌：《公司纠纷指导性案例的效力定位》，《法学》2015年第6期。

这自然颇有意义。但我们也需要注意：客观上，我国幅员辽阔，各地法院水平参差不齐，有些地方的司法能力还存在不足。一些政府部门、国有企业会对司法审判予以干扰，^① 即便在最高人民法院，由于前副院长奚晓明、黄松有等腐败分子的干扰破坏，也出现了不少错案，这些错案被堂而皇之地作为典范案例予以推广。

作为一线研究者，本人近年将大量精力用于对错误判决的梳理上，对之有切身认知。这些案例包括由缺乏基础金融知识导致错误的《最高人民法院公报》案例^②和最高人民法院提审案例^③，缺乏说理、对商业运作想当然的《最高人民法院公报》案例^④，对相关法规规章缺乏细致梳理就笼统做出结论的最高人民法院终审案例^⑤，缺乏金融知识和法律素质、妄引宪法的所谓轰动性案例^⑥。

其他学者也对一些案例予以深刻批评，如苏力论证了一个获得第三届全国青年法官优秀案例特等奖的判决"显然违背了法律的明确规定""判决理由和相关论证全然不能成立，与本案的事实和争议完全脱节，事实上近乎强词夺理"^⑦；解亘指出对银行卡纠纷的诸多判决违反了此类纠纷"全有或全无"的法律性质。还有一些案例虽然没有被学术论文专门批评过，但业内已经公认存在错讹，甚至存在知识性错误。^⑧ 吴建斌批评指导性案例第 8 号、第 9 号、第 10 号、第 15 号公司纠纷指导性案例均存在不同程度的瑕疵。^⑨ 王天凡批评了第 18 号指导性案例缺乏指导价值。^⑩

诚然，人非圣贤，在这边列举这些错误案例，并不只是为了指责司法者。当前国内大量法院普遍处于案多人少、工作量大、待遇低、人员流失严重、

---

① 最近有研究认为司法地方保护主义没有那么严重，但其只是认为地方党政部门及官员干涉司法的没有那么多，同时也承认"来自上级法院的意见或没有正式行文的打招呼"对司法的干扰。刘忠：《司法地方保护主义话语批评》，《法制与社会发展》2016 年第 6 期。

② 缪因知：《论利率法定与存款合同意思自治的冲突》，《中外法学》2014 年第 3 期。

③ 缪因知：《地方商品交易市场合法性的司法认知及不足》，《东方法学》2017 年第 3 期。

④ 缪因知：《损害商誉罪适用研究》，《法治研究》2017 年第 2 期。

⑤ 缪因知：《国有股转让协议审批要求对合同效力之影响》，《中外法学》2015 年第 5 期。

⑥ 缪因知：《论信用卡债务与银行贷款不适用利率管制规则》，《金融法苑》2016 年第 2 期。

⑦ 苏力：《从"南京虐童案"看法律干预家事纠纷》，《现代法治研究》2017 年第 1 期。

⑧ 如最高人民法院 2010 年判决的范在孚与银建期货经纪有限责任公司天津营业部期货交易合同纠纷再审案。

⑨ 吴建斌：《公司纠纷指导性案例的效力定位》，《法学》2015 年第 6 期。

⑩ 王天凡：《"不能胜任工作"与"末位淘汰"规则的规范分析》，《清华法学》2016 年第 4 期。

社会地位不高、工作受到各类干扰、包括维稳在内的政治压力大的不利局面。在要求的时间限度内阅读卷帙浩繁的材料，并做出正确判决，并非易事。出现错误，也情有可原，甚至情非得已。

而且，笔者或其他学者的批评本身也不是真理，可能是学者错了，也可能是存在见仁见智的不同解读空间。但是，法律共同体内对同一案例的争议既然客观存在，就值得面对。法院体系对指导性案例的编写已经投入了大量的精力和资源，在遴选案例时不妨重点考察这些引发批评的判决。如果认为批评言之有理，则对原判决予以审查反思，甚至促发审判监督和再审提审程序；如果认为存在两可，则不妨搜寻和推出与争议判决观点不一致的案例，以免前者在实务界的影响过大；如果认为学者批评甚是无理，可以将争议案例和类似案例编选为指导性案例，以正视听，对遭遇学界不当批判的法官而言，这也是一种体制内的慰藉。

三 指导性案例的推广与司法地位的提高

在一个法治国家，司法指导性案例的价值不应限于指导下级法院或提供论文素材，而应对行政机构等的行为也产生导引，从而形成不同法律实施机制下的结果趋同性。

在本人参与的一次在线研讨中，曾任中国台湾金融监督管理委员会官员的辅仁大学教授郭土木介绍了台湾在 2008 年金融危机后对雷曼连动债纠纷的处理，"金管会在判断银行销售行为是否构成违法时，若法院有类似判决，金管会定会审酌该相关意见。盖因金管会为一行政主管机关，基于依法行政之原则，金管会自应要求其所为之行政处分均符合法令规范，而法院为解决法律争议、定纷止争之司法机关，金管会为求其行政处分之适法性及正确性，于具体个案中，若法院曾就相类似之事实做出判决，金管会会参照该法院判决"。事实上，整个行政"虽行政处分与司法民事争议案件之判决互不拘束，不仅金管会在类似个案行政处分过程中会参酌法院所为之判决，而尽量避免做出与法院判决歧异之行政处分，基于诉愿机关及各级行政法院于受理诉愿或行政诉讼案件时，均会审慎参酌其他法院于相类似争议问题所为之判断及理由"。

简言之，台湾尽管不实施司法解释和案例指导制度，但司法案例实际上不仅起到了对法院审判和学院教学的指导作用，还起到了对行政执法的指导作用，统一法律适用。而这与其说是台湾法院的说理水平更高，不如说是一个法治社会的必然结果。用郭土木的话说，若不如此做，"当受裁罚处分之当事人提起诉愿及行政诉讼时，金管会所为之裁罚处分，即很有可能遭诉愿机关即金管会之上级机关行政院或行政法院撤销。如此一来，将有损金管会之声誉，使社会对金管会所为处分之适法性产生疑虑，金管会当然会尽量避免此情形发生"。①

故而，尽管中国大陆自有其国情，法治建设进程也不会一蹴而就，但要令司法界和学术界热火朝天的案例指导制度建设发挥更大的功效，我们有必要把目光投向一个更广阔的场景。判例不仅是为了指导司法适用，指导理论研究，更应该是为了指导行政执法和维护整体法律秩序。在此过程中，法院、理论界、实务界和行政机构等各方参与者，都有必要展开更多、更深入的互动。

---

① 缪因知：《合金论坛：金融衍生品商品交易与投资者保护》，《财经法学》2017 年第 3 期。

"在建商品房买卖型担保"的法律性质和效力分析

——基于《最高人民法院公报》案例的考察

叶俊鑫 郑 彧[*]

【内容摘要】"在建商品房买卖型担保"的出现是为了规避传统民法中关于不动产抵押权公示生效的规定和禁止流押的规定，实现类似于设立不动产抵押权的法律效果，以此推进房地产开发项目的投融资。当前司法实践中的主流裁判思路从传统的民法理论出发，将"在建商品房买卖型担保"认定为一种"非典型担保"，并以违反禁止流押的强制性规定为由，推翻了双方已经达成的交易结果，最终导致双方的商业目的难以实现。这些裁判案例不仅再一次生动地表现了传统的民法理论与现实商业需求的脱节，而且凸显了商业社会对强调交易效率和安全的商事法律规范及商事裁判思维的渴求。

【关键词】在建商品房买卖型担保 裁判逻辑 法律性质 商法需求

一 引言

"在建商品房买卖型担保"是近年来在房地产调控背景下，房地产开发商为进行民间融资而以签订在建商品房买卖（预售）合同的形式为借贷合同进行担保的一种交易安排。具体而言，为了担保房地产开发公司（借款人）按期偿还借贷合同项下的借款（包括本息），出借人与借款人就该笔借款在借贷合同之外另行签订在建商品房买卖合同（其中，销售价格一般为借款本息之和，且低于所售商品房正常的市场价格，商品房买卖合同的买方通常不实际支付购房款，并办理备案登记）。于此借贷交易中，当事双方会约定如果借款

---

* 叶俊鑫，华东政法大学国际金融法律学院 2015 级法学硕士研究生；郑彧，华东政法大学国际金融法律学院副教授，硕士研究生导师。

人按期偿还债务，则在建商品房买卖合同自动终止，如果借款人未按期履行债务，则继续履行在建商品房买卖合同，借款人交付商品房，抵偿借款本息。

在司法实践中，最高人民法院已经基本认可了此种交易应归属于"非典型担保"。但对于此类"非典型担保"交易的法律效力，从最高人民法院近几年同类不同判的公报案例和普通案例来看，最高人民法院的观点似乎有些摇摆不定。比如，在 2014 年第 12 期《最高人民法院公报》所公布的朱俊芳与山西嘉和泰房地产开发有限公司（以下简称"嘉和泰公司"）商品房买卖合同纠纷一案中，最高人民法院认定双方当事人之间形成了商品房买卖和民间借贷两个民事法律关系，并认为在借款人未按期偿还借款的情况下，出借人要求通过履行商品房买卖合同取得房屋所有权，不违反《担保法》第 40 条和《物权法》第 186 条关于"禁止流押"的规定；而在 2013 年底最高人民法院提审的广西嘉美房地产开发有限责任公司（以下简称"嘉美公司"）与杨伟鹏商品房销售合同纠纷一案中，最高人民法院将双方签订《商品房买卖合同》并办理商品房备案登记的行为明确认定为非典型的担保方式，并认为出借人要求直接取得房屋所有权的主张违反了《物权法》第 186 条关于"禁止流押"的规定。此后，2015 年发布的《最高人民法院关于审理民间借贷案件适用法律若干问题的规定》（以下简称"民间借贷规定"）第 24 条再次明确了最高人民法院在嘉美公司与杨伟鹏商品房销售合同纠纷一案中的立场："当事人以签订买卖合同作为民间借贷合同的担保，借款到期后借款人不能还款，出借人请求履行买卖合同的，人民法院应当按照民间借贷法律关系审理，并向当事人释明变更诉讼请求。当事人拒绝变更的，人民法院裁定驳回起诉。"

在学术研究方面，实际上也存在类似的情况。虽然大部分专家、学者基本认可了这种交易安排的担保属性，但是各方对于此类担保的法律效力、价值等仍然有着明显的分歧。这从各方对这种交易安排的称谓可见一斑，比如说有学者将其称为"后让与担保"[①]，也有学者针锋相对地认为其仅仅是不动产抵押的一种变形[②]，还有学者将其称为"以房抵债协议"[③]，等等。

---

① 杨立新：《后让与担保：一个正在形成的习惯法担保物权》，《中国法学》2013 年第 3 期，第 76 页。

② 董学立：《也论"后让与担保"——与杨立新教授商榷》，《中国法学》2014 年第 3 期，第 292 页及以下。

③ 陆青：《以房抵债协议的法理分析——〈最高人民法院公报〉载"朱俊芳案"评释》，《法学研究》2015 年第 3 期。

综上所述，就这类"在建商品房买卖型担保"而言，当前仍然存在进一步深入研究之空间。为此，本文将从前述两个最高人民法院的裁判案例出发，基于民法理论现状与商法需求的角度，对这类交易安排的法律性质和效力进行分析，以期为司法裁判和学术探讨提供一种新的思路。

二 "在建商品房买卖型担保"的基本模式

1. "朱俊芳诉嘉和泰公司案"

2007年1月25日，朱俊芳和嘉和泰公司签订了14份《商品房买卖合同》，约定朱俊芳向嘉和泰公司购买当地某小区的14套商铺。同日，嘉和泰公司为该14份合同办理了销售备案登记手续，并于次日向朱俊芳出具两张总额为10354554元的销售不动产发票。2007年1月26日，朱俊芳与嘉和泰公司又签订了1份《借款协议》，约定嘉和泰公司向朱俊芳借款1100万元，期限至2007年4月26日，"嘉和泰公司自愿将其开发的当地某小区的商铺抵押给朱俊芳"，但双方采取的"抵押"的方式实际上是签订14份商品房买卖合同，并办理了备案手续和开具发票。在《借款协议》签订后，朱俊芳向嘉和泰公司发放了1100万元借款，嘉和泰公司出具了收据。2007年4月26日，嘉和泰公司未能偿还该借款，故而朱俊芳起诉要求嘉和泰公司履行双方签订的14份《商品房买卖合同》。

2. "杨伟鹏诉嘉美公司案"

2007年2月7日，嘉美公司与严欣、吴瑞芳、童国怀、钟尚生签订《借款协议》，约定向严欣等四人借款200万元，期限至2007年4月6日。嘉美公司为此与上述4人签订合同，向其出售嘉美商业中心第一层11间，共计498.89平方米的房屋并办理了备案登记。2007年4月25日，嘉美公司与林燕签订《借款协议》，约定向林燕借款110万元，借款期限自2007年4月25日至2007年6月24日，嘉美公司为此将嘉美商业中心第一层34间，共计770.41平方米的房屋销售给林燕并办理了备案登记，2007年5月28日，嘉美公司与林燕签订了另一份《借款协议》，向林燕借款30万元，期限是自2007年5月28日至2007年7月27日，嘉美公司为此将嘉美商业中心第一层6间，共计202.62平方米的房屋销售给林燕并办理了备案登记。上述三份《借款协议》的约定利率均为2.3%。2007年6月27日，嘉美公司与杨伟鹏签订《商品房买卖合同》，所涉房屋即为嘉美公司原来向严欣等5人出售的房屋，价款为 340 万元（明显低于当时的市场价格）。杨伟鹏于合同签订当日按照嘉美公司工作人员的指示将全部价款分别支付给了严欣等 5 人，以清偿嘉美公司对于该 5 人的债务。同日，嘉美公司向杨伟鹏开具了销售不动产统一发票，并办理了全部房屋的备案登记。在 2007 年 6 月 28 日至 2007 年 12 月 18 日期间，嘉美公司分 9 次向杨伟鹏 3 个不同的银行账户共汇款 61.1 万元。2010 年 4 月，由于嘉美公司未清偿借款，杨伟鹏起诉要求嘉美公司实际交付房屋，并支付违约金。

3. "在建商品房买卖型担保"之模式分析

通过对上述两个案例的基本事实的比较分析，我们可以发现这两个案例有着一些重要的共同点。首先，合同一方当事人为房地产开发企业，另一方为自然人。其次，双方当事人都先后签订了《借款协议》（包括非书面形式的）与《商品房买卖合同》，并且《借款协议》中的借款金额和《商品房买卖合同》中的价款金额十分接近，甚至完全一致。再次，《商品房买卖合同》中约定的销售价格往往低于正常的市场价格。最后，出借人（买受人）实际上仅向借款人（出卖人）支付了一笔款项，而借款人不仅出具了借款收据，而且开具了不动产销售发票，并为《商品房买卖合同》办理了备案登记。但是，应当注意的是，这两个案例之间也存在着明显的不同之处。在"朱俊芳诉嘉和泰公司案"中，双方在《借款协议》中明确表明签订《商品房买卖合同》的目的在于为《借款协议》提供担保，并约定如果借款人按期履行债务，则《商品房买卖合同》终止，如果借款人未按期履行债务，则继续履行《商品房买卖合同》，借款人交付商品房，抵偿借款本息。而在"杨伟鹏诉嘉美公司案"中，双方并未签订任何书面的《借款协议》，也未做出此种约定。

三 "在建商品房买卖型担保"裁判思路述评

1. "朱俊芳诉嘉和泰公司案"的裁判思路述评

在"朱俊芳诉嘉和泰公司案"中，最高人民法院的裁判思路并未拘泥于双方之间的法律关系的性质和效力，而是着重论述了《借款协议》和《商品房买卖合同》之间的关系和《借款协议》中的相关约定是否违反禁止流押的强制性规定的问题。其具体的裁判逻辑如下。

第一，最高人民法院认为双方针对同一笔款项先后签订的《商品房买卖合同》和《借款协议》均为依法成立并生效的合同，并进一步指出两者之间的关系为并立而有联系。所谓的联系主要体现在三个方面：一是两者所涉款项为同一笔款项；二是签订在前的《商品房买卖合同》是为之后的《借款协议》提供担保；三是《借款协议》对《商品房买卖合同》的履行附设了解除条件。

第二，在前一点的基础上，最高人民法院认为《借款协议》中关于"如嘉和泰公司到期不能偿还借款，嘉和泰公司将以抵押物抵顶借款，双方互不支付对方任何款项"的约定并不违反《担保法》第40条和《物权法》第186条关于禁止流押的强制性规定。最高人民法院的理由有三：其一，禁止流押规定的立法目的是防止损害抵押人的利益，以免造成对其实质上的不公平；其二，《借款协议》并非约定嘉和泰公司到期不能偿还借款，所称"抵押物"的所有权转移为朱俊芳所有，而是约定债务人履行涉案《商品房买卖合同》，使朱俊芳取得所称"抵押物"的所有权；其三，从《商品房买卖合同》与《借款协议》的选择履行的角度来看，嘉和泰公司更具主动性。

第三，最高人民法院指出如果嘉和泰公司认为《商品房买卖合同》显失公平，履行该合同损害了其利益，其完全可以依据《合同法》第54条第1款第2项的规定请求撤销《商品房买卖合同》。但是，嘉和泰公司并未在除斥期间内行使该撤销权。

第四，最高人民法院认为《借款协议》约定的《商品房买卖合同》的解除条件未成就，应当继续履行《商品房买卖合同》。

从裁判结果来看，最高人民法院保护了商主体之间所达成的合理的商业交易结果。为了论证这一裁判结果，最高人民法院的整个裁判思路侧重于从形式上或者说从外观上考察双方当事人之间的整个交易安排，确实具有一定的突破性。但是，结合该案一审、二审和再审法院的裁判观点，我们可以发现，最高人民法院在支撑其裁判结果的裁判逻辑中存在着一些明显的漏洞和前后矛盾之处，甚至在观点上也有一定的反复或摇摆不定。

首先，为了论证该裁判结果，最高人民法院并未深入探究双方当事人人为地割裂在多份协议中的真实意思表示，仅从形式上考察，认定了双方之间存在有效的《借款协议》和《商品房买卖合同》，进而创造性地提出了一个"并立而有联系"的概念对《借款协议》和《商品房买卖合同》的关系予以解释，并以此奠定了整个裁判逻辑的基础。这种所谓的"并立而有联系"的关系，究其内容，实际上不无矛盾之处。其中，所谓的"并立"关系是最高人民法院在认定双方当事人之间存在有效的借贷关系和商品房买卖关系之后自然的逻辑推演。基于此,最高人民法院似乎想要表明《借款协议》与《商品房买卖合同》是相互独立的。而所谓的"联系"关系则更为复杂,也可以说更为混乱。最高人民法院同时从事实和法律两个角度对其展开了论述。特别是从法律上来看,一方面,最高人民法院认为《商品房买卖合同》是为《借款协议》提供担保,似乎认可了再审山西省高院关于"《借款协议》是主合同,《商品房买卖合同》是从合同"的观点,也意味着一旦主合同因履行完毕而终止,则从合同自然产生终止之效力(这与"并立"关系已经产生了明显的逻辑上的矛盾)。但是,另一方面,最高人民法院又指出《借款协议》为《商品房买卖合同》的履行附设了解除条件,似乎否认了《借款协议》与《商品房买卖合同》之间的主从合同关系。由此可见,在这个案件中,最高人民法院之所以创设"并立而有联系"的关系实际上仅仅是为了试图给最后的裁判结果进行相应的逻辑背书,但由于其论证的过程并不够严密,反而造成了裁判逻辑上的严重混乱。

其次,最高人民法院论证《借款协议》中关于"如嘉和泰公司到期不能偿还借款,嘉和泰公司将以抵押物抵顶借款,双方互不支付对方任何款项"的约定并不违反《物权法》第186条关于禁止流押的强制性规定的理由并不充分,而且与之前建立的逻辑基础存在严重脱节。第一,从字面解释的角度出发,《借款协议》中关于"到期不能偿还借款,嘉和泰公司以抵押物抵顶借款"的约定明显具有将"抵押财产归债权人所有"的合意。第二,所谓的流押条款是指债权人与抵押人在抵押合同中所做出的在债务人不履行到期债务时抵押财产归债权人所有的约定。根据我国物权变动的规则,在债务人不履行到期债务之时,债权人无法直接取得抵押物的所有权。只有完成动产交付或不动产变更登记等公示行为之后,才产生抵押物物权变动之效果。前述最高人民法院的第二点理由实际上将流押条款错误地限缩为"在债务人不履行到期债务时,抵押物所有权直接发生物权变动之效果"的约定。第三,即使抵押合同中约定了流押条款,在抵押人与债务人的身份发生重合的情况下,抵押人也有着选择履行借款合同还是抵押合同的主动权。所以前述最高人民法院的第三点理由也并不具有说服力。第四,更为重要的是,在前述的逻辑基础上,最高人民法院根本没有必要论证《借款协议》中的该项约定是否违反了禁止流押的规定。因为最高人民法院已经认定双方之间存在借款合同关系和商品房买卖合同关系,而禁止流押条款的规定却是针对《担保合同》而言的，并不会影响《商品房买卖合同》之效力。

最后，从前述最高人民法院裁判逻辑的第四点来看，由于《商品房买卖合同》中所约定的销售价格低于正常的市场价格，最高人民法院似乎认为嘉和泰公司有权以显失公平为由主张撤销《商品房买卖合同》，以此实现债权人与债务人之间的利益平衡。本文认为，最高人民法院的这种观点值得商榷。其一，如前所述，最高人民法院做出该裁判的出发点是为了保护正常的商业交易结果。如果允许嘉和泰公司以显失公平为由撤销已经达成的商业交易，那么必将导致保护交易结果的目的落空，损害交易安全，影响商主体对未来交易稳定性之预期，进而影响商主体参与商业活动之信心，最终对类似交易的效率造成损害。其二，在此类"商品房买卖型担保"案例中，以《商品房买卖合同》中约定的销售价格低于市场价格为由认定合同在订立时显失公平也不合理。作为债务人的房地产开发企业相对于作为债权人的自然人而言，并非处于弱势地位。双方所达成的此类交易安排必定有其合理的商业逻辑。法院应当充分尊重当事人的意思自治。

2. "杨伟鹏诉嘉美公司"案的裁判思路述评

在"杨伟鹏诉嘉美公司"案中，最高人民法院完全推翻了"朱俊芳诉嘉和泰公司案"的裁判思路，而是围绕嘉美公司与杨伟鹏之间的法律关系的性质展开裁判，关注双方之间的法律关系究竟是借贷关系还是商品房买卖关系。其具体的裁判逻辑如下。

第一，最高人民法院探究了双方当事人签订《商品房买卖合同》的真实意思表示。根据前述第二部分的案情概要，一方面，最高人民法院通过严密的逻辑推理，认为嘉美公司作为理性的市场主体，没有理由在资金严重不足的情况下竭尽所能偿还对严欣等5人的债务以收回房屋，然后以相同价格出售给杨伟鹏，并进一步认为嘉美公司实际上是在以借新债还旧债的方式来达到保住商铺的目的，其真实意思表示是向杨伟鹏借款，而非以340万元的总价向其出售商铺。另一方面，基于杨伟鹏明知嘉美公司原先向严欣等5人借款，并与该5人签订了《商品房买卖合同》，办理了相应的备案登记等事实，最高人民法院推定杨伟鹏应当知道嘉美公司的真实意思并非向其出售涉案房屋。

第二，最高人民法院认为杨伟鹏所提供的销售不动产统一发票复印件难以证明存在真实的商品房买卖关系。而且，双方并未在《商品房买卖合同》

中约定单价，而是以一口价的形式买卖了51间商铺，并且在《商品房买卖合同》签订后两年内杨伟鹏未曾向嘉美公司索取发票原件，也未要求办理房屋产权登记。这些事实均不符合商品房买卖交易惯例。

第三，由于杨伟鹏以其所收到的嘉美公司支付的61.1万元款项的性质属于商业秘密为由，拒绝向法院陈述事实，最高人民法院结合该案的整体情况认为嘉美公司关于该款项属于借款利息的主张具有更高的可信度。

第四，在前三点的基础上，最高人民法院认定嘉美公司与杨伟鹏之间存在借贷关系，并认为双方签订《商品房买卖合同》并办理备案登记的行为虽不导致抵押权的设立，但足以成立一种非典型（因未办理抵押登记，且《商品房买卖合同》的约定不符合《担保法》所规定的担保方式）的担保关系，即在嘉美公司不能按时归还340万元的情况下，杨伟鹏可以通过拍卖或者变卖案涉房屋的方式确保其实现债权。

第五，最高人民法院认为《物权法》第186条关于禁止流押的规定是基于平衡双方当事人利益的考虑，防止居于优势地位的债权人牟取不当暴利，损害债务人特别是其他债权人的利益。双方之间所成立的这种非典型的担保关系也应当遵循该规定。基于此，最高人民法院最终认定，在嘉美公司拒不还债或者无力还债的情况下，杨伟鹏要求直接取得案涉商铺所有权的主张违反了该规定，应不予支持。

该案的裁判结果与前述"朱俊芳诉嘉和泰公司案"的结果截然相反。相应地，最高人民法院在这两个案例中的裁判逻辑也是大相径庭。在这个案件中，最高人民法院的裁判逻辑充分体现了传统民法的思维方式。其逻辑起点是从实质上而非形式上探求双方当事人人为割裂甚至隐匿的真实意思表示，从而判定双方之间的法律关系和法律行为的效力。

从上述介绍中，我们其实可以看到该案中的裁判逻辑也存在值得商榷之处。

第一，虽然本文认同最高人民法院基于整体交易背景的角度认定双方当事人之间存在借贷关系，纠正了一审和二审法院的错误，但是最高人民法院将双方签订《商品房买卖合同》并办理备案登记手续之目的解释为"为债务人嘉美公司履行借款合同项下的债务提供担保"。换句话说，最高人民法院将双方签订《商品房买卖合同》并办理备案登记的行为从意思表示的角度解释为双方达成了以案涉商品房为借款合同提供担保之合意。对此，本文认为最高人民法院做出此种意思表示解释的依据似乎并不充分。一方面，尽管嘉美公司主张在难以为杨伟鹏办理案涉商品房抵押的情况下，双方才签订了《商品房买卖合同》并办理了备案登记以达到类似抵押的目的，但是其并未提供充分的证据予以证明，而且杨伟鹏对嘉美公司的该主张也并不认同。另一方面，更为重要的是，如前文第二部分所述，该案事实部分与"朱俊芳诉嘉和泰公司案"的最明显的区别在于双方未曾做任何类似于"如果借款人按期履行债务，则商品房买卖合同终止，如果借款人未按期履行债务，则继续履行商品房买卖合同，借款人交付商品房，抵偿借款本息"的约定。这对于认定双方之间存在担保之合意起着至关重要的作用。而最高人民法院所查明的事实和合理的推断似乎难以及于这一点。

第二，基于双方未办理抵押登记，且《商品房买卖合同》的约定也不符合《担保法》规定的担保方式，因此最高人民法院将此类安排认定为"非典型担保"。但问题在于：其一，何谓"非典型担保"？"非典型担保"的性质属于物保，还是人保，抑或是兼而有之？"非典型担保"的法律效力如何？对此，《物权法》和《担保法》并未做出任何规定，而《物权法》第5条又明确规定"物权的种类和内容，由法律规定"，因此本案中对"非典型担保"偏向于认定为一种"物保"的安排其实涉嫌在《物权法》并未对"非典型担保"做出规定的情况下，擅自创设了一种具有物保属性的"非典型担保"，并赋予其相应的法律效力；其二，最高人民法院对这种"非典型担保"所赋予的法律效力与其物保属性之间本身也存在着矛盾之处。具体而言，最高人民法院赋予该"非典型担保"的法律效力是在债务人不履行到期债务的情况下，"非典型担保权人"有权以拍卖或变卖债务人的商品房的方式实现债权。从中可见，"非典型担保"的法律效力并不包括"非典型担保权人"对于该商品房的优先受偿权，在实质上与一般金钱债权经司法确认后的法律效力没有区别，但与物保之法律效力差异明显。

第三，最高人民法院认为杨伟鹏要求交付案涉商品房并取得相应所有权的主张违反了《物权法》第186条关于禁止流押的规定。对此，本文认为，暂且不论《物权法》第186条关于禁止流押的规定是否合理，最高人民法院的这一观点也存在着一定的问题。一方面，如前所述，双方当事人之间似乎并未做出任何类似于流押条款的约定，何来违反关于禁止流押的规定一说？另一方面，根据《物权法》第186条之规定，禁止流押条款是针对抵押合同而言的。而最高人民法院认定双方当事人所达成的是一种"非典型担保"的合意，应不适用《物权法》第186条之规定。

四　"在建商品房买卖型担保"之效力分析

首先，在对"在建商品房买卖型担保"的法律性质和效力进行分析之前，我们有必要探究这种在近几年来大量出现的担保形式背后的商业逻辑。因为只有在理解商业安排产生的背景、逻辑的基础上，我们才能更好地保护交易安全，提高交易效率，进而实现商业社会的整体公平。本文认为，"在建商品房买卖型担保"大量出现的商业背景和商业逻辑主要包括以下两方面。其一，近几年来房地产市场异常火爆，国家通过土地、金融、税收等多种手段对房地产市场进行宏观调控，这导致房地产开发企业通过银行贷款为房地产项目进行融资的渠道受限。而且，由于我国长期对企业之间的借贷采取禁止政策，所以房地产开发企业不得不向自然人以较高的利率进行借款。在部分案例中，借款利率甚至已经达到了高利贷的水平。其二，尽管最高人民法院在关于《城市房地产抵押管理办法》在建工程抵押规定与上位法是否冲突问题的答复（〔2012〕行他字第 8 号）中指出"《城市房地产抵押管理办法》第三条第五款有关在建工程抵押的规定，是针对贷款银行作为抵押权人时的特别规定，但并不限制贷款银行以外的主体成为在建工程的抵押权人"，但是在实践中，许多不动产登记部门往往以未收到上级通知为由，拒绝为贷款银行之外的其他主体，特别是自然人办理在建工程抵押登记。由此可见，"在建商品房买卖型担保"是在难以以在建商品房为自然人债权人办理抵押登记情形下出借人和借款人所达成的一种变通的商业安排，其目的仍然在于实现类似于设立不动产抵押权之法律效果，以此保障出借人实现其债权。

其次，关于"在建商品房买卖型担保"的法律性质。如前所述，"在建商品房买卖型担保"主要包括三方面内容：（1）双方之间签订在建商品房买卖（预售）合同（商品房销售价格一般为借款本息之和，且往往低于正常的市场价格），并办理备案登记；（2）双方约定若债务人按期偿还借款，则在建商品房买卖合同终止；（3）双方约定若债务人未按期偿还借款，则继续履行在建商品房买卖合同，债务人交付商品房，并以借款抵顶购房款。

若参考最高人民法院在"朱俊芳诉嘉和泰公司案"中的裁判逻辑，从形式上考察双方当事人人为地割裂在两个合同中的以上三方面内容，"在建商品房买卖型担保"中应当有两个法律关系，分别为附停止条件的商品房买卖关系和附生效条件的抵销合同关系，并不存在任何典型或非典型的担保关系，也并不仅仅是最高人民法院在"朱俊芳诉嘉和泰公司案"中所认定的一般的商品房买卖关系。而且，应当注意的是，最高人民法院在"朱俊芳诉嘉和泰公司案"中创设逻辑混乱的"并立而有联系"的关系的根本原因就在于其对这种交易安排在外观上所表现的法律关系的性质认定错误。所谓的附停止条件的商品房买卖关系是指商品房买卖合同从成立之时起一直处于生效状态，一旦停止条件成就（借款人按期偿还借款），则商品房买卖合同终止，具体表现为前述"在建商品房买卖型担保"主要内容之前二项内容。而所谓的附生效条件的抵销合同关系是指一旦生效条件成就（借款人难以按期清偿借款），则抵销合同生效，出借人基于借款合同而享有的金钱债权与借款人基于在建商品房买卖合同而享有的金钱债权发生抵销，同时出借人基于在建商品房买卖合同而负担的金钱债务与借款人基于借款合同而负担的金钱债务也发生抵销，具体表现为"在建商品房买卖型担保"主要内容的最后一项内容。

若参考最高人民法院在"杨伟鹏诉嘉美公司案"中的裁判逻辑，结合整个交易安排所要实现的商业目的，从实质上考察双方当事人人为割裂甚至隐匿的以上三方面内容，我们可以发现，"在建商品房买卖型担保"中实际上只有一个隐匿的法律关系，即不动产抵押合同关系（其中包含流押条款），而非最高人民法院在"杨伟鹏诉嘉美公司案"中所认定的非典型担保关系。前述外观上的附停止条件的商品房买卖合同和附生效条件的抵销合同是双方的通谋虚伪表示，与真实意思并不相符，旨在帮助隐匿行为规避《物权法》关于禁止流押条款的强制性规定和不动产抵押权公示生效的规定，以实现隐匿行为之目的。具体而言，一方面，外观上附停止条件的商品房买卖合同实现了一旦作为主合同的借款合同因履行完成而终止，则作为从合同的不动产抵押合同终止的法律效果；另一方面，外观上附生效条件的抵销合同变相实现了一旦借款人不履行主合同项下的债务，则出借人有权以直接取得不动产抵押物所有权的方式实现其债权的法律效果。

最后，关于"在建商品房买卖型担保"的法律效力。如前所述，若从外观的角度出发，将"在建商品房买卖型担保"的法律性质认定为附停止条件的商品房买卖关系和附生效条件的抵销合同关系，则"在建商品房买卖型担保"自然是有效的，出借人要求借款人交付房屋的诉讼请求将得到支持。但若从实质的角度出发，将"在建商品房买卖型担保"的法律性质认定为不动产抵押合同关系，则在现行法律规定下，不仅附停止条件的商品房买卖合同等通谋虚伪表示行为将被认定为无效，而且不动产抵押合同中的流押条款也将因违反《物权法》第 186 条的规定被认定为无效。另外，由于并未办理不动产抵押登记，出借人的不动产抵押权并未生效，其亦无法主张以拍卖、变卖不动产的形式实现抵押权。

对此，本文认为从外观的角度认定"在建商品房买卖型担保"的法律性质和效力以此保护合理的商业交易结果，似乎更为妥当，理由有三。其一，从规范目的来看，不动产抵押权公示生效规则的目的在于保护交易安全。此处的交易安全可以从两方面进行考虑：一方面，就后续的商品房买卖交易而言，由于作为通谋虚伪表示行为之一的商品房买卖（预售）合同已被予以备案登记，能够产生与不动产抵押登记类似的公示作用，所以并不会影响这类交易的安全；另一方面，就后续的商品房抵押交易而言，同样由于存在商品房买卖（预售）合同的备案登记，后续的不动产抵押登记在实务中便难以办理，所以也不会发生先签订抵押合同但未办理抵押登记与后签订抵押合同但办理抵押登记之间的冲突，故而也不会对这类交易的安全产生影响。因此，在这种特殊的交易安排中，由于存在商品房买卖（预售）合同的备案登记，在双方已经达成不动产抵押协议的情况下，应认定不动产抵押权已经生效。如果一味固守不动产抵押权登记生效规则，则有过度保护交易安全之嫌。其二，从传统的民法理论上来说，禁止流押的规定是为了保护抵押人的利益，避免造成对抵押人实质上的不公平。这背后隐含的意思就是抵押人相对于抵押权人而言，处于弱势地位。在此类"在建商品房买卖型担保"中，抵押人为房地产开发企业，而抵押权人为自然人，似乎难谓抵押人相对于抵押权人处于弱势地位。在这种明显具有商事色彩的交易安排中，应当适用商事法律来解决相关纠纷，更应注重保护商人之间的意思自治。所以，不动产抵押合同中的流押条款不应被认定为无效。其三，从此类"在建商品房买卖型担保"背后的商业背景和商业逻辑来看，一旦此类交易安排的效力被否定，此类交易的效率和安全将受到严重影响，进而导致以债权融资为核心的整个交易机制的目的难以实现，最终将使得房地产开发企业的融资困难进一步加剧。

五　结语

在特定的商业背景下，房地产开发企业和自然人投资人作为以营利为目的商主体，构造了"在建商品房买卖型担保"这一斑驳陆离的交易安排，人为地割裂甚至隐匿了真实的意思表示，意图以此规避传统民法中关于不动产抵押权公示生效的规定和禁止流押的规定，实现类似于设立不动产抵押权的法律效果，并顺利推进房地产开发项目的投融资。然而，在商法的独立地位始终难以得到广泛认同的现实背景下，司法实践中的主流裁判思路也依旧是从探求交易双方的真实意思表示出发，将"在建商品房买卖型担保"认定为一种"非典型担保"，并以违反禁止流押的强制性规定为由，推翻了双方已经达成的交易结果，最终导致双方的商业目的难以实现。这不仅表明寻求个体之间绝对公平的传统民法在一些方面已经难以满足现代商业社会的合理需求，甚至与之背道而驰，而且更凸显了商业社会对这样一种商事法律规范和商事裁判思维的渴求：从商业交易安排的背景和逻辑出发，注重保护整体的交易结构或机制，最大限度地维护已经达成的交易结果，强调交易的效率和安全，寻求商业社会的整体公平。以此为基础，即便是在《民法总则》已经通过的今日，无论如何强调商事交易需采取特别保护的观点和措施都应不为过，而且这种特殊性处理应该被视为商法的独立性表现，而非商法基于民法特别法的特殊解释，否则在未来的商事审判实践中，处于一线的法官将无时无刻不面对如何应对商事交易实践与民法规则之间冲突的选择问题。

指导性案例第 67 号的"创新"与证伪

肖　雄[*]

【内容摘要】 司法裁判必须建于强有力的逻辑推理和假说验证之上。最高法院指导性案例第 67 号提出了有限责任公司股权转让分期付款合同不能适用《合同法》第 167 条法定解除权规则的命题，挑战了《合同法》第 174 条等规定，是重大的规则"创新"。该指导性案例科学阐释了分期付款合同以先货后款为条件、行使解除权应先行催告的法律适用规则，应予肯定。但是裁判要点的提炼偏离了生效裁判的逻辑推理，忽视了个案的重要事实，违反了"禁止向一般条款逃避"的法律解释方法。鉴于《公司法》《合同法》已有效保护有限责任公司的人合性和各方权益，无须舍弃现有法律而另辟蹊径。故对指导性案例的遴选和假说验证亟待重视。

【关键词】 合同法　股权转让　指导性案例　法律经济学　假说验证

一　问题的提出

最高法院指导性案例第 67 号[①]"汤长龙诉周士海股权转让纠纷案"的裁判要点指出：有限责任公司的股权分期支付转让款中发生股权受让人延迟或者拒付等违约情形，股权转让人要求解除双方签订的股权转让合同的，不适用《中华人民共和国合同法》（以下简称《合同法》）第 167 条关于分期付款买卖中出卖人在买受人未支付到期价款的金额达到合同全部价款的 1/5 时即可解除合同的规定。该命题新颖且重大，已经与《合同法》第 174 条、第 123 条、第 124 条的规定[②]相冲突，故本文称其为假说，该假说实质上蕴含着公司

---

* 肖雄，南京大学法学院博士研究生，江苏省镇江市中级人民法院行政庭副庭长、审判员。

① 参见最高人民法院官网，http://courtapp.chinacourt.org/zixun - xiangqing - 27831.html，2017年 4 月 16 日访问。

② 《合同法》第 123 条规定，其他法律对合同另有规定的，依照其规定。第 124 条（转下页注）

组织法意义上的交易如此特殊以至于可以不适用一般买卖合同规则的法理。对此，万方博士进一步论证（以下简称"万文"）：由于标的物的特殊性，股权的移转和交付方式决定了其转让合同不应当适用《合同法》第 167 条规定的分期付款解除权；在适用其他法定解除权时，应当从商事交易的特殊性角度出发，从严把握解除权的适用条件①。如果该假说和相关理论真的成立，那么有限责任公司股权转让分期付款合同又应适用什么规则呢？适用其他规则的结果与适用《合同法》第 167 条的结果是否迥异，何者更优？毫无疑问，这是一个涉及《合同法》和《公司法》交叉适用的经典案例，厘清相关问题，有助于更好地认识《公司法》与《合同法》的相互关系，更准确地适用法律。

本文的主题就是对该指导性案例的裁判要点是否正确进行逻辑推理和假说验证。第一部分提出问题；第二部分为理论综述，分析《合同法》第 167 条的适用规则；第三部分梳理该案例不同裁判文书和指导性案例裁判要旨之间的逻辑推理脉络；第四部分运用法律解释学，分析该假说是否成立；第五部分借鉴法律经济学方法，进行假说验证，分析该新规则是否更优；第六部分为结论。

二　关于分期付款法律规则的理论综述

（一）立法沿革

关于分期付款合同的法律演进，史尚宽先生在《债法各论》中进行了系统的研究。"分期付价之买卖，通常与契约同时，将标的物交付与买受人，价金月付或者年付。从而出卖人有受不到价金支付之危险，为其保障，通常附以各种条件约款。例如一次怠于支付，买卖当然失其效力（失权约款）或者买受人因此失去期限之利益，出卖人得请求全部价金之支付（期限丧失约款），或者出卖人在全部价金支付以前，保留其标的物之所有权（所有权保留约款）或者保留监督权，出卖人得往买受人之住所、事务所，

（接上页注②）规定，本法分则或者其他法律没有明文规定的合同，适用本法总则的规定，并可以参照本法分则或者其他法律最相类似的规定。第 174 条规定，法律对其他有偿合同有规定的，依照其规定；没有规定的，参照买卖合同的有关规定。

① 万方：《股权转让合同解除权的司法判断与法理研究》，《中国法学》2017 年第 2 期，第 256 页。

察看出卖之物是否尚在其处，使买受人常受经济上不利益地位，故多为买受人之保护，为特殊之立法。瑞士债务法就此种买卖，于第 226 条至第 228 条设有特别规定。德国有关于分期付价买卖之特别法，法国亦然。中国台湾地区民法第 389 条及第 390 条之规定，盖从瑞债之例也。"①《合同法》第 167 条②是中国大陆规范分期付款买卖的唯一法律依据，基本参照了德国、瑞士、中国台湾地区民法的相关规定。《最高人民法院关于审理买卖合同纠纷案件适用法律问题的解释》（法释〔2012〕8 号）第 38 条、第 39 条对此进一步做了规定。③

（二）《合同法》第 167 条的适用规则

参照域外法沿革，其适用规则主要有以下几点。

1. 分期付价买卖的要件

（1）先货后款。"标的物须交付于买受人。出卖人负交付标的物于买受人，并使其取得该物所有权之义务。分期付价买卖，概念上则唯须交付，不必包含所有权之转移，虽为所有权保留之约定，亦不妨有分期付价之买卖存在。交付须使买受人取得直接占有。"④ 关于该要件，《合同法》没有明文规定，但是按照《合同法》第 66 条⑤同时履行之抗辩规则，如果标的物没有交付，卖方可以通过控制标的物交付进度确保交易安全，双方风险可控，与一般交易无异，不需特别安排，因此分期付款合同立法只有在先货后款且分期付款的情况下才有必要，故按体系解释，《合同法》第 167 条应以先货后款为

---

① 史尚宽：《债法各论》，中国政法大学出版社，2000，第 91 页。

② 《合同法》第 167 条第 1 款规定分期付款的买受人未支付到期价款的金额达到全部价款的 1/5 的，出卖人可以要求买受人支付全部价款或者解除合同。第 2 款规定出卖人解除合同的，可以向买受人要求支付该标的物的使用费。

③ 该解释第 38 条规定，《合同法》第 167 条第 1 款规定的"分期付款"，系指买受人将应付的总价款在一定期间内至少分三次向出卖人支付。分期付款买卖合同的约定违反《合同法》第 167 条第 1 款的规定，损害买受人利益，买受人主张该约定无效的，人民法院应予支持。第 39 条规定，分期付款买卖合同约定出卖人在解除合同时可以扣留已受领价金，出卖人扣留的金额超过标的物使用费以及标的物受损赔偿额，买受人请求返还超过部分的，人民法院应予支持。当事人对标的物的使用费没有约定的，人民法院可以参照当地同类标的物的租金标准确定。

④ 史尚宽：《债法各论》，中国政法大学出版社，2000，第 92 页。

⑤ 《合同法》第 66 条规定，当事人互负债务，没有先后履行顺序的，应当同时履行。一方在对方履行之前有权拒绝其履行要求。一方在对方履行债务不符合约定时，有权拒绝其相应的履行要求。

要件，如此解释也符合分期付款的一般立法例。（2）分期付价。《合同法》的司法解释规定"分期付款"系指买受人将应付的总价款在一定期限内至少分三次向出卖人支付。该规定与域外立法例无异，不再详述。

2. 期限利益丧失

"分期付价之买卖，如约定买受人有迟延时，出卖人得即请求支付全部价金者，除买受人有连续两期给付之迟延，而其迟延之价额已达全部价金的 1/5 外，出卖人仍不得请求支付全部价金（中国台湾地区民法 389 条、德分期付价行为法 4 条 2 项、瑞债 228 条规定）。"[1]《合同法》第 167 条规定分期付款的买受人未支付到期价款的金额达到全部价款的 1/5 的，出卖人可以要求买受人支付全部价款或者解除合同。司法解释又规定：分期付款买卖合同的约定违反《合同法》第 167 条第 1 款的规定，损害买受人利益，买受人主张该约定无效的，人民法院应予支持。可见，《合同法》已将域外法中依约定的期限利益丧失变为法定的期限利益丧失。

3. 买卖契约之解除

"德民及瑞士债务法分期付价之买卖，除以特约保留解除权外，并无解除权。中国台湾地区民法就一般买卖无此规定，而第 390 条亦未规定其解除须以保留解除权时为限。故应解释此时出卖人亦得依一般之规定解除契约，已虽无保留解除权之特约，亦得以一期价金之不支付为理由解除契约（中国台湾地区民法 254 条）。然出卖人于价金全部支付前保留所有权者，可认为同时保留解除权。此时出卖人如欲主张其所有权，须同时解除契约。德国分期付价行为法第 5 条规定出卖人基于其保留之所有权将出卖物取回者，视为解除权之行使；不独价金支付义务之不履行，其他契约义务之违反，例如标的物之保管义务、住所变更或强制执行之通知义务、标的物之保险义务之违反，亦得使出卖人有解除权。"[2]《合同法》借鉴中国台湾地区民法，变约定解除权为法定解除权。

4. 使用费及价金之扣除

"分期付价之买卖，如约定出卖人于解除契约时得扣留其所受领价金者，其扣留之数额，不得超过标的物使用之代价及标的物受有损害之赔偿额（中国台湾地区民法 390 条，瑞债 227 条 2 项、3 项，德国分期付价行为法 1 条 1

---

① 史尚宽：《债法各论》，中国政法大学出版社，2000，第 93 页。
② 史尚宽：《债法各论》，中国政法大学出版社，2000，第 95 页。

项、2 条 1 项)。本条规定为强行规定,违此之约定为无效。"① 《合同法》及司法解释基本借鉴了相关立法。

5. 催告程序

《瑞士债务法》第 226 (H) 条第 2 款规定:卖方在请求付清价款或者宣布解除合同之前,应当给予买方不少于 14 天的履行宽限期。日本《割赋贩卖法》第 5 条第 1 款规定:分期付款销售业者利用分期付款销售的方法销售指定商品的合同,在买受人不履行支付分期价款义务的场合,分期付款销售业者如果没有规定 20 天以上的相当期限,以书面催促买受人支付价款,则当买受人未在该期限内支付价款时,不得以迟延履行分期付款为理由,请求支付未到期的其他分期付款金②。

原《德国民法典》指出,"依诚信原则,契约之侵害对于分期付价买卖,唯与以非重要之损害,而可期待契约之维持者,出卖人不得解除契约"③。但《德国民法典》经修改,加强了对分期付款消费者权益的保护④,现《德国民法典》第 508 条、第 498 条规定,分期付款买卖中的企业仅在第 498 条第 1 句所称的要件下,企业者始可以因消费者支付迟延,而解除分期付款买卖。即:(1) 借用人完全或者部分迟延支付至少连续 2 期的分期款项,并且至少为 10%,在消费者借贷合同的期间超过 3 年的情形,迟延支付借贷的名义金额至少 5%;(2) 贷与人为支付拖欠金额而向借用人指定一个 2 周的期间未果,同时表示在不于该期间之内支付的情形,自己将请求全部的剩余债务;(3) 贷与人至迟应当于指定期间,与借用人进行一次关于合意调整之可能性的谈话。因此《德国民法典》已将原依据诚信原则限制合同解除,改变为设定具体的催告程序、协商机制来规范分期付款的解除权。

《合同法》第 167 条未明确规定卖方行使解除权时应否先行催告。"万文"认为,《合同法》第 167 条中出卖人解除权的行使条件低于《合同法》第 94 条的规定,在分期付款买卖中,只要买受人迟延履行的金额达到全部价款的

① 史尚宽:《债法各论》,中国政法大学出版社,2000,第 96 页。
② 姚欢庆:《〈合同法〉第 167 条规范宗旨之错位及补救》,《浙江社会科学》2007 年第 2 期,第 73 页。
③ 史尚宽:《债法各论》,中国政法大学出版社,2000,第 95 页。
④ 杜景林、卢谌:《德国民法典(全条文注释)》(上册),中国政法大学出版社,2015,第 386、374 页。

1/5，出卖人即可以解除合同，不要求买受人迟延履行构成根本违约，也不要求出卖人对买受人进行催告①，建议在商事合同中适用《合同法》中的解除权时需要额外注意，守约方应当依法履行催告义务并给予违约方合理的履行宽限期②。对此笔者持有异议。

对《合同法》第 167 条应进行体系解释。第 167 条属于买卖合同一章中特种合同的规定，应当遵循《合同法》的基本原则和总则的一般规定。就基本原则而言，分期付款合同中的卖方应当遵循诚实信用的原则③行使权利、履行义务，即可参考前引德国法的解释规则"契约之侵害对于分期付价买卖，唯与以非重要之损害，而可期待契约之维持者，出卖人不得解除契约"；就一般规定而言，《合同法》第 167 条的法定解除权规则属于《合同法》总则第 94 条法定解除权规则的特别法规定，由于第 167 条仅规定法定解除权的要件（分期付款、逾期付款超过 1/5），未规定解除权的行使规则（如程序规则、判断标准），故第 167 条中的卖方应按照《合同法》第 94 条的规则行使法定解除权，具体而言，《合同法》第 94 条关于延期履行的规则为第（3）项、第（4）项④，第 167 条的执行即应遵守该两项条文的规定。因此在分期付款合同中，当买受人未支付到期价款的金额达到全部价款的 1/5 时，卖方行使解除权的情形有两种：一是经卖方催告，买方在合理期限内仍未履行；二是买方延迟履行债务或者其他违约行为致使不能实现合同目的。如此解释，既能实现《合同法》买卖合同一章与总则规定的统一，亦能达致《合同法》与域外法异曲同工之妙，尤其重要的是能在《合同法》体系解释范围之内寻找到实现诚实信用原则的具体规则，从而无须舍弃《合同法》既有的明文规定，另辟蹊径"创设"催告程序。

但有观点认为⑤《合同法》第 167 条第 1 款应作为《合同法》第 94 条第（3）项的补充规范，出卖人在具备两者规定的全部要件后方可要求买受

---

① 万方：《股权转让合同解除权的司法判断与法理研究》，《中国法学》2017 年第 2 期，第 259 页。

② 万方：《股权转让合同解除权的司法判断与法理研究》，《中国法学》2017 年第 2 期，第 270 页。

③ 《合同法》第 6 条规定，当事人行使权利、履行义务应当遵循诚实信用原则。第 60 条规定，当事人应当按照约定全面履行自己的义务。当事人应当遵循诚实信用原则，根据合同的性质、目的和交易习惯履行通知、协助、保密等义务。

④ 《合同法》第 94 条第（3）、（4）项规定，有下列情形之一的，当事人可以解除合同：（3）当事人一方迟延履行主要债务，经催告后在合理期限内仍未履行；（4）当事人一方迟延履行债务或者其他违约行为致使不能实现合同目的。

⑤ 孙新宽：《分期付款买卖合同解除权的立法目的与行使限制——从最高人民法院指导性案例第 67 号切入》，《法学》2017 年第 4 期。

人支付全部价款或者解除合同，而且对两种权利可以择一行使；《合同法》第 167 条第 1 款应排除《合同法》第 94 条第（4）项的适用。其排除第 94 条第（4）项的适用的主要理由如下。（1）履行迟延导致不能实现合同目的，仅仅是针对履行时间对当事人非常重要的合同，而金钱价款通常不属于此类债务，金钱的迟延支付通常只会造成利息损失，即便金钱在某个时刻对交易具有非常大的重要性，但如果买受人在迟延支付后仍愿意付款以维持交易，则出卖人不会发生重大不利益。（2）由于金钱的迟延支付通常不会导致合同目的不能实现，《合同法》第 94 条第（4）项在此根本无法适用。在指导性案例第 67 号中，法院基于买方仍愿意付款而做出股权转让合同目的能够实现的判断，在一定程度上也支持了此处的观点。（3）即便认为《合同法》第 167 条第 1 款排除第 94 条第（4）项的适用，但基于第 167 条第 1 款的固有缺陷，应将其作为第 94 条第（3）项的补充规范。由于《合同法》第 167 条第 1 款规定的情形不构成"合同目的不能实现"，故第 94 条第（4）项无法适用。《合同法》第 167 条第 1 款仍需作为第 94 条第（3）项的补充规范予以适用。

虽然此观点论证严密，且与笔者上述观点相近，但是笔者仍有不同意见。其一，《合同法》第 167 条第 1 款法定解除权规则是《合同法》第 94 条法定解除权规则的特别法规定，不是补充规定。特别法是对一般法规则在特定情形下的具体规定，是优先适用的，但是特别法未规定的，应适用一般法的规定，具体而言，第 167 条第 1 款规定了分期付款延期支付达 1/5 的要件，但是没有规定该情形下卖方行使解除权的具体规则，此时适用第 94 条的法定解除权的一般规则是当然选择。其二，《合同法》第 167 条第 1 款法定解除权规则亦可适用《合同法》第 94 条第（4）项。首先，买方逾期支付资金与卖方逾期交付标的物一样，均可能"致使不能实现合同的情形"，例如分期付款逾期支付不仅超过 1/5 而且达到 2/3 甚至更多；或者逾期付款超过 1/5，且逾期过久，以致买方明知的卖方计划凭此项交易款实施的重大投资机会的丧失；或者买方逾期付款导致卖方资金链断裂，陷入破产危机；等等，可见分期付款交易中，卖方不仅不当然具有安全性和交易优势，而且由于买方已控制标的物，卖方风险相对更大。其次，对于逾期付款超过 1/5，经卖方催告在合理期限内仍拒不履行的情形，不仅符合《合同法》第 94 条第（3）项的规定，实际上也符合第（4）项的规定，原因在于第（3）项是从催告后不履行的程序上判断根本违约，第（4）项是从合同目的落空的角度分析根本违约，虽更为抽象，但与第（3）项并不矛盾，仅是从不同角度分析根本违约而已。再次，第（4）项规定与诚实信用原则具有更高程度的契合，为延期履行（包括分期付款）情形下判断根本违约提供了重要的标准，为此，指导性案例第 67 号的裁判理由亦强调由于合同目的能够实现所以不能解除合同。最后，适用第（4）项并不必然排除催告规则，例如即使对于逾期付款超过 3/4 的严重违约情形，如果经卖方催告，买方能立即履行合同，亦无必要解除合同，这不仅是催告规则的价值所在，更是诚实信用原则的威力所在，即在诚实信用原则的统摄下第 94条第（3）项、第（4）项能够形成路径各异但互不矛盾的统一解释，这也是行使第 167 条解除权时应遵循诚实信用原则和第 94 条第（3）项、第（4）项规则的根本原因。

三 基于指导性案例第 67 号四个文本的分析

（一）四个文本的回顾

文以载道，仔细梳理不同文本的细节，方可窥探该案推理脉络是否清晰，逻辑是否严密。

1. 基本案情①

原告汤长龙与被告周士海于 2013 年 4 月 3 日签订《股权转让协议》及《股权转让资金分期付款协议》（以下简称《付款协议》）。双方约定：周士海将其持有的青岛变压器集团成都双星电器有限公司（以下简称"双星公司"）6.35％的股权转让给汤长龙。股权合计 710 万元，分四期付清，即 2013 年 4月 3 日付 150 万元；2013 年 8 月 2 日付 150 万元；2013 年 12 月 2 日付 200 万元；2014 年 4 月 2 日付 210 万元。此协议双方签字生效，永不反悔。协议签订后，汤长龙于 2013 年 4 月 3 日依约向周士海支付第一期股权转让款 150 万元。因汤长龙逾期未支付约定的第二期股权转让款，周士海于同年 10 月 11日以公证方式向汤长龙送达了《关于解除协议的通知》，以汤长龙根本违约为由，提出解除双方签订的《付款协议》。次日，汤长龙即向周士海转账支付了第二期 150 万元股权转让款，并于同日向法院起诉，要求确认周士海发出的

---

① 参见最高人民法院官网，http：//courtapp. chinacourt. org/zixun - xiangqing - 27831. html，2017年 4 月 16 日访问。

解除协议通知无效，并责令其继续履行合同。诉讼中汤长龙按照约定的时间和数额履行了后续第三、四期股权转让款的支付义务。周士海以其已经解除合同为由，如数退回汤长龙支付的 4 笔股权转让款。另查明，2013 年 11 月 7 日，双星公司的工商变更（备案）登记中，周士海所持有的 6.35% 的股权已经变更登记至汤长龙名下。

2. 裁判结果

四川省成都市中级人民法院一审认为①：（1）双方签订的《股权转让协议》、《付款协议》均系真实意思表示，合法有效，汤长龙未按约定的期限支付第二笔股权转让款 150 万元，构成根本违约。（2）《付款协议》未约定股权变更手续的办理期限，汤长龙也未能证明其要求周士海配合办理股权变更手续而周士海明确拒绝配合的相应证据，且 2013 年 11 月 7 日双星公司已经就相关股权转让进行变更（备案）登记，不存在周士海拒绝配合导致相关股权转让手续无法完成的情况。（3）本案中，周士海提供证据证明其通过见证人及律师对汤长龙进行催收。（4）由于《付款协议》约定的款项系分期支付，根据《合同法》第 174 条"法律对其他有偿合同有规定的，依照其规定；没有规定的，参照买卖合同的有关规定"，参照《合同法》第 167 条"分期付款的买受人未支付到期价款的金额达到全部价款的 1/5 的，出卖人可以要求买受人支付全部价款或者解除合同"，汤长龙未支付的到期款项 150 万元已经超过全部价款 710 万元的 1/5，周士海有权解除合同。自周士海 2013 年 10 月 11 日向汤长龙发出《关于解除协议的通知》时，《付款协议》已经被解除，故汤长龙要求确认周士海解除双方签订的《付款协议》行为无效的诉讼请求不能成立。综上，一审法院判决驳回汤长龙的诉讼请求。汤长龙不服，提起上诉。

四川省高级人民法院二审认为②：（1）《合同法》第 167 条关于买卖合同分期付款的内容，其最根本的特征是标的物先行交付，出卖人收回款项的风险加大，法律赋予出卖人在一定情形下规避风险的措施，包括解除合同和要求一次性支付货款，立法宗旨在于平衡出卖人、买受人之间的利益。结合《付款协议》的约定，其没有明确约定股权交付与分期付款的时间先后顺序，故本案《付款协议》不具备分期付款买卖合同中关于标的物先行交付的基本

---

① 参见四川省成都市中级人民法院（2013）成民初字第 1815 号民事判决书。
② 参见四川省高级人民法院（2014）川民终字第 432 号民事判决书。

特征，不适用《合同法》第 167 条关于买卖合同分期付款的规定。一审判决参照《合同法》第 167 条的规定，判定案涉合同解除，属适用法律不当，应予纠正。（2）周士海所举证据不足以证明其尽到合理催告义务，不符合《合同法》第 94 条规定的情形，周士海无权解除合同。一审判决认定周士海已尽到合理催告义务，属认定事实不当，应予纠正。（3）因案涉股权已变更过户到汤长龙名下，付款期限届满，汤长龙亦应一次性支付股权转让款。综上，二审法院判决：一是撤销一审判决；二是确认周士海解除双方签订的《付款协议》行为无效；三是汤长龙于判决生效后十日内向周士海支付股权转让款710 万元。周士海不服，提起申诉。

最高法院裁定认为①：（1）《合同法》第 167 条规定一般适用于先货后款的消费领域合同，卖方存在价款收回风险。（2）本案标的物是股权，在股东名册上记载、工商部门变更登记之前，汤长龙没有获得周士海转让的股权，双方约定的第二期价款支付时间在工商部门股权变更登记之前。（3）本案中即使双方在工商部门办理了股权过户变更登记手续，股权的价值仍然存在于目标公司，卖方不存在价款收回的风险。（4）从诚实信用的角度看，由于双方在股权转让合同上明确载明"此协议一式两份，双方签字生效，永不反悔"，卖方即使依据《合同法》第 167 条的规定，也应当首先选择要求买方支付全部价款，而不是解除合同。（5）案涉股权已经过户，买方愿意支付价款，合同目的能够实现。因此，二审法院认为本案不适用《合同法》第 167 条的理由并无不当。关于催告的问题，周士海提供的证据不能确定曾催告汤长龙并确定了履行的合理期限，鉴于汤长龙第二期支付款项延迟的时间只有两个月零十天，故周士海无权依据《合同法》第 94 条之规定解除合同。综上所述，最高法院裁定驳回周士海的再审申请。

指导性案例第 67 号所载裁判理由②有以下几点。（1）分期付款买卖的主要特征为：一是买受人向出卖人支付总价款分三次以上，出卖人交付标的物之后买受人分两次以上向出卖人支付价款；二是多发、常见于消费领域；三是出卖人存在价款收回的风险，为保障剩余价款的收回，出卖人在一定条件下可以行使解除合同的权利。本案系有限责任公司股东将股权转让给公司股东之外的其他人，尽管也是分期付款，但由于本案买卖的标的物是股权，具

---

① 参见最高法院（2015）民申字第 2532 号民事裁定书。

② 参见最高人民法院官网，http：//courtapp. chinacourt. org/zixun - xiangqing - 27831. html，2017 年 4 月 16 日访问。

有与消费领域买卖不同的特点：一是买方受让股权是为营利，并非满足生活消费；二是卖方所持股权一直存在于目标公司中，其收回股权转让款的风险，与消费领域分期付款买卖中出卖人收回价款的风险并不等同；三是解除股权转让合同，也不存在向受让人要求支付标的物使用费的情况。据此，对案涉《付款协议》不宜简单适用《合同法》第 167 条规定的合同解除权。（2）本案合同目的能够实现。（3）从诚实信用的角度看，也应当首先选择要求支付全部价款，而不是解除合同。（4）从维护交易安全的角度看，有限责任公司的股权交易，关涉诸多方面，如其他股东对受让人汤长龙的接受和信任（过半数同意股权转让），记载到股东名册和在工商部门登记股权，社会成本和影响已经倾注其中，等等。本案中，汤长龙受让股权后已实际参与公司经营管理、股权也已过户登记到其名下，如果不是汤长龙根本违约，动辄撤销合同可能对公司经营管理的稳定产生不利影响。据此，周士海依据《合同法》第 167 条之规定要求解除合同依据不足。

（二）法律逻辑的跳跃

（1）二审改判的主要理由：一是《合同法》第 167 条的要件是先货后款，但是本案股权转让合同未约定股权交付期限，不适用第 167 条的规定，该观点纠正了一审有关股权是否转让不影响付款责任的观点；二是认定周士海没有先行催收，在事实上推翻了一审的相关事实，证明周士海不能依据《合同法》第 94 条主张根本违约解除权。

（2）最高法院民事裁定与二审判决既有共同点又有区别。共同点是：一是先货后款，二是周士海没有先行催收，三是合同目的能够实现。

区别在于，最高法院裁定认为：一是即使在工商部门办理了股权过户变更登记手续，股权的价值仍然存在于目标公司，卖方不存在价款收回的风险；二是从诚实信用的角度看，卖方即使依据《合同法》第 167 条的规定，也应当首先选择要求买方支付全部价款，而不是解除合同。

（3）指导性案例所载裁判理由又有新的观点：一是基于有限责任公司股权分期转让区别于一般买卖不同的三大特点，股权转让资金分期付款协议不宜简单适用《合同法》第 167 条规定的合同解除权；二是基于交易安全、社会成本和公司稳定的考量，如果不是买方根本违约，卖方不能解除合同。

（4）裁判要点则在裁定理由的基础上实现了超越，脱离了该案股权在解除通知时并未转移、诉讼中股权已经过户、合同目的可以实现等个案事实，提出了有限责任公司股权转让不适用《合同法》第 167 条解除权的一般规则。

（三）法律推理的断裂

二审判决书的裁判理由强调分期付款合同中行使解除权应以先货后款、催告程序为要件，实际认可了有限责任公司股权转让可以参照适用《合同法》第 167 条的规定。最高法院民事裁定则在肯定二审理由的基础上提出转让的股权存在于公司，卖方不存在收款风险的观点，实质性地否定了《合同法》第 167 条的适用前提；还基于诚实信用原则推导出卖方应先要求全部付款再要求解约的规则，也实质性地将《合同法》第 167 条第 1 款规定的"要求支付全部价款或解除合同"改变为"先要求支付全部价款，不能支付的才解除合同"，与生效裁判主要理由发生了第一次断裂。

指导性案例的裁判理由在最高法院裁定的基础上增加了关于有限责任公司股权转让三大特点的分析，更为彻底地否定了二审法律适用基础，系裁判逻辑的第二次断裂。

裁判要点则排除了个案中不能适用《合同法》第 167 条解除权规则的具体理由，提出了适用于一切有限责任公司股权分期支付转让合同的规则，是为裁判逻辑的第三次断裂。

该案裁判要点的形成看似步步为营、不断提升，实际上却隐含了逻辑的断裂，当然这些断裂是否导致法律适用的错误，还需要结合《公司法》《合同法》进一步分析。

四 基于法律解释学的分析

（1）关于二审判决的分析。对于周士海是否先行催告的事实，本文不做讨论，以二审判决确定的事实为准进行讨论。二审认为《合同法》第 167 条的适用以先货后款为前提，符合分期付款法条的适用规则，不再赘述。但是有限责任公司股权转让的股权交付以何为标准值得研究。依据《中华人民共和国公司法》（以下简称《公司法》）第 32 条的规定，受让方记载于股东名册后受让方成为股东，取得对抗公司的权利；在进行股东变更登记后，股东取得对抗第三人的权利。另外股东变更登记时，登记机关应对登记事项的真实性进行审查，可能要求转让股东配合①，因此股权转让变更登记完毕，股权才完全交付给买方。

（2）关于最高法院裁定的分析。最高法院裁定的两点新理由值得推敲。

其一，转让的股权是否一直存在于公司，卖方是否不存在收款风险？根据《公司法》，公司拥有的是由股东投资、公司经营形成的法人资产，该资产是独立于股东的公司财产，股东仅以认缴的出资额、股份承担有限责任②，这是"公司法人独立地位"和"股东有限责任"的精髓所在；股东对公司享有股权③，即依法享有资产收益、参与重大决策和选择管理者等权利；股权由股东享有，亦可由股东依法转让④，股权一般不存在于公司，除非特殊情形（如《公司法》第74条、第142条）公司不得收购股权，股权转让的标的是股东持有的股权，而非公司资产，股权转让后公司资产不变，这也是确保"资本维持"原则的要求。可见，股权转让中的股权一直存在于公司的论点缺乏基本的《公司法》依据，是对公司资产与股权关系的错误认识。

另外，依据《公司法》第32条规定，股权转让受让方记载于公司股东名册、变更登记后，买方成为股东，先后取得对抗公司、第三人的权利，有权抵押、转让股权，也可能由于买方被法院强制执行而发生股权转移。可见，股权不存在于公司，股权转让款收回风险丝毫不亚于消费领域合同。

其二，基于诚实信用原则能否推导出对于买方违约应当先要求全部付款再要求解约？首先，《合同法》第167条第1款并未排列"支付全部价款与解除合同"的顺序。其次，《合同法》第167条的法定解除权规则是对《合同

---

① 万进福：《工商行政机关股东变更登记审慎审查义务的确定》，《人民司法案例》2013年第6期，第109页。

② 《公司法》第3条规定，公司是企业法人，有独立的法人财产，享有法人财产权。公司以其全部财产对公司的债务承担责任。有限责任公司的股东以其认缴的出资额为限对公司承担责任；股份有限公司的股东以其认购的股份为限对公司承担责任。

③ 《公司法》第4条规定，公司股东依法享有资产收益、参与重大决策和选择管理者等权利。

④ 《公司法》第71条规定，有限责任公司的股东之间可以相互转让其全部或者部分股权。股东向股东以外的人转让股权，应当经其他股东过半数同意。股东应就其股权转让事项书面通知其他股东征求同意，其他股东自接到书面通知之日起满三十日未答复的，视为同意转让。其他股东半数以上不同意转让的，不同意的股东应当购买该转让的股权；不购买的，视为同意转让。经股东同意转让的股权，在同等条件下，其他股东有优先购买权。两个以上股东主张行使优先购买权的，协商确定各自的购买比例；协商不成的，按照转让时各自的出资比例行使优先购买权。公司章程对股权转让另有规定的，从其规定。

法》第94条法定解除权条款的特别法规定，应该理解为对分期付款合同根本违约情形的具体化，在第167条无特别规定的情况下，应当受第94条的制约，即按照第94条第（3）项的规定，卖方依据第167条行使解除权应先行催告并给予合理期限。对此催告程序的理解，本案中双方当事人和各级法院均无异议。如果经过催告买方仍未履约当然构成根本违约，符合第94条的要件，当然可以行使解除权。如果将第167条解释为"先要求全部付款，再行使解除权"不仅没有法律依据，而且增加了卖方行使权利的困难，拖延时间，加大交易风险；而且，在本案中，买方在接到解除合同通知后，也是立即支付了当期价款而非全部价款，如果按照该解释，汤长龙应该立即支付全部价款。可见，该项解读既不合法，又不妥当。

（3）关于指导性案例所载理由的分析。指导性案例所载裁判理由阐明了分期付款合同先货后款和分期付款的准确表达方式，明确了解除合同前应先行催告的规则，值得肯定，可惜未能被写入裁判要点。值得探讨的有三方面。

其一，关于分期付款合同的适用范围的分析。我国《合同法》没有明确规定第167条是否仅适用于消费者领域，从域外立法例分析，在《欧洲联盟消费者借贷指令》之前，瑞债、德国法、中国台湾地区民法均未限制分期付款法条仅适用于消费者领域，实践中，一般民商事领域均有分期付款的实践，因此指导性案例参照德国最新立法认为第167条一般适用于消费者领域，依据并不充分。

其二，关于股权转让合同特点的分析。该指导性案例强调股权转让分期付款合同区别于一般消费分期付款合同的三大特点。对于第一个特点，商事交易与消费者合同确有区别，但本质上都是有偿交易，除了《公司法》或《消费者权益保护法》有特别规定外，均应适用《合同法》买卖合同的一般规则；第二个特点不能成立，前已论证；对于第三个特点，股权具有损益不定的特点，难以确定使用费，但此特点并非不能解除合同的原因，解约方可以不主张使用费，而依据《合同法》第97条的规定①选择终止履行、恢复原状、采取其他补救措施、要求赔偿损失等救济方式。因此上述三大"特点"不足以致使有限责任公司股权转让分期付款合同"不宜简单适用"《合同法》第167条合同解除权规则。

---

① 《合同法》第97条规定，合同解除后，尚未履行的，终止履行；已经履行的，根据履行情况和合同性质，当事人可以要求恢复原状、采取其他补救措施，并有权要求赔偿损失。

其三,关于"维护交易安全、社会成本、公司稳定"的考量。从法律经济学分析,这是最高法院在司法裁判中引入社会成本分析的重要尝试;从传统司法理念分析,则是追求法律效果与社会效果的统一;从商行为属性分析,股权转让应当遵循外观主义的形式要求,贯彻效率价值①,上述考量均无不当。但是社会成本收益分析不能违背基本的法律秩序,因为法律的基本目的就是通过"产权界定"②、明确交易规则以减少交易费用,实现社会资源优化配置的目的,如果动辄以社会成本考量否定既有法律的实施,必将使法律丧失规范性、普遍性、强制性等本质特性,进而丧失"定分止争"的基本功能,以至于利益相关方的行为由于丧失法律规则再次返回丛林规则,或者为了确定新的规则陷入反复博弈耗费更多的社会资源③,最终有违法治文明的初衷。同时,追求社会效果,也应当在法律允许的范围内进行抉择,超出法律范围的社会效果其实是枉法裁判。那么如果卖方解除合同是否就影响交易安全、增加社会成本、影响公司稳定呢?

笔者以为,关键在于解除权规则的行使方式,如果按照前文分析、被该案各级法院确认、双方当事人均无异议的先行催告规则,经卖方事先催告,买方在合理期限内仍不履约付款,卖方当然可以主张解除权,如果卖方仍不能要求解除,必须先要求全部履行实际上是与虎谋皮,除了徒增交易风险外,并无实际意义;如果经过催告,买方在合理期限内履约,卖方就不得主张全部付款或者解除合同,当然不会影响交易安全。因此第 167 条的解除权是否成就主要取决于买方,对于买方拒不履约的情形,卖方解除合同只是无奈之举。本案中,二审正确裁判的大前提也在于买方接到通知后立即履约,使得合同目的能够实现,从而化解了解除合同的危机。因此二审裁判的理由和结果是正确的,但是不能得出为了维护交易安全和公司稳定卖方就不能解除合同的结论。

另外,即使解除了合同也未必增加社会成本、影响公司稳定。原因在于《公司法》第 71 条、第 72 条④规定了优先购买权、授权章程限制股权转

---

① 史尚宽:《债法各论》,中国政法大学出版社,2000,第 265 页。

② 〔美〕罗纳德·哈里·科斯:《企业、市场与法律》,盛洪、陈郁译校,格致出版社、上海三联出版社、上海人民出版社,2009,第 104 页。

③ 吴建斌:《科斯法律经济学本土化路径重探》,《中国法学》2009 年第 6 期,第 185～186 页。

④ 《公司法》第 72 条规定,人民法院依照法律规定的强制执行程序转让股东的股权时,应当通知公司及全体股东,其他股东在同等条件下有优先购买权。其他股东自人民法院通知之日起满二十日不行使优先购买权的,视为放弃优先购买权。

让、法院强制执行股权等规则，以确保有限责任公司的人合性。结合《合同法》第97条，在有限责任公司股权转让交易中，如果股权尚未交付，卖方仍是股东，合同的解除仅导致合同履行终止，不影响公司的稳定。如果股权已经交付（仅限于卖方不再保留股权的情形），买方取得股权，此时卖方行使解除权，其股权能否恢复原状，至少有三种情形：一是其他股东、公司对于卖方重新取得股权无异议，可以恢复原状；二是其他股东行使优先购买权或者章程有特别限制，股权不能恢复原状；三是买方取得的股权被转卖、抵押、查封，亦无法恢复原状。因此即使卖方成功解除合同，《公司法》现有规定已能充分保障有限责任公司的人合性，公司不会因股权转让合同的解除陷入不稳定；同时卖方可以依据《合同法》第97条选择不同的救济方式。可见《合同法》亦能有效保障买卖双方、第三方的利益，解除合同并不必然影响公司稳定、并不必然危及第三方的合法利益，无须在《公司法》《合同法》之外另辟蹊径创设新规维护公司的稳定和各方利益。

（4）关于指导性案例裁判要点的分析。裁判要点排除了个案中卖方解除合同时股权尚未交付、买方接到解除通知后及时履约等因素，将二审正确的个案裁判提炼成放之四海而皆准的规则。该规则提炼存在以下问题。其一，二审法院是依据《合同法》第167条先货后款规则和《合同法》第94条催告程序进行判决，本质上认可《合同法》第167条可以适用于有限责任公司股权转让分期付款领域。指导性案例载明的裁判理由认可了上述两点法律适用规则，应予肯定。但裁判要点完全避开该两点规则，依据另外论证的有限责任公司股权转让分期付款合同的三大特点，得出该类合同"不宜简单适用"《合同法》第167条解除权规则的结论，在推理逻辑上完全与二审生效裁判相背离。其二，该裁判要旨忽视了个案中未约定股权交付期限、合同目的能够实现等具体案情。总之，提炼出的裁判要点既不是生效裁判文书的裁判规则，也完全脱离了个案裁判所依据的具体案情，违背了"认定事实清楚，适用法律正确，裁判说理充分，法律效果和社会效果良好，对审理类似案件具有普遍指导意义"① 的指导性案例遴选和编写要求。

---

① 《最高人民法院关于案例指导工作的规定实施细则》第2条规定，指导性案例应当是裁判已经发生法律效力，认定事实清楚，适用法律正确，裁判说理充分，法律效果和社会效果良好，对审理类似案件具有普遍指导意义的案例。

五　基于法律经济学的验证

（一）为什么要进行法律经济学分析

"最高人民法院发布的指导性案例，各级人民法院审判类似案例时应当参照"①，故指导性案例的裁判要点可以被视为新的裁判规则。对于裁判规则的影响，科斯认为："如果市场交易是无成本的，则所有问题（公平的问题除外）就是各当事人权利的充分界定和对法律行为的后果预测。但是，正如我们已经看到的，当市场交易成本是如此之高以至于难以改变法律已确定的权利安排时，情况就完全不同了。此时，法院直接影响着经济行为。因此，看来法院得了解其判决的经济后果，并在判决中考虑这些后果，只要这不会给法律本身带来过多的不确定性。"② 而对待一项新规则时，法律经济学倡导通过整体的、替代的、边际的分析方法，"显然，只有得大于失的行为才是人们所追求的。但是，当在各自为政进行决策的前提下，对各种社会格局进行抉择时，我们必须记住，改善某些决策的现行体系的变化也可能会恶化其他决策。而且，我们必须考虑各种社会安排（无论是市场机制还是政府部门）的操作成本。在设计和选择社会安排时，我们应考虑总的效果。这就是我所提倡的研究方法的改变"③。

该指导性案例的裁判要点提出了与《合同法》第 174 条不同的规则，问题不仅在于该规则是否正确（前文已经分析），还在于该规则将产生更优还是更劣的效果？如果该裁判要点是正确的，将凸显有限责任公司股权转让分期付款合同的特殊性，既然不能适用《合同法》第 167 条法定解除权规则，那么应适用什么规则？因此必须分析该假说的后果，即用什么制度进行替补，该替补的效果如何。如果该裁判要点错误，那么在适用《合同法》第 167 条的情况下，是否会得出迥异于前者的结论？是否会出现裁判理由所担心的"交易安全、社会成本、公司稳定"等问题？因此有必要对该裁判要点进行假说验证和效果检验。

---

① 《最高人民法院关于案例指导工作的规定》（法发〔2010〕51 号）第 7 条规定。
② 〔美〕罗纳德·哈里·科斯：《企业、市场与法律》，盛洪、陈郁译校，格致出版社、上海三联出版社、上海人民出版社，2009，第 117 页。
③ 〔美〕罗纳德·哈里·科斯：《企业、市场与法律》，盛洪、陈郁译校，格致出版社、上海三联出版社、上海人民出版社，2009，第 147 页。

（二）如果裁判要点是正确的

有限责任公司股权转让分期付款不适用第 167 条的解除权规则，《公司法》并无分期付款的相关规定，股权转让分期付款合同的履行应适用《合同法》总则的一般规定，其实践结果应该如下。

（1）依据《合同法》第 66 条同时履行抗辩规则。第一，在没有约定股权转让期限，且股权尚未交付（尚未进行章程修改、记载于股东名册、未变更登记）的情况下，买方可以抗辩，卖方当然不能行使解除权。本案即这种情形。第二，在约定股权转让期限的情况下，买方在该期限到达前应按约支付，在该约定期限届满时，如果卖方未交付股权，买方可进行抗辩，此种情形，买方的抗辩时间可能延迟，但本质不变。

（2）依据《合同法》第 94 条根本违约规则。该条第（3）项规定，当事人一方迟延履行主要债务，经催告后在合理期限内仍未履行；第（4）项规定，当事人一方迟延履行债务或者有其他违约行为致使不能实现合同目的。按照第（3）项，应当给予催告并给予宽限期；按照第（4）项，应当证明迟延履行等违约行为已经致使合同目的不能实现。第一，本案中，卖方没有进行催告，不适用第（3）项的规定；卖方直接解除时，买方立即支付价款，不存在不能实现合同目的的情形。因此按照《合同法》第 94 条，本案卖方亦不能行使解除权。第二，如果卖方先行催告，买方不按约履行，这时由于不能适用第 167 条，双方没有了行使解除权的判断基准，卖方要主张解除合同，必须证明买方延迟履行"主要债务"或者买方的违约导致合同目的不能实现，为此是以 1/5 为标准，还是以 1/2 为标准，抑或还有其他标准，如此争执，必然增加交易成本。

对此可能的争议，"万文"提出了以下裁判标准：第一，该违约行为是否会直接影响合同目的的达成；第二，转款的时间之延迟对守约方有无实质性不利影响；第三，双方是否互相信任并仍具有合作的意向；第四，延迟履行部分的股权转让款的金额所占合同总额之比例；第五，继续履行合同的社会成本与解除合同的损失之对比。[①] "万文"认为商事合同区别于一般民事合同，具有逐利性，部分商事合同需经行政手续，商事合同的标的物（如股权）转让涉及财产权、股东身份及相关权利的转移，商事合同解除的影响范围更

---

① 史尚宽：《债法各论》，中国政法大学出版社，2000，第 268 页。

广等区别于一般民事合同的特点，商事合同在适用《合同法》中的解除权时需要额外注意，并且根据这些差别在适用上做出调整：第一，守约方应当依法履行催告义务并给予违约方合理的履行宽限期；第二，在分数期履行的商事合同中，在不影响整体付款周期的前提下，其中某几笔款项并未按期支付且守约方并未因此承受实质性不利影响，应当尽量限制单方解除权的行使，守约方仅可要求违约方承担违约责任；第三，需要对权利失效期间进行严格把控。① 可见，如果舍弃《合同法》第 164 条，法院必将面临是否"根本违约"的复杂判断。这也是该指导性案例所持"如果不是根本违约，不应动辄撤销合同"的理念必须承担的成本。

（3）依据《公司法》第 71 条，有限责任公司股权转让受到法律和章程的限制。如果卖方可以解除合同，在股权已经变更登记的情况下（且卖方不保留其余股权的情况下），其恢复原状要按照《公司法》规定的优先购买权规则和章程限制进行股权变动程序，且要保护善意第三人。第一，如果不能恢复原状，可以主张损害赔偿，此时公司稳定性得以维护；第二，如果能够恢复，也是公司大部分股东认可且章程允许的结果，公司稳定性亦未动摇。

（三）如果裁判要点是错误的

即有限责任公司股权转让分期付款可以适用第 167 条的解除权规则，是否导致迥异解决的产生？

（1）第 167 条以标的物已交付为前提，本案卖方在尚未交付股权即主张解除权，不符合第 167 条分期付款解除权的行使条件，卖方不得行使解除权。

（2）按照分期付款的立法例以及《合同法》第 94 条的精神，卖方按照第 167 条行使解除权，须先行催告，以判断买方是否继续履约，或者分析违约是否严重损害卖方利益并且致使合同目的无法实现。第一，如果经催告，买方及时履行义务，卖方不能行使解除权。本案买方接到解除权通知后，及时继续履行，没有严重侵害卖方权益，不存在解除合同的必要。第二，如果经卖方催告，买方不同意继续履行，合同已无继续履行的可能和必要，卖方依第 167 条即可解除合同，由于第 167 条规定的买方违约导致解除权的具体标准，双方无须为是否构成根本违约再行争辩，法院亦只须进行简单的裁判，无须进行复杂的权衡。

---

① 史尚宽：《债法各论》，中国政法大学出版社，2000，第 272 页。

（3）如果解除了合同，可以经优先购买权等公司法程序进行恢复原状，如果无法恢复，则应进行损害赔偿；对于存在善意第三人的情形，应当参照《物权法》第 106 条予以保护，卖方只能请求违约赔偿。因此依据《公司法》《合同法》，解除合同对公司人合性和稳定亦无伤害。

（四）裁判要点是否有优势

前已论述，无论适用或者不适用第 167 条，有限责任公司股权转让分期付款合同的纠纷解决与一般性买卖合同甚至消费性合同相较，都并无本质区别。为什么出现这一结果呢？须重新认识《合同法》第 167 条的属性。

（1）第 167 条的属性和意义。《合同法》第 167 条属于买卖合同章关于分期付款情形的特别规定，其第 1 款解除权规则属于《合同法》总则第 94 条根本违约规定项下的特别解除权规则，属于特别法。依据《立法法》第 83 条[①]的规定，特别法有不同规定的，实行特别法优于一般法的规则，特别法没有规定的，适用一般法的规定。由于特别法在本质上从属于一般法，因此是适用特别法还是适用一般法在理论上应无显著的区别。

第 167 条的核心价值在于明确分期付款的期限提前届满规则和解除权规则的行使条件，即确定在分期付款合同中，何为"根本违约"、何为"迟延履行主要债务"、何为"致使不能实现合同目的"，将上述抽象的概念具体化，在经济学上可以明确交易规则、减少交易成本；在法学上亦能"定分止争"、减少讼累；在立法目的上，也可限制卖方约定过于苛刻的条款，以保护买受人。法律解释学认为应当优先适用特别法，"禁止向一般条款逃避"。其法理在于：立法者秉持诚实信用之原则，斟酌各种典型事态做利益衡量及价值判断，厘定构成要件及法律效果，形成个别制度，基于此法律制度在方法论上的认识，法院于处理民事案件时，应严谨地遵守如下原则：先以低层次之个别制度作为出发点，须穷尽其解释及类推适用之能事仍不足解决时，始宜诉诸"帝王条款"之诚实信用原则。[②] 如果弃特别法不用而适用一般法，实际上就是"向一般条款逃避"，看似不违反法律规定，实质上是违反了法律解释学的一般规律，不仅影响法律适用的准确性，而且徒生争议，浪费司法资源。

---

① 《立法法》第 83 条规定，同一机关制定的法律、行政法规、地方性法规、自治条例和单行条例、规章，特别规定与一般规定不一致的，适用特别规定；新的规定与旧的规定不一致的，适用新的规定。

② 梁慧星：《民法解释学》，中国政法大学出版社，1995，第 312 页。

（2）适用第 167 条仍应遵守《合同法》的一般规定。除了上述特别的价值，该条仍然受《合同法》诚实信用等基本原则的限制。第一，《合同法》第 60 条规定，当事人应当按照约定全面履行自己的义务。当事人应当遵循诚实信用原则，根据合同的性质、目的和交易习惯履行通知、协助、保密等义务。因此二审法院裁判时，强调催告义务，不仅符合第 94 条的规定，更是诚实信用原则的本质要求。第二，《合同法》第 125 条规定，当事人对合同条款的理解有争议的，应当按照合同所使用的词句、合同的有关条款、合同的目的、交易习惯以及诚实信用原则，确定该条款的真实意思。据此，如一个条款可能做两种解释时，宁舍弃使该条款不能产生任何效果的解释，而采取使该条款产生某些效果的解释[1]。就该案而言，在能继续履行的场合，当不做解除合同的解释。如此解释既符合民法的基本原则，亦符合商法维护交易安全的原则[2]，民商法虽然差异较大，但已能在民商合一的立法体系中寻求共生。

（3）适用第 167 条能够更高效地适用法律、化解矛盾。按照 1/5 的标准，当事人和法官均无须为何谓"根本违约"等抽象标准进行无意义的争执，可见，第 167 条作为特别法当然具有重要的价值，更利于行为人预测交易后果，更利于市场减少交易成本，更利于司法统一。因此，裁判要点提出"不宜简单适用"第 167 条的解除权规则，必将导致退而求其次适用总则的规定，虽然不会导致根本错误的产生，但无疑会增加交易成本、增大司法难度，违反了民法解释学类推适用等漏洞补充方法应优先适用、"禁止向一般条款逃避"的规则。

六 结语

（1）指导性案例第 67 号明确了《合同法》第 167 条的适用规则：第一，分期付款合同以先货后款、分期付款为要件；第二，解除前应先行催告。应予肯定，可惜未能被写入裁判要点。

（2）指导性案例第 67 号存在的问题。关于有限责任公司股权转让分期付款合同，属于公司组织法上的交易范畴，明显区别于一般买卖合同，由于《公司法》第 71 条，《合同法》第 94 条、第 97 条、第 167 条等规定能够妥善

---

[1]　梁慧星：《民法总论》，法律出版社，2011，第 192 页。

[2]　参见《民法总则》第 86 条规定：营利法人从事经营活动，应当遵守商业道德，维护交易安全，接受政府和社会的监督，承担社会责任。

处理有限责任公司股权转让分期付款的相关纠纷，保障有限责任公司人合性和维护交易安全，兼顾各方权益，并无必要舍弃参照《合同法》第 167 条而创设新规。无独有偶，《德国民法典》第 453 条第（1）项规定，对于权利和其他标的物的买卖，相应地适用关于物之买卖的规定。科斯也认为，商人得到和使用的生产要素并非实物，而是权利①。由此，《合同法》第 174 条有偿合同可以参照适用《合同法》买卖合同章的规则与《德国民法典》如出一辙，又与英美流行的法律经济学遥相呼应，更符合"禁止向一般条款逃避"的法律解释方法，完全没有必要弃而不用、另起炉灶。

（3）关于指导性案例遴选的反思。该案二审判决法律适用完全正确，但最高法院裁定，尤其是指导性案例所载裁判理由，特别是裁判要点，逐渐偏离了二审判决的法律适用，裁判要点不仅在法律解释学上难以成立，而且在法律经济学上亦不能成为有利的规则创新，应属被证伪的假说。可见最高法院指导性案例的遴选机制亟待完善。至少应在程序上征求生效判决主审法官的意见，确保裁判要点逻辑推理"原汁原味"，不脱离生效裁判，不忽视个案因素；在实体上应对新规则进行逻辑推理和假说验证，既要分析其是否符合法律解释学的推理规则，又要考量其适用的结果，确保其在实践中具有更优而非更劣的效果。

① 〔美〕罗纳德·哈里·科斯：《企业、市场与法律》，盛洪、陈郁译校，格致出版社、上海三联出版社、上海人民出版社，2009，第 146 页。

指导性案例的政策引导功能

王绍喜[*]

【内容摘要】我国指导性案例制度的确立，提供了一种从"具体到具体"的法律适用手段，目的是实现法律适用的统一。指导性案例体现了最高人民法院对于案件的基本立场和观点。指导性案例在案件的选择上、基本事实、裁判理由和裁判要点的提炼和归纳上体现着最高人民法院司法政策的倾向性。指导性案例发挥着政策引导功能，具体体现在稳定和维护、适度调整、强调社会效果以及兼顾价值观和伦理道德四个方面。指导性案例的政策引导功能有一定的限度，在司法适用中，要正确处理司法政策和立法政策的关系，正确理解指导性案例的政策引导功能，正确理解和适用裁判要点，以发挥指导性案例的政策引导功能。

【关键词】指导性案例　政策引导　司法适用

一　引言

作为司法改革的一个重要措施，我国最高人民法院于 2010 年正式发布了《最高人民法院关于案例指导工作的规定》（以下称《案例指导规定》），其目的是"为总结审判经验，统一法律适用，提高审判质量，为了司法公正"。根据《案例指导规定》第 7 条的规定，对于最高人民法院发布的指导性案例，各级人民法院在审判类似案件时应当参照。2015 年，最高人民法院发布了《〈最高人民法院关于案例指导工作的规定〉实施细则》（以下称《案例指导细则》），该《案例指导细则》第九条规定，对于在基本案情和法律适用方面与最高人民法院发布的指导性案例相类似的案件，各级人民法院应当参照前者的裁判要点做出裁判。同时，《案例指导细则》第十条明确规定，各级人民

＊　王绍喜，中国社会科学院研究生院 2015 级博士研究生。

法院审理类似案件参照指导性案例的，应当将指导性案例作为裁判理由引述，但不得作为裁判依据引用。

自指导性案例制度确立以来，最高人民法院先后发布了 16 批，总共 87 个案例。尽管指导性案例的数量与人民法院审判的总数相比只是沧海一粟，但随着案件的增多和研究的日益深入，学界对于案例指导制度的法源地位、效力、规范性和功能等有了一定的研究。① 这些研究无疑增进了我们对于指导性案例制度的理解，并有助于其进一步地完善。同时，从技术层面上看，指导性案例也存在着一些问题，例如学者对于案例第 67 号的各种批评即为一例。② 这表明我们需要对指导性案例的法律适用进行具体的研究。另外，在考察指导性案例制度时，我们不应当忽视其所承载的政策引导功能。指导性案例体现了最高人民法院对于典型案例的基本立场和观点，反映了政策的倾向性。本文对于指导性案例的政策引导功能及其限度提出一些粗浅的看法，求教于方家。

二 指导性案例的政策倾向性

指导性案例对原生效的案件事实和裁决理由进行了加工和编辑，因此与原生效案件会有所不同。尽管如此，指导性案例反映了最高人民法院对于原生效案件裁决的认可。在司法适用中，司法政策发挥着不可忽视的作用。在法律适用中进行政策考量，可以发挥民事司法的正面导向功能，实现国家在不同时期的不同侧重点和倾斜性。③ 可以说，在一定程度上，指导性案例体现了最高人民法院司法政策的倾向性。

首先，指导性案例的司法政策倾向性体现在案件的选择上。"指导性案例制度实际上是最高人民法院的一种司法决策机制，案例的选择自然会体现最高人民法院对于公共政策的价值判断"④。从指导性案例的遴选机制来看，尽

① 雷磊：《指导性案例法源地位再反思》，《中国法学》2015 年第 1 期，第 272～279 页；王建文：《论商事指导性案例的法源地位及适用顺位》，载本书；泮伟江：《论指导性案例的效力》，《清华法学》2016 年第 1 期，第 20～38 页；张骐：《再论指导性案例效力的性质与保证》，《法制与社会发展》2013 年第 1 期，第 91～105 页；邹海林：《指导性案例的规范性及其发展方向——以涉商事指导性案例为例》，载本书；姚辉：《民事指导性案例的方法论功能》，《国家检察官学院学报》2012 年第 1 期，第 13～20 页。
② 钱玉林：《分期付款股权转让合同的司法裁判——指导性案例第 67 号裁判规则质疑》，载本书。
③ 齐恩平：《民法适用解释的政策检视》，《南开学报（哲学社会科学版）》2012 年第 5 期，第 117 页。
④ 李超：《指导性案例：公共政策的一种表达方式》，《法律适用》2014 年第 6 期，第 22 页。

管《案例指导规定》规定了各级法院可以通过层报的方式推荐案件，人大代表、政协委员、专家学者、律师和社会各界人士也可以通过原审法院进行推荐，但指导性案例的出台必须经过最高人民法院审判委员会讨论决定。因此，在形成渠道上，最高人民法院对于指导性案例享有唯一的创制权。通过对生效案件裁决的分析和讨论，最高人民法院可以将符合国家大环境或大趋势方面的案件以指导性案例的形式进行发布。例如，指导性案例第 3 号关于受贿罪的认定，与国家反腐败的斗争有密切的关系。① 因此，在遴选环节，指导性案例体现了最高人民法院对于特定类型案件的政策倾向。

其次，指导性案例司法政策的倾向性体现在案件的基本事实认定选择方面。以指导性案例第 23 号为例，该案的基本案情是：2012 年 5 月，原告孙银山在被告南京欧尚超市有限公司江宁店（以下称"欧尚超市江宁店"）购买了 15 包"玉兔牌"香肠，其中价值 558.6 元的 14 包香肠已过保质期。孙银山在收银台结账后直接到服务台要求索赔，因双方协商未果，孙银山遂起诉至南京市江宁区人民法院（以下称"江宁区法院"），要求欧尚超市江宁店支付 14 包香肠售价十倍的赔偿金 5586 元。江宁区法院于 2012 年 9 月 10 日做出（2012）江宁开民初字第 646 号民事判决，判决被告欧尚超市江宁店在判决发生法律效力之日起 10 日内赔偿原告孙银山 5586 元。最高人民法院以极其简洁的文字描述了该案的案情。简要地说，原告在被告处购买了过期的香肠要求被告十倍赔偿，被告不同意，故原告向被告提起诉讼。但从案情的描述中我们无法看出原告的具体身份，例如，他的年龄，他的职业状况，他是否经常购买类似的产品，他是否在其他的超市也从事类似的行为，他是否还有其他同伙，也无法知道他是否活跃地出现在不同法院的庭审中。显然，这些信息都被剪辑了。简洁的案情一方面是基于指导性案例提炼的工作需要；另一方面也隐藏着最高人民法院关闭了进行其他想象和讨论的可能性，体现了某种政策倾向性。

再次，指导性案例司法政策的倾向性体现在案件裁判理由方面。指导性案例的各个部分中，裁判理由和裁判要点最为重要。"……裁判要点是指导性案例所创制的规则，而裁判理由是规则赖以成立的根据。"② 基于裁判理由的重要性，以下将以指导性案例第 23 号为例，分析江宁区法院在该案中的政策

① 《最高人民法院关于发布第一批指导性案例的通知》（法〔2011〕354 号）。
② 陈兴良：《案例指导制度的规范考察》，《法学评论》2012 年第 3 期，第 125 页。

倾向性。在裁判理由中，江宁区法院分析了原告孙银山是否属于消费者、被告欧尚超市江宁店是否属于销售明知是不符合食品安全标准食品以及被告是否应向原告支付十倍赔偿金。就第一个问题，江宁区法院认为：第一，消费者是相对于生产者和经营者的概念，"只要在市场交易中购买、使用商品或者接受服务是为了个人、家庭生活需要，而不是为了生产经营活动或者职业活动需要的，就应当认定为'为生活消费需要'的消费者"；第二，江宁区法院认为孙银山实施了商品购买行为，而且孙银山没有将所购香肠用于再次销售经营；第三，被告欧尚超市江宁店没有提供证据证明孙银山购买商品是为了生产经营。因此，江宁区法院认定被告欧尚超市江宁店提出的原告孙银山"买假索赔"不属于消费者的抗辩理由无法成立。

江宁区法院的推理从肯定和否定两方面对"消费者"的概念进行了阐释。然而，这一推理的倾向性是明显的。第一，从目的上看，消费者购买商品或接受服务的目的是不容易判断的。一般而言，如果自然人购买产品是为了消费或使用，即构成"为了个人、家庭生活需要"。然而，当自然人购买了产品之后，其并没有进行使用，则其购买商品的目的是什么存在不确定性。在现实社会生活中，作为特殊现象存在的职业消费者或职业打假人即是如此。这些人购买商品显然不是为了个人、家庭生活消费，也不是为了用于生产经营，而是为了向销售者提出索赔。从立法目的来看，《消费者权益保护法》之所以对消费者加以特别保护，是因为要解决消费者和经营者之间的信息不对称问题。与经营者相比，职业消费者和职业打假人在信息上并不存在弱势，将这些人也认定为消费者，显然背离了《消费者权益保护法》的立法目的。[①] 第二，在对"为了个人、家庭生活需要"进行解释时，江宁区法院指出，"为了生产经营活动或者职业活动需要的"，不属于《消费者权益保护法》的消费者。江宁区法院的逻辑是，孙银山不是将购买的商品进行生产经营，因此属于消费者。这一论证逻辑是存在问题的，因为不将购买的商品用于生产经营，不等于一定是用于生活消费，两者不是非此即彼的关系。[②] 而且，尽管江宁区法院对于孙银山是否属于生产经营活动进行了认定，但是没有对于孙银山是否为职业活动需要购

<hr>

① 李仁玉、陈超：《知假买假惩罚性赔偿法律适用探析》，《法学杂志》2015 年第 1 期，第 52 页。

② 尚连杰：《"知假买假"的效果证成与文本分析》，《华东政法大学学报》2015 年第 1 期，第 88 页。

买商品进行阐述。① 按照江宁区法院的逻辑，孙银山不是将购买的商品进行生产经营，因此属于消费者。从事实上看，孙银山结账后直接到服务台索赔的事实，诚然可以解释为不是用于销售经营，但更可能解释为其进行职业活动的需要。"对于其消费行为是否以生活消费为目的，也不能仅从实施行为当时的形式上看，而应从行为的最终目的上看。"② 在现实生活中，购买商品后直接索赔，因索赔不成而对销售者提起诉讼是职业打假活动的典型，其目的是索赔而不是用于消费。③ 在逻辑上未经讨论即认定孙银山的购买行为不属于职业活动的需要是不严密的、值得推敲的。因此，江宁区法院通过其倾向性的价值判断预设孙银山是消费者，这一预设导致其在论证推理上存在着缺陷。第三，从举证责任上看，江宁区法院认为，欧尚超市江宁店没有举证证明孙银山购买商品是为了生产经营，故承担无法举证的不利后果。从立法政策上讲，基于对消费者的保护，法律没有规定消费者证明生产者或销售者明知。然而，江宁区法院将举证责任倒置并没有法律依据。④ 这一举证责任的倒置与江宁区法院认为孙银山是消费者是相关联的。如果孙银山属于消费者，那么在举证责任上被告有义务对孙银山是为了生产经营购买进行举证。由于被告未能举证，被告应承担举证不利的后果。"分配举证责任不仅仅是一个技术问题"，⑤ 这里实际上体现了司法政策的倾向性。

对于销售者的义务，江宁区法院认为食品销售者负有保证食品安全的法定义务，应当对不符合安全标准的食品自行及时清理。"欧尚超市江宁店作为食品销售者，应当按照保障食品安全的要求储存食品，及时检查待售食品，清理超过保质期的食品。"由于欧尚超市江宁店仍然摆放并销售货架上超过保质期的"玉兔牌"香肠，未履行法定义务，江宁区法院遂认定欧尚超市江宁

---

① 在徐大江与江苏苏宁易购电子商务有限公司买卖合同纠纷中，广州市天河区人民法院认定原告的购买行为不属于为个人、家庭的需要，因此不适用《消费者权益保护法》，中国裁判文书网，http：//wenshu. court. gov. cn/content/content？DocID＝64e278c3－6924－42b5－a148－631fdaed1918&KeyWord＝孙银山｜买卖合同｜消费者权益保护，2017 年 4 月 27 日访问。

② 郭明瑞：《"知假买假"受消费者权益保护法保护吗？》，《当代法学》2015 年第 6 期，第 70 页。

③ 在实践中，这些职业打假人选择诉讼作为手段对被告进行施压，通常同时起诉多家经营者，一些经营者在开庭前与原告达成和解，然后直接要求法院撤回起诉，此种情况较为常见。其意图显然是为了获得赔偿。

④ 尚连杰：《"知假买假"的效果证成与文本分析》，《华东政法大学学报》2015 年第 1 期，第 89 页。

⑤ 〔澳〕皮特·凯恩：《法律与道德中的责任》，罗李华译，商务印书馆，2008，第 71 页。

店的行为构成销售明知是不符合食品安全标准的食品。江宁区法院对于明知的认定是值得商榷的，实际上也隐含着某种倾向性。在这里，江宁区法院将未履行法定义务等同于明知，不当地扩大了明知的范围。在法律上，明知是指一种应当知道而故意不作为或对其持放任的态度。在现实生活中，有的职业打假人故意将快过期的产品掩藏起来，等到过了保质期后才购买索赔，对于此种情况，是否仍一概认定为销售者的明知是有疑问的。如果答案是否定的，则指导性案例第23号的适用应受到这一条件的限制。

对于销售者的责任，江宁区法院依据《食品安全法》第96条第2款认为，当销售者构成销售明知是不符合安全标准的食品时，消费者有权选择同时主张赔偿损失和支付价款十倍的赔偿金，或是只主张支付价款十倍的赔偿金，该赔偿利益属于法律应当保护的利益。另外，法律没有对消费者的主观购物动机做出限制性的规定。对于第一个理由，从文义解释而言，是否可以获得十倍赔偿应当以购买者构成《消费者权益保护法》的消费者为前提。如果购买者不是消费者，而是为了经营生产需要或职业活动需要，则显然不应适用上述第96条。如果江宁区法院认为此条的适用不以原告为消费者为前提，其应当对此做出阐述，而不能置而不论。对于第二个理由，尽管《食品安全法》第96条没有对消费者的主观购物动机进行限制，但既然该条规定的是消费者获得赔偿的权利，而消费者的购买动机对认定是否构成消费者是至关重要的，认为消费者的主观购物动机是无关紧要的观点是不能成立的。

最后，司法政策的倾向性还体现在案件裁决要点的归纳上。在指导性案例中，有的裁判要点是对某方面问题的强调或澄清。例如，在指导性案例第23号中，江宁区法院认为，"消费者购买到不符合食品安全标准的食品，要求销售者或者生产者依照食品安全法规定支付价款十倍赔偿金或者依照法律规定的其他赔偿标准赔偿的，不论其购买时是否明知食品不符合安全标准，人民法院都应予支持"。在这里，购买时是否明知食品不符合安全标准是该指导性案例的关键所在。这里体现了最高人民法院的倾向性判断，即在责任承担上消费者是否明知食品不符合安全标准是无关紧要的。在指导性案例第1号中，裁判要点一方面提到买方不得跳单违约；另一方面又明确如果同一房源是由多家中介发布，而买方通过正当途径获得该房源信息时，买方有权在多个中介公司中选择报价低、服务好的中介公司促成交易。这里也体现了最高人民法院对中介公司利益和买方利益进行平衡的政策倾向。

三 指导性案例的政策引导功能

在我国的指导性案例制度确立之前，最高人民法院发布的司法解释担负着公共政策的功能。司法解释通过显性的和隐性的通道进入民事司法。[1] 指导性案例通过将具体的事实的类似性为人民法院审判案件提供了指导，即在抽象到具体的法律适用中增加一个"具体到具体"的参照。[2] 指导性案例体现了最高人民法院对于特定问题的观点和立场，"其对指导性案例所谓裁判要点和裁判理由的归纳，相当程度上代表着最高裁判机关的立场和观点"。[3] 通过指导性案例，最高人民法院可以实现特定的政策功能。"指导性案例是其公共政策的一种表达方式。"[4] 指导性案例的政策功能体现在稳定和维护、适度调整、强调社会效果以及兼顾价值观和伦理道德四个方面。

（一）稳定和维护

法律的确定性有助于稳定和维护相关方对于法律的预期。指导性案例所起的第一个司法政策功能是稳定和维护。从稳定方面而言，最高人民法院发布指导性案例的目的是总结审判经验，而且指导性案例都是已经发生效力的案件。在最高人民法院看来，这些案件是成熟的，是经得起考验的，可以起到稳定社会预期的作用。同时，最高人民法院通过对作为典型案件的指导性案例的发布，要求各级法院在裁判类似案件时不得随意做出不同的裁判。这体现了指导性案例在司法政策上的维护作用。也就是说，通过发布指导性案例，要求各级人民法院参照适用，从而"统一法律适用标准"。在最高人民法院发布的指导性案例中，可以发现其主要的目的是重申法律的含义或适用条件，而不是创制新的规则。也就是说，指导性案例起到的不是造法而是释法的作用。[5] 在刑法上，有学者将这类案件称为"政策宣示型案例"，其目的主要

---

[1] 张红：《论国家政策作为民法法源》，《中国社会科学》2015年第12期，第147~150页。

[2] 周强：《充分发挥案例指导作用促进法令统一正确实施》，载胡云腾《中国案例指导》（总第一辑），法律出版社，2015，第3页。

[3] 邹海林：《指导性案例的规范性及其发展方向——以涉商事指导性案例为例》，载本书。

[4] 李超：《指导性案例：公共政策的一种表达方式》，《法律适用》2014年第6期，第22页。

[5] 胡云腾：《人民法院案例指导制度的构建》，http://www.legaldaily.com.cn/bm/content/2011 - 01/05/content_ 2427562.htm? node = 20739，2017年4月30日访问。

是起到刑事政策的宣示作用。[①]

（二） 适度调整

与司法解释所起的作用相类似，指导性案例体现了最高人民法院对于特定类型案件的基本立场和观点。一方面，"司法政策的出台往往是以一个时期党的总体政策或基本政策为根本导向，及时地反映当时的社会政治经济形势以及社会矛盾的突出特点"。[②] 这些立场和观点会随着国家改革的环境或趋势而进行适度的调整。另一方面，它们也会随着实践中出现的新问题进行适度的调整。前者体现在对于消费者的保护上，例如，指导性案例第 23 号认定原告孙银山的消费者地位和要求经营者的举证责任，实际上体现了消费者是弱者需要加以倾斜保护的司法政策理念。在劳动者的保护上，指导性案例也有着类似的倾斜性保护。后者如指导性案例第 1 号对于中介公司和买方权利的平衡。可见，借助指导性案例，最高人民法院不仅可以与改革的环境或趋势保持一致，而且可以应对司法实践中出现的新问题。适度调整通常是通过细化或明确的方式进行。有学者认为适度调整的功能至为重要，认为如果指导性案例不能在填补空白性司法规则的创制上有所作为，将影响到指导性案例功能的发挥。[③]

（三） 强调社会效果

与司法解释略为不同，我国指导性案例制度多处提及社会效果，良好的社会效果是遴选指导性案例的一个重要尺度。例如，要通过指导性案例，"确保裁判法律效果和社会效果的有机统一"。[④] 指导性案例应当是"法律效果和社会效果良好，对审理类似案件具有普遍指导意义的案例"。[⑤] 社会效果不是一个法律概念，但在提及案例指导制度时对其反复强调，表明了最高人民法院希望通过案件的社会效果去提升社会大众对于司法裁判的认可度，以促进司法公正。在司法实践中，支持知假买假的一个理由是，从社会效果上看该行为客观上能够有效地抑制制假售假。[⑥] 对于职业打假，有学者主张由法官来

[①] 陈兴良：《案例指导制度的规范考察》，《法学评论》2012 年第 3 期，第 126～127 页。

[②] 李超：《指导性案例：公共政策的一种表达方式》，《法律适用》2014 年第 6 期，第 21 页。

[③] 陈兴良：《案例指导制度的规范考察》，《法学评论》2012 年第 3 期，第 126～127 页。

[④] 《最高人民法院关于发布第一批指导性案例的通知》（法〔2011〕354 号）。

[⑤] 《〈最高人民法院关于案例指导工作的规定〉实施细则》第 2 条。

[⑥] 奚晓明主编《最高人民法院关于食品药品纠纷司法解释理解与适用》，转引自李仁玉、陈超《知假买假惩罚性赔偿法律适用探析》，《法学杂志》2015 年第 1 期，第 50 页。

抑制知假买假的副作用，"法官不仅需要尽量全面地预判不同法律适用反感的辐射范围或者说将实际影响的社会群体，而且还需要准确地判断各个群体将受到的具体影响和将采取的行为策略"。① 此种从功能出发的观点，实际上是对于社会效果的一种考量。有学者认为强调社会效果，是为了将公共政策引入司法裁判中，为强化裁判结论提供正当性说明。②

（四）兼顾价值观和伦理道德

除了强调社会效果，我国的案例指导制度还承载着维护社会主义价值观和形成良好道德风尚的作用。"通过发布案例……推动社会主义核心价值观建设，促进社会形成良好道德风尚。"③ 社会主义核心价值观是抽象的概念，体现了党在不同时期对于特定价值观的倡导。我国社会的核心价值观还在发展之中，它是现实性和理想性的统一，应当体现公平正义、人民至上、劳动优先、共同富裕以及和谐进步等精神。④ 最高人民法院通过学习党的纲要和政策文件，通过指导性案例将党的价值观和道德观传递给各级法院。应当指出的是，价值观和道德的考虑只在特定的案例中体现，而不会也不必在所有的指导性案例中体现。例如，在宪法和刑法领域，价值观和伦理道德在指导性案例中体现得较为充分；而在商事法领域，由于其显著的技术性特征，价值观和伦理道德的体现较为稀薄。

四　政策引导功能的限度

指导性案例的政策引导功能是一把双刃剑，使用得当可以增加指导性案例的影响力，用得不当会减损法律的权威，影响到法治的运行。如学者在论述司法解释时所指出的，在司法解释形成过程中的以"司法政策"替代"立法政策"或先创设"立法政策"再制定司法解释会造成社会运行上

---

① 熊丙万：《法律的形式与功能——以"知假买假"案为分析范例》，《中外法学》2017 年第 2 期，第 322 页。

② 宋亚辉：《公共政策如何进入裁判过程——以最高人民法院的司法解释为例》，《法商研究》2009 年第 6 期，第 115～116 页。

③ 《最高人民法院加强案例指导工作情况新闻发布稿》，http://www.court.gov.cn/zixun - xiangqing - 14623.html，2017 年 4 月 27 日访问。

④ 侯惠勤：《"普世价值"与核心价值观的反渗透》，《马克思主义研究》2010 年第 11 期，第 11 页。

的障碍。① 而且，在司法解释形成机制中预设利益倾向立场容易导致利益失衡，打破立法确定的利益格局。② 如果将这一论述中的司法解释换为指导性案例，大体上也是适用的。与司法解释略为不同的是，由于是具体的案例，指导性案例所涉及的改变利益格局的倾向不那么明显。

然而，指导性案例的司法政策引导功能也存在着一些不足。第一，在案例适用中，法官可能会逾越立法者制定法律的权限。由于指导性案例有适度调整的功能，当指导性案例以抽象形式提炼出事实上约束各级人民法院的规则时，将面临违反立法的质疑。第二，司法政策的临时性特点可能会导致指导性案例的生命力短期化。在指导性案例所体现的司法政策不再适用时，最高人民法院通过何种途径在多长时间内纠正司法政策的偏差，值得考虑。第三，对司法政策的强调可能导致在一定程度上忽视法律推理的严密性，在法律适用上削减指导性案例的效力。第四，对社会效果的强调可能导致以非法律的途径解决法律问题，不具有普遍指导性，可能减损法律效果的发挥，并影响到法律的实施。这些是指导性案例司法政策功能引起的，不得不加以解决的问题。

为发挥司法政策的积极引导功能，避免其不利的方面，应当在司法适用中正确处理相关问题。

其一，正确理解司法政策和立法政策的关系。立法政策是立法机关在制定法律时所确立的政策，司法政策则是司法机关基于对立法和党的方针政策的理解在司法适用中所提出的政策。在司法实践中，最高人民法院通过司法解释创制的一些司法政策，引起了学者的诟病。司法政策应当遵循立法政策，因为这是遵从立法本意的一种表述。③ 司法政策遵从立法政策，主要体现在以下几个方面。（1）指导性案例应当遵循立法本意。遵循立法本意要求遵循立法的精神和立法目的，而不是说要和法律的条文严格一致。由于法律的制定存在滞后性，立法本身也可能因为立法者认识问题而出现不周延的情况或者有意地将争议问题临时搁置，在此情形下，指导性案例可以发挥适度调整的作用，而不必拘泥于法律的条文。（2）裁判理由应当符合立法的意旨。在立

---

① 陈甦：《司法解释的建构理念分析——以商事司法解释为例》，《法学研究》2012 年第 2 期，第 12 页。

② 陈甦：《司法解释的建构理念分析——以商事司法解释为例》，《法学研究》2012 年第 2 期，第 16 页。

③ 陈甦：《司法解释的建构理念分析——以商事司法解释为例》，《法学研究》2012 年第 2 期，第 10 页。

法明确的情况下，裁判理由应当与立法意旨一致，自不待言。在立法不明确的情况下，法院应当对立法意旨进行解释。在指导性案例第 23 号中，最高人民法院认为知假买假者属于消费者，从立法目的而言，应当认为知假买假者不属于《消费者权益保护法》中的消费者，在此点上指导性案例第 23 号不符合立法意旨。（3）法院在处理类似案件时，不仅要遵守法律，也要遵从其体现的政策导向。① 在待决案例和指导性案例相类似的判断上，也应遵循立法意旨。"类似性的判定必须以法律规定本身的规范意旨是否应该将该法律规定类型类推适用于系争案件而定，故而立法意旨就成为类推适用之依归"。② 对立法意旨的遵从不仅是尊重立法机关制定的法律，也是以个案的方式弥补法律不足的重要方式。

其二，正确理解指导性案例的司法政策引导功能。按照指导性案例所起的作用，有学者将指导性案例区分为"规则创制性案例"、"政策宣示性案例"和"工作指导型案例"。③ 有学者则从政策方面按照司法介入的程度归纳为"政策澄清"、"政策发现"和"政策制定"。④ 这两种归纳基本上是一致的，侧重于指导性案例发挥的基本功能，只不过后者是以政策的作用来加以表述而已。司法引导功能在指导性案例中有多大的适用空间，这涉及对于其政策功能的认识。有学者认为指导性案例的主要职责是创设规则。"对于案例指导来说，创制规则是其根本职责之所在。没有规则的创制，也就没有指导性案例存在的必要。"⑤ 尽管此种观点有一定的道理，但从司法政策的角度来看，应当更加强调政策澄清和政策发现的作用，因为从整体上看法官的主要任务是适用法律，而不是制定法律。也就是说，司法政策的引导功能应当是稳定和维持，适度调整只是在一定的限度内，不应当将适度调整作为政策引导功能的主要功能，这与立法者和司法者具有不同的分工和任务有密切的关系。在理解指导性案例的政策引导功能时，应当坚持司法的社会效果主要在法律之内寻求，只有在特殊的情况下遵照相关规则和程序才能对法律进行变通，以兼顾法律的安定性和合目的性和正义性。⑥

① 李超：《指导性案例：公共政策的一种表达方式》，《法律适用》2014 年第 6 期，第 24 页。
② 屈茂辉：《类推适用的私法价值与司法运用》，《法学研究》2005 年第 1 期，第 14 页。
③ 陈兴良：《案例指导制度的规范考察》，《法学评论》2012 年第 3 期，第 126～127 页。
④ 李超：《指导性案例：公共政策的一种表达方式》，《法律适用》2014 年第 6 期，第 22 页。
⑤ 陈兴良：《案例指导制度的规范考察》，《法学评论》2012 年第 3 期，第 126 页。
⑥ 江必新：《在法律之内寻求社会效果》，《中国法学》2009 年第 3 期，第 7 页及以下。

其三，正确地理解和适用裁判要点。裁判要点是最高人民法院从原来生效的法律判决中抽象和提炼出来的，一般而言，指导性案例的裁判要点的表述是清晰和明确的。然而，有的指导性案例强调了某一方面的特性或着意于解决某方面的问题，故对其适用不得不加以留意。例如，指导性案例第23号的裁判要点强调，无论购买时是否明知食品不符合安全标准，法院都应予以支持，但是该指导性案例并未对"消费者"的概念做出严格的界定，不能得出法院支持"知假买假"的结论。① 因此，在认定是否构成消费者时，指导性案例第23号并不具有参照的效力。② 同时，指导性案例的裁判要点可能是对法律或司法解释的简单重复，也可能是对于现有法律或司法解释的变通，在前者的情况下，可以直接适用法律或司法解释，而无须引用指导性案例。但在后者的情况下，在遵从立法本意的前提下，应当参照指导性案例，而不是法律或司法案例，否则指导性案例无法起到适度调整的政策引导功能，也无法起到指导的作用。

需要说明的是，由于裁判要点较为概括，而且各级人民法院应当将指导性案例作为裁判理由引述，因此在参照指导性案例时，需要法官对裁判要点做出理解和阐述。在具体操作时，如果指导性案例指明了适用的条件，法官则应遵循提出的适用条件。如待处理的案件明显超出指导性案件的适用条件，则不适用指导性案例的裁判要点，不受其约束。如果待处理的案件对指导性案例的裁判要点做出补充，则可能形成新的指导性案例。例如，指导性案例第15号不会终结《公司法》第20条第3款关于侵害公司债权人的解释空间。③ 在此过程中，指导性案例的裁判理由也具有重要的意义，因为其可能被后来的法院识别出来，并作为具有指导意义部分和判断类似案件的比较点。④

五　结语

指导性案例制度的确立至今，指导性案例在实践中被参照的情况不是很

---

① 郭明瑞：《"知假买假"受消费者权益保护法保护吗?》，《当代法学》2015年第6期，第73页。
② 但在法院的裁决中，此点并未被加以强调。指导性案例第23号被普遍地理解为职业消费者也属于《消费者权益保护法》中的消费者。
③ 邹海林：《指导性案例的规范性及其发展方向——以涉商事指导性案例为例》，载本书。
④ 张骐：《论类似案件的判断》，《中外法学》2014年第2期，第540页。关于裁判理由的现状和规范化的必要性，参见鲁小江《商事指导性案例"裁判理由"的规范化》，载本书。

理想。这诚然有多方面的原因。对指导性案例的政策引导功能认识得不够深刻，也是原因之一。作为司法改革措施推出的指导性案例，自始即担负着政策引导的功能。无论是在案件的选择上，还是案件基本事实、裁判理由和裁判要点的提炼和归纳上，都体现了最高人民法院司法政策的倾向性。可见，实现"同案同判"的指导性案例初衷，在同类案件上适用法律的同一只是其中一个途径，更重要的是司法政策的同一适用，而后者往往被忽略。指导性案例发挥着政策引导功能，体现在稳定和维护、适度调整、强调社会效果和兼顾价值观和伦理道德四个方面。实现指导性案例的政策引导功能，正确处理司法政策和立法政策的关系，要正确理解指导性案例的司法政策引导功能，并且正确地理解和适用裁判要点。

论指导性案例制度预设功能的实现机制

张　彬[*]

【内容摘要】指导性案例制度作为我国司法制度中重要的创新，其功能是为了实现司法审判工作做到"同案同判"，同时保证各级人民法院在适用指导性案例时保有一定弹性以实现指导性案例对现实的回应性。但目前最高人民法院对指导性案例的效力定性为"应当参照"，导致上述的功能难以实现。为了实现指导性案例的制度功能，我国最高人民法院应当首先确认指导性案例的判决要点部分具有法律强制力，其次通过"遵守或解释"制度与指导性案例追踪制度实现我国指导性案例作为法律规范的回应性。

【关键词】指导性案例　法律强制力　遵守或解释制度

2010 年 11 月 26 日，最高人民法院发布《关于案例指导工作的规定》。2015 年 4 月 27 日，最高人民法院又发布了《〈关于案例指导工作的规定〉实施细则》。上述规范性文件建立起了我国的指导性案例制度，明确了指导性案例是由最高人民法院发布，具有参照性法律效力的各类案例。在现有的规范性文件当中，没有明确将指导性案例确定为具有法律拘束力的判例，但同时又提出司法机关在审理各类案件时"应当参照"指导性案例。规范性文件用语的模糊性，加剧了司法实践与法学理论关于指导性案例效力的不确定性。纵观现有的学术讨论，学者们往往从应然角度对指导性案例的法律效力进行论证，却很少以实现指导性案例预设功能为视角对指导性案例效力进行探讨。因此，本文将着重探讨指导性案例制度所要实现的功能以及制度发生学上的原因，解决我国司法制度面临的具体挑战，对指导性案例制度发挥预设功能提出建议。

---

* 　张彬，中国社会科学院研究生院博士研究生。

一　指导性案例制度的功能预设

我国作为传统的成文法国家，法院在司法审判中的主要作用是适用法律，而非创设法律。但由于历史原因，我国司法人员素质不高，法律适用水平较低。同时，我国社会经济发展迅速，立法难以跟上。在这种情况下，我国最高人民法院创造出司法解释这一特有的规范性法律文件，将较为抽象、原则性的法律规范进一步具体化，形成更为明确的解释规则，为具体的审判工作提供指导。在长期的司法实践中，最高人民法院承担了不断将抽象法律具体化的工作，并进一步公布了各类具有指导性质的经典案例，通过《最高人民法院公报》等杂志进行刊登。可以说，指导性案例制度与其说是对域外判例制度的学习，倒不如说是我国在旧有典型案例公开基础上向前迈进一步所形成的。之所以要推动指导性案例制度，无外乎是要实现两个功能：法律的统一适用，即同案同判；法律对现实的回应，即法院在审理新型案件过程中通过解释法律不断推进法律规则的演进。

（一）　法律的统一适用

按照我国学者的观点，同案同判是司法的内在构成性义务。[①] 但是在我国传统的司法过程中，出现大量"同案不同判"现象，极大地影响了我国的司法公信力。[②] 因此，我国推行指导性案例制度，可以较好地解决司法人员在解释原则性法律规范时自由裁量空间过大的问题。最高人民法院通过对案例的筛选，可以将模糊的规则进一步具体化，并通过在具体案件中的法律适用，对我国司法人员如何理解法条提供指导。在这个过程中，最高人民法院对某一具体法律关系及规范适用方式提供的具体指导意见，通过案例审理结果的论证过程体现。这个过程，必将原来具有抽象性的法律规范进一步具体化，甚至突破现行法律的涵摄边界。

我国现有关于指导性案例效力的讨论，大多建立在判例制度内在具有的司法权属性上，却忽略了我国长期由最高人民法院制定，甚至创设规则的司法

---

① 泮伟江：《论指导性案例的效力》，《清华法学》2016 年第 1 期，第 20～38 页。
② 孙光宁：《案例指导的激励方式：从推荐到适用》，《东方法学》2016 年第 3 期，第 18～28 页。

传统，并且这种传统完全可以被纳入我国现行的立法体系中。① 我国最高人民法院在长期履行职责的过程中，早已经具备了创设规则的能力，这一点无论是全国人民代表大会，还是各级司法系统均没有提出质疑。因此，现在讨论指导性案例能否拥有法律效力不具有过多实践价值，问题的关键是为了实现指导性案例的功能，是否需要赋予指导性案例以法律效力。

案例的指导性定位，本身已经说明了指导性案例的功能就是为司法人员适用法律提供统一的指导意见，解决法律与司法解释具体化不足，法院自由裁量权缺乏约束的问题。我国推行指导性案例制度并不是为了创设规则，而是指导案件审理。即使存在新规则的创设，那也是具体的案例指导中所产生的一个副产品。在这样的思路下，便可以理解我国指导性案例制度推行的目的并非着眼于规则的创设，而是对司法人员统一适用法律提供具体化指导。这一点从最高人民法院对指导性案例的选择中就可以看出：指导性案例的判决要点很多并非是新规则，而是通过对现有法律规则的逻辑推演便可以得到的明确结论。我国有学者根据指导性案例中的规则是否存在新颖性，将已经公布的指导性案例区分为：宣法、造法、释法三类。认为除了造法类的案例外，很多案例是为了宣传法律或者解释法律。② 这样的思路似乎是解释了为何很多指导性案例并没有提供新的法律规则，而仅仅是重复了现有的法律。但从指导性案例本身的功能而言，最高人民法院一开始便没有刻意从创设法律规范的角度进行案例的发布。学术上人为将统一发布的指导性案例进行区分，只会加剧指导性案例效力的不统一与增加法院系统的适用难度。在最高人民法院的眼中，所有的指导性案例在效力上并没有区别，均是为各级人民法院统一适用法律提供的标准化、具体化规范。

（二）法律的回应性

案件越具体，意味着法官适用判决的弹性越弱。也许正是由于目前我国法院系统解释法律、适用法律的水平还有待提升，最高人民法院才会对通过法院审理直接形成具有法律拘束力的判例制度有所顾虑。一旦将指导性案例视为正式法律渊源，就意味着法院将失去在相同或者相似案件上的自由裁量权。法律渊源质量低下、理性不足对一国司法体系的损害是巨大的。因此，

① 王成：《最高法院司法解释效力研究》，《中外法学》2016 年第 1 期，第 263 ~ 279 页。
② 资琳：《指导性案例同质化处理的困境及突破》，《法学》2017 年第 1 期，第 141 ~ 151 页。

以"指导性"对最高人民法院提供的案例效力进行限制，就是为了避免当前可能存在瑕疵的案例对我国法治建设造成负面影响。毕竟，对于判例法国家而言，任何一个不良的司法判决会由于先例原因而成为国家正式法律渊源的一部分，从而阻碍法律的完善。因此，采用指导性案例制度，可以在对法律规范具体化提供更多制度生成空间的同时，避免相应规范成为我国正式的法律渊源。在否定指导性案例具有正式法源地位之后，最高人民法院实际是希望能够通过指导性案例制度，不断地完善法律，回应现实社会对法律规则的需求。与司法解释相比，指导性案例可以较为迅速地对社会热点、法律盲点做出回应。指导性案例虽然没有英美法系判例法上的法律强制力，但毕竟最高人民法院可以通过对指导性案例的选取，不断积累法律对社会争议的解决方案。指导性案例在法律回应性方面具有准先例的优势。

为了获得判例法的优势，同时又考虑到我国司法现实的劣势，最高人民法院采用指导性案例的方式实行判例法的改革，可谓用心良苦，在法律规范的具体化与适应性之间艰难地走着平衡木。但遗憾的是，指导性案例在效力上的模糊性，反而导致了我国现行的指导性案例制度既没有办法为法律统一适用提供基础，也使我国丧失了判例法国家由于承认先例效力而获得的适应性。

二 现行指导性案例制度的功能发挥不足

指导性案例若要实现预设功能，就需对其效力及适用方式都进行明确规定。我国并不缺乏对案件审理具有指导意义的案例，但之所以一直没有发挥应有的功效，就在于我国司法体系对指导性案例配备的效力规则与适用规则不充分，影响了指导性案例对具体司法审判的指导作用。

（一）案例的拘束力不足

现行的指导性案例制度并不接受指导性案例具有正式法源的地位，而是采用了"应当参照"这个含义模糊的措辞。按照法律解释学，"应当"意味着法律强制力，在法律规范中，一旦出现"应当"二字，则意味着法院在处理相应法律事实时不再具有自由裁量权，而是严格按照法律规范对案件进行处理。而"参照"二字，意味着相关的规范对于法院仅仅具有参考意义。典型的"参照性规范"是我国行政规章。我国《行政诉讼法》第63条规定：人民法院审理行政案件，以法律和行政法规、地方性法规为依据。……参照规章。行政法学者认为："参照规章"赋予了法院审查权和选择权，规章对法院是缺乏强制拘束力的①，即法院对于规章的法律效力可以自行判断。"应当参照"的表述，类似于"应当自由裁量"这样的表述，从而最终取消了指导性案例对实际审判工作的强制效力。

从字面意义出发，指导性案例的效力不应当是法律的正式渊源。"指导性"三个字意味着在我国最高人民法院的视野中，该类案例不属于法律的正式渊源。因此，在我国实际的司法审判中，是否援引案例处于法官的自由裁量权范围之内。我国有学者对法院援引指导性案例的情况展开实证研究，认为是否赋予指导性案例以法律上的强制力并不是关键问题，而是通过加强案例的说服力从而引导法官们基于说服权威性而增加法律适用的统一性。② 但这一结论忽略了一个重要因素：即使没有指导性案例的存在，大部分法官也能够根据法律推理，适用现行法律法规得到相似的法律结论。因此，当存在指导性案例的时候，法院可以通过援引案例使得判决出现错误的可能性被缩减。但只有法院的法律判断与指导性案例的内容发生冲突的时候，才能够看出指导性案例的真正法律价值。因此，仅仅从实际审判结果与指导性案例之间的相似度，并不能直接得出指导性案例在实际审判中所具有的指导力。更重要的是要了解司法机关在实际审判不参照指导性案例进行判决时，是如何对待指导性案例效力的。通过实证研究可以看到，当法院不愿意适用指导性案例的时候，可以通过多种法律技术来规避对指导性案例的援引：第一种是简单地认定指导性案例涉及的法律事实与本案无关；第二种是选择忽略指导性案例，而径自援引更加明确的地方性规则。③

法官的态度揭示了在指导性案例不具备正式法律渊源地位的情况下，指导性案例并不能够为案件当事人提供可预见的审理结果，也无法实现同案同判。法官甚至不需要付出较高的论证成本便可以轻易绕开指导性案例。在如此脆弱的指导性案例效力中，该制度的预设目的难以实现。

那么退一步说，即使法律并未认可判例的法律强制拘束力，但从司法权

---

① 张旭勇：《"不予适用"的依据与参照适用范围——最高人民法院指导性案例第5号评析》，《浙江社会科学》2013年第1期，第73页。
② 李友根：《指导性案例为何没有拘束力——以无名氏因交通肇事致死案件中的原告资格为研究对象》，《法制与社会发展》2010年第4期，第86~96页。
③ 石磊、刘松涛：《指导性案例参照情况的实证分析》，载《人民司法·应用》2015年第23期。

力实际运行过程中，如果指导性案例对后续案件的审理有实质的影响力，也可以认为指导性案例具有事实上的拘束力。然而，从我国的司法体系来看，这样的事实拘束力也无法得到保障。我国的指导性案例与域外的判例比较而言，存在诸多区别。其中，域外判例的拘束力往往是法院在处理具体争议过程中，通过不断地提高审级，由上级法院对下级判决进行改判的过程中体现。这一过程意味着如果下级法院不能按照上级法院的审理意见对相似案件进行处理，便会在上诉程序中受到上级法院的否定性评价。这种事实约束力直接来自法院。但我国上下级法院系统一直存在的监督与被监督关系，并没有解决我国"同案不同判"的情况。正因为此，我国才引入了指导性案例。如果将指导性案例制度的效力寄希望于传统法院层级关系之间的监督功能，那么何必再引入这一制度？

我国司法系统同样存在上下级关系，却并没有产生事实拘束力的根本原因在于，我国法院行政化倾向很重。目前我国的指导性案例，根据"应当参照"的法律效力界定，可以被认为是对案件具有指导性意义的准法源，不具有实际法律拘束力。但是，这样的效力认定便决定了我国指导性案例制度所要追求的制度功能无法充分得到实现。尤其在我国司法系统行政化的驱使下，法院法官面临着各类行政考核，而其中是否准确适用法律，是否存在错判、改判等情况，相较于抽象的公平正义司法追求，更能够决定我国指导性案例在司法机关工作人员日常工作所发挥的作用。[①] 对于法官的工作而言，相较于严谨的司法逻辑，在判决中寻找安全稳妥的确定性依据才是最重要的。这也是我国司法系统顺利接受司法解释规定，乃至各类政府规范性文件作为审理依据的重要原因。因此，司法工作人员在审理具体案件的时候，面临着规则竞争。指导性案例作为规则供给之一，如果对自己的效力进行限制，那么在实际审判中，其法律效力恐怕就更要大打折扣。

（二）案例的回应力不足

指导性案例制度也无法实现法律对现实的回应功能。指导性案例作为一个静态的案例体系，不会遭到未经最高人民法院认可的新案件判决的挑战。司法判决是法官专业意见符合言论的表现，而任何言论只有不断地被挑战，

---

① 孙光宁：《"两高"指导性案例的差异倾向及其原因——基于裁判结果变动的分析》，《东方法学》2015 年第 2 期，第 121 ~ 130 页。

从而形成观念的自由市场才有不断演化的可能。美国证券法中关于内幕交易规制的发展就能够较好说明这一点。美国内幕交易的规则主要是根据判例法逐渐形成。美国证券司法实践中，法官在适用法律、解释法律时，结合证券法律的基本原则，经过司法判决的阐述解释，完善了内幕交易的归责原理，并推动立法的发展。从 Cady，Roberts&Co. 案到 Chiarella 案、O'Hagan 案，美国司法实践中衍变出内幕交易归责的"古典理论""盗用理论"等，为追究证券内幕交易行为人责任的司法实践提供了理论支撑。① 从这些证券法的发展上，可以看到法院的实践理性在不断地发展。先例制度等于是一个案例的自动刻录仪，将法律规范的每一次进步都记录下来，并成为法律规范进一步发展的基石。

无论是英美法系下的判例，还是日本、德国的判例制度，都发生在争议双方实际的法律程序中。在这种程序里，判例一旦做出，将对日后的类似案件产生拘束力。这种拘束力先天具有发展性。对于下级法院而言，虽然在新案件发生时，需要依从上级法院的判决，但由于每一个案件的具体案情，即事实层面不可能完全一致。因此，法官可以通过自身的类推，决定是否对相关案例适用先例。如果不适用，就需要针对两个案例的不同进行相应的解释。通过类推逻辑，不断地适应法律在现实中的应用场景，引发法律规则渐进变迁。

而我国的指导性案例却是静止的。从指导性案例的来源看，指导性案例虽然是在实际审判中产生，但是它产生法律上拘束力的理由却并非是司法程序本身，而是各级法院、社会人士乃至最高人民法院通过对已经产生判决结果的案例进行筛选，然后由最高人民法院通过指导性案例体例赋予其法律拘束力。这意味着只要未经最高人民法院公布，新发生的案件并不会对旧的指导性案例法律效力产生冲击。对于新案件的审理而言，指导性案例的意见即使由于不合理而被新的案例所推翻，但也由于无法得到最高人民法院的跟进指导，使一些在实践与理论意义上更具有法律合规性与事实合理性的判决被排除在外，无法成为我国法律规范的来源。要解决这一问题，我国法院需要能够发展出类似于英美判例法中的先例规则，能够对每一起没有适用指导性案例，或者推翻指导性案例的判决进行追踪，从而将指导性案例所调整的社会法律关系不断地纳入到调整范围内。

---

① 毛玲玲：《中美证券内幕交易规制的比较与借鉴》，《法学》2007 年第 7 期，第 101～107 页。

综上，本文认为我国指导性案例制度若要实现同案同判与回应社会的预设功能，就需要在对指导性案例"应当参照"的法律效力进行确认，并对我国的诉讼程序进行改造，以适应以指导性案例作为裁判参考的新形势。

三 现行指导性案例制度的改进建议

（一）指导性案例法律效力的实体性确认

现有的学术讨论大多笼统地探讨指导性案例的效力，却没有对指导性案例本身的结构进行区分并识别不同部分的效力。我国的指导性案例，不同于英美法系下的判例制度——将案件的事实与判决作为整体对今后的裁判产生拘束力，而是通过各级人民法院审理，最高人民法院筛选和最高人民法院拟定所形成的合作作品。因此，在指导性案例中，有必要考察指导性案例不同部分的法律效力。

（1）裁判要点的规范性效力

指导性案例中的核心部分是最高人民法院的裁判要点。通过裁判要点可以明确最高人民法院在具体案件法律适用中所持有的态度。早已经有学者发现指导性案例中的"裁判要点"所具有的规范性意义。如果我们来对比司法解释文件中的条款与指导性案例的"裁判要点"，就会发现两者几乎没有什么区别。[1] 可以设想，如果相关的指导性案例积攒得足够多，对"裁判要点"稍加语言和编排上的修饰，然后分门别类地加以系统化的话，无疑就可以制定出一部司法解释。[2] 有学者认为裁判要点应当作为参考，而不是作为裁判依据，认为"在裁判之前添加类似法条的要点，这种做法是多么危险。这些要点不过是判决理由中蒸馏出来的结晶，与案件事实密切相关，在很大程度上本身也需要解释"。[3] 但这种观点与我国指导性案例制度产生的初衷不符。在我国，指导性案例本身就是为了弥补司法解释的不足而出现的。如果对法律规范来源的具体程度进行区分，可以将法律、司法解释与裁判要点视为具体化水平越来越高的一套规则。其中，裁判要点作为具有抽象拘束力的规则供

---

① 邹海林：《指导性案例的规范性研究》，商事指导性案例的规范化论文集，北京，2017 年 4 月 22 日。

② 雷磊：《指导性案例法源地位再反思》，《中国法学》2015 年第 1 期，第 272～290 页。

③ 〔德〕卡尔·拉伦茨：《法学方法论》，陈爱娥译，商务印书馆，2003，第 233 页。

给，与法律、司法解释一样对具体案件的审理起到约束作用。因此，法官对于如何适用抽象的裁判要点只需要已经熟悉掌握的"从抽象到具体"的思维过程。但如果将指导性案例的案情本身也作为指导性案例的法律渊源，则会为法院带来"从具体到具体"的类推思维模式。这意味着，当法官适用指导性案例时，需要将指导性案例中的事实部分也作为审判依据，说明指导性案例中的法律事实与正在审理案件的法律事实之间的关系究竟如何；如果存在差异，那么这些差异是否构成对裁判要点的挑战等诸多问题。而这是我国司法系统工作人员目前远远不能适应的。而且，从最高人民法院的视角来看，之所以在指导性案例中纳入裁判要点这一部分，目的便是通过最高人民法院的论证，将具体化案情揭示出的法律问题抽象化以提供一般性的法律规则，并没有打算赋予具体案情以具体的指导性。不能由于指导性案例相较于司法解释和法律法规更具体，便忽视指导性案例中裁判规则本身的抽象性。因此，将裁判要点视为指导性案例的法律渊源，而将事实部分作为处理指导性案例适用过程中的线索更能够实现指导性案例制度的预设功能。

否定指导性案例具有法律拘束力的一个理由是，指导性案例本身可能违反法律或者理性，因此不应当获得法律上正式渊源的地位。[1] 但指导性案例的这一缺陷并非其独有；违反上位法的批评同样存在于学者们对地方性规章、行政法规、司法解释等法源性文件进行评价的场景中。即使是全国人大的立法，也可能会由于违反理性而被学者们予以批判。但法律的权威性意味着即使法律存在一定错误，也只能通过正当程序在今后纠正以实现法的安定性。美国联邦最高法院的杰克逊法官（Robert H. Jackson）说过：我们正确仅仅是因为我们是最高法院。[2] 法律与理性的进步会随着时代与现实的变迁不断发展，但是法律必须在一个特定的时间里给出一个确定性的回答，这本身是司法过程内在的正义要求。

（2）案情事实的线索价值

指导性案例的规范性效力应当终于判决要点，而不应当延伸入案例的事实与案情部分。这是因为我国的指导性案例与英美法下的判例具有本质属性的不同。在英美法系中，每一个先例之所以形成法律拘束力，在于法院对该案件的直接审理所形成的既判力。在该案件中所形成的法律意见与案件基本

---

① 雷磊：《指导性案例法源地位再反思》，《中国法学》2015 年第 1 期，第 272～290 页。
② Brown v. Allen, 344. U. S. 443, 540（1953）.

事实紧密结合。因此，在英美法系中，考察一个案例是否能够对新案件进行适用，往往是由诉讼双方在法庭针对先例中涉及的每一个事实进行论证分析。

但我国并没有将案件判决书作为指导性案例的一部分，取而代之的是法院加工处理后的案情介绍。我国指导性案例并非是最高人民法院基于审判过程形成的法律意见，而是基于对下级法院或者自身审理案件的事实进行裁剪所形成的学术说理。事实部分是经过最高人民法院裁剪过的二手材料。而一个完整的案例，法院的判决涉及不同当事人的主张及相应的证据开示与质证。对于没有审理案件的最高人民法院而言，进行案件筛选的方式只是将它所认为有价值的事实提取出来，成为构筑指导性案例裁判要点的原材料。但对于任何一个案件而言，证据不同，案件的事实确认与相应的判决结果可能就会不同。从客观真实到法律真实，二者之间已经存在距离，而从法律真实中萃取出指导性案例中的真实，其间的距离只会更远。指导性案例中的案件事实是最高人民法院有意识筛选出来的，以形成案例及指导意见。与其说案例的事实是对原审案件的反映，倒不如说是案例事实反映了最高人民法院在创造指导性案例过程中所关注到的事实。这就意味着，指导性案例中的事实，可以成为得出裁判要点的线索，而不能成为具有法律拘束力的事实。

因此，我国指导性案例中的案情属于指导性案例意见出台的原材料与思路线索，而英美法系的先例制度是直接对案件事实确认基础上的法律推理。前者的法律效力来源不是具体判决的法律拘束力，而是最高人民法院的权威认可，个案审理与法律规则是分离的。后者的法律基础直接来自个案的法律事实拘束力，个案审理与法律规则不可分离。

因此，从指导性案例的结构来看，将指导性案例的裁判要点作为具有法律渊源的规则，将事实部分作为参考性、指引性的规则推导过程，对司法过程而言具有更大价值。

（二）指导性案例回应性的程序性保障

通过明确指导性案例裁判要点的法律渊源地位，可以确保指导性案例对下级法院产生拘束力，实现同案同判。但通过确认指导性案例的法律效力，仅仅产生了更为具体化的司法解释，无法实现指导性案例的另一功能，即法律规范对现实的回应性。法院在适用指导性案例的过程中，可能出于现实考虑或者法律推理的差异，产生与现存指导性案例判决要点不同的判决。而这样的差异化审判结果虽然挑战了现行的指导性案例，但却同时给予法律规范以现实回应力，有缺陷的法律规则也可以得以进一步发展。此时，指导性案例如果不能够适应新案件的规则需求，便难以保障指导性案例作为法律规范的适应性功能。本文认为需要以下两种制度相互配合以实现指导性案例的回应性。

（1）"遵守或解释"制度

"遵守或解释"（Comply or Explain）这一制度首先出现在1992年英国凯德伯瑞委员会（Cadbury Committee UK）针对在英上市公司的董事会公司治理准则中，其旨在达到既能有章可循又能根据公司的实际情况对遵守条例这件事给予一定弹性空间的效果。目前，这一制度在世界范围内的公司法与证券法中得到广泛使用。如日本在新公司法中规定了公司应当设有"任命与薪酬委员会"，但是该委员会的设置并非强制，而是可以在提供充分解释的情况下不予设立。"遵守或解释"制度为法律的强制性与任意性之外提供了第三条路径，满足了不同法律适用情况下的一般情况与特殊情况的差异化需求，是具有法律效力的倡导性规范。① 我国指导性案例制度功能上的双重性决定了我国在司法领域完全可以采用该项制度以达成指导性案例的双重功能。在一般情况下，法院应当在判决书中援引指导性案例作为正式法源以导出审判结论。但恰如前文所述，案件审理过程会出现由于个性化因素及社会环境变化而不遵从案例的客观需求。此时法院可以采用其他不同于指导性案例的逻辑推演得到判决意见，但必须提供充分的法律论证。

该论证应当符合以下要求。第一，从指导性案例的事实成分入手，判断最高人民法院的裁判要点与新案件事实部分的关联程度。如果新案件中的关键事实与指导性案例中事实部分相同，则不相同的非关键事实不能够成为否定指导性案例的理由。第二，如果新审理案件的事实与裁判要点据以确定的事实相同或者类似，但是却不能够按照指导性案例裁判要点的意见进行判决，则法官必须用更强有力的方式对上述案件进行解释。同时，对于不同指导性案例的规范，也应当有不同的论证强度。从指导性案件中的法律规范开放性来看，我国目前指导性案例中的规范可以分为开放式规范与封闭式规范。例如指导性案例第8号林方清诉常熟市凯莱实业有限公司、戴小明公司解散规范案中的裁判要点：公司虽然处于盈利状态，但其股东会机制长期失灵，内部管理有严重障碍，已陷入僵局状态，可以认定为公司经营管理发生严重困

---

① 张辉：《倡导性规范与上市公司治理》，《证券市场导报》2006年第11期，第25~29页。

难。该规范中，股东会机制陷入僵局是公司经营管理发生困难的一种认定，但不意味着其他情况下均不构成经营管理发生困难。因此，在开放式的规范下，法官可以依然将其他情况认定为经营管理发生困难；而封闭型规范则具有更大的强制性，如指导性案例第 10 号中最高人民法院认定解聘总经理职务的决议所依据的事实与理由不受司法审查。那么，如果法官想要在某一案件中坚持认为解聘总经理职务的决议应当受到审查，那么应当提供有说服力的论证将指导性案例的结论予以改进乃至否认。

（2）指导性案例追踪制度

在适用"遵守或解释"制度之后，指导性案例便可以充分发挥判例制度所具备的适应性。当法院在后续相似案件的审理过程中做出不同于指导性案例判决理由的解释之后，意味着原来的指导性案例要么面临相似案件的新情况需要改变，要么是法院的解释不足以论证采用新意见的必要。前者出现时，指导性案例便出现了得以发展的机会，而后者出现时，指导性案例便体现出了对具体案件审理的指导性。法院系统需要做的便是直接在审判程序中，确定指导性案例在新型类案中的适用性，并将相应的判决发展作为司法审判的成果确定下来。目前，指导性案例由最高人民法院公布后便处于静止状态，没有相应的制度将新案例审判的成果进行固定。在英美法系中，案例发展是自动由先例制度所确定下来的。既然我国缺少相应的先例制度，那么则需要在我国现有的成文法规范中，引入具有相似功能的指导性案例追踪制度。具体而言，应当采用如下流程。

①法院汇报流程

当法院未能采用指导性案例的意见，而以新的解释方式处理相似案件时，该法院应当上报给上级法院。如果上级法院同意下级法院的解释方式，则应当将该解释方式层报给最高人民法院，由最高人民法院决定下级人民法院的解释方式是否构成对现存指导性案例的变更。如果上级法院不同意下级法院的解释方式，则可以直接启动提审程序，将下级法院的审判结果予以变更。

②当事人上诉流程

当事人如果不服法院拒绝援引指导性案例做出的判决，则可以直接以判决与指导性案例不符进行上诉，并通过上诉程序对原审法院的判决意见进行确认，并最终层报给最高人民法院。最高人民法院也可以直接将上述案件予以提审，从而直接对指导性案例中所提供的规则进行改造。

在通过上述两种流程改变了现存的指导性案例判决意见之后，最高人民法院应当及时公布新的指导性案例。通过这样的追踪技术，我国可以实现局部的先例制度，并确保指导性案例可以在现实与理念的不断冲击中得到演进。

四　结论

虽然我国学术界对指导性案例的效力、选取等问题展开了激烈的讨论，但从法律现实主义角度出发，重要的是如何实现指导性案例制度所欲达到的目的。而通过功能分析，可以发现我国当前的指导性案例制度正处于如何处理案例的法律拘束力与现实回应力的两难处境。欲化解这样的难题，不仅需要对指导性案例的效力进行法理上的讨论，更需要以实现指导性案例的功能为目的，充分发展指导性案例所涉及的法律技术与制度。

商事指导性案例"裁判理由"的规范化

鲁小江[*]

【内容摘要】 裁判理由是指导性案例的组成部分，但其表达没有一定的内在规律性。裁判理由的表达既要符合人民法院解释法律的要求，又要符合法官参照适用指导性案例的要求。商事指导性案例的裁判理由具有特殊性。目前商事指导性案例裁判理由的表达缺乏内在统一性。因此，有必要对其予以规范。

【关键词】 指导性案例　裁判理由　裁判要点　相关法条

2010 年最高人民法院发布《最高人民法院关于案例指导工作的规定》（以下简称《规定》），正式确立案例指导制度。2015 年最高人民法院发布了《〈最高人民法院关于案例指导工作的规定〉实施细则》（以下简称《实施细则》），进一步明确了案例指导制度的实施。根据有关规定，最高人民法院统一在《最高人民法院公报》、最高人民法院网站、《人民法院报》上以公告的形式发布指导性案例，并且每年度对指导性案例进行编纂。各级人民法院审判类似案例时应当参照指导性案例。这有利于实现裁判尺度的统一和司法个案的正义。实施细则第 3 条规定，指导性案例由标题、关键词、裁判要点、相关法条、基本案情、裁决结果、裁判理由以及包括生效裁判人民姓名的附注等组成，但未进一步明确各组成要素的含义。

裁判理由是指导性案例的灵魂。[①] 裁判理由不仅关系已有指导性案例的适用，也关系指导性案例的生成。[②] 目前，裁判理由表达的不规范和瑕疵导致了

---

* 鲁小江，中国社会科学院研究生院博士研究生。

① 武静：《裁判说理——适用指导性案例的理论与实践皈依》，《河北法学》2017 年第 1 期，第 79 页。

② 武静：《裁判说理——适用指导性案例的理论与实践皈依》，《河北法学》2017 年第 1 期，第 79 页。

指导性案例适用呈现随意性和多样化，造成了指导性案例适用的困难。商事案件所涉法律规范、事实和交易不为一般大众所理解。与普通民事案件相比，其通常所涉及的交易规模会更大，案件也会更复杂。因此，相较于其他类型案件，更有必要对商事指导性案例的裁判理由予以规范化。

一 商事指导性案例裁判理由的基本要求

（一）裁判理由应围绕裁判要点和相关法条展开

裁判理由与指导性案例其他要素有着密切的联系。这种联系的紧密程度对裁判理由的影响是不同的。裁判理由与相关法条、裁判要点的关系密切，因此，关于裁判理由的地位与含义可结合相关法条和裁判理由来进行说明。

相关法条是指导性案例生效裁判的法律依据。例如，《指导性案例第 8 号：林方清诉常熟市凯莱实业有限公司、戴小明公司解散纠纷案》的相关法条为《公司法》第 183 条。基于"凯莱公司的经营管理已发生严重困难"的事实，该案生效判决依据《公司法》第 183 条支持了原告的诉讼请求"解散凯莱公司"。

裁判要点是对相关法条的解释。例如，指导性案例第 8 号的裁判要点为："公司法第 183 条将'公司经营管理发生严重困难'作为股东提起解散公司之诉的条件之一。判断'公司经营管理是否发生严重困难'，应从公司组织机构的运行状态进行综合分析。公司虽处于盈利状态，但其股东会机制长期失灵，内部管理有严重障碍，已陷入僵局状态，可以认定为公司经营管理发生严重困难。对于符合公司法及相关司法解释规定的其他条件的，人民法院可以依法判决公司解散。"该裁判要点解释了《公司法》第 183 条中的"公司经营管理发生严重困难"。

裁判要点实质上是整个指导性案例的核心。这基于两方面原因。第一，指导性案例通过裁判要点对现有法律进行解释。指导性案例是解释法律的一种形式，是法官释法。最高人民法院对《规定》第 7 条关于指导性案例效力的解释，宜将"应当参照"解释为"应当遵照适用裁判要点"。[①] 因此，指导性案例对法律的解释实质就是裁判要点对法律的解释。第二，指导性案例统

---

① 李学成：《指导性案例的法源意义与确认路径——以最高人民法院公布的私法性指导性案例为研究对象》，《北方法学》2014 年第 6 期，第 29 页。

一司法依赖于裁判要点。《规定》及《实施细则》要求各级人民法院审判类似案例时应当参照指导性案例,在裁判文书中引述相关指导性案例的,应在裁判理由部分引述指导性案例的编号和裁判要点。指导性案例就是通过裁判要点的引述实现"同案同判"。

裁判理由是对裁判要点的解释和说明,以使法律工作者和公众了解裁判要点的来龙去脉和正当性。裁判理由以相关法条为大前提,以案件事实为小前提对裁判要点涉及的相关问题进行论证。例如,指导性案例第 8 号以《公司法》第 183 条和《公司法解释(二)》第 1 条为依据,结合案件具体事实对"凯莱公司的经营管理是否已经发生严重困难"进行论证和判断。

概言之,相关法条、裁判要点与裁判理由三者的关系为:裁判要点是对相关法条的解释,是商事指导性案例的核心;裁判理由是对裁判要点的解释和说明。因此,裁判理由应围绕裁判要点和相关法条并且结合具体案情进行说理和论证。

(二) 裁判理由应承袭和变革生效裁判理由

"裁判理由"来源于生效裁判的说理。这是因为指导性案例来源于各级人民法院的生效判决。例如,指导性案例第 79 号①就来源于该案再审生效判决。再审生效判决对三个问题进行了论证:(1)本案诉争行为是否违反了《反垄断法》第 17 条第 1 款第 5 项之规定;(2)一审法院适用反垄断法是否适当的问题;(3)二审法院审理本案时是否存在程序违法。而指导性案例第 79 号裁判理由仅包括其中两部分:一是本案诉争行为是否违反了《反垄断法》第 17 条第 5 项之规定;二是一审法院适用《反垄断法》是否适当。虽然两者的论证内容存在些微差别,但却几乎一致。可以说,商事指导性案例的"裁判理由"是在案件生效裁判理由基础上由最高人民法院进行再创作的结果。

但是,裁判理由又不能完全等同于生效裁判的理由。这是因为:普通民商事案件裁判书中的裁判理由是案件承办法官对裁判结论的分析和说理,涉及对事实和适用法律的分析和认定,其目的是说服当事人;而指导性案例的裁判理由不涉及具体案件事实认定,其目的是通过对裁判要点的解释以使案件承办人员能够准确理解和适用裁判要点,达到统一司法的目的。这一点在指

---

① 指导性案例第 79 号:吴小秦诉陕西广电网络传媒(集团)股份有限公司捆绑交易纠纷案。

导性案例第 79 号①得到了印证。该案裁判理由第一部分详细论证了裁判要点"作为特定区域内唯一合法经营有线电视传输业务的经营者及电视节目集中播控者，在市场准入、市场份额、经营地位、经营规模等各要素上均具有优势，可以认定该经营者占有市场支配地位"。在生成指导性案例时需要对初始的案例文本进行必要的剪辑。② 之所以要强调剪辑文本需要力求简约是为了节约司法成本，追求司法效率。③

概言之，"裁判理由"来源于生效判决的说理，因此"裁判理由"应沿袭生效判决的说理；商事指导性案例的"裁判理由"存在的目的是说明和解释裁判要点，因此"裁判理由"又不能完全等同于生效裁判的说理。这样既有利于保持裁判理由与生效判决理由的一致，也有利于实现裁判理由的使命——解释裁判要点。

（三） 裁判理由应符合法学方法论和类比推理要求

裁判理由实质是法律适用。法律适用有着自身的基本方法、程序与规则，被称为"法学方法论"。目前，法律适用的基本方法为司法三段论，包括大前提、小前提和结论。大前提指能够引起法律效果的法律规范，由大项和中项组成，大项是法律效果，中项是事实构成。小前提是案件事实，由中项和小项组成，小项为具体事实要件。三段论推理通过中项推导出大项与小项之间产生的结论。三段论推理过程中涉及的法律解释、价值判断、补充漏洞和法律论证都有着其自身的规则，都必须在三段论的框架中进行。尽管法律没有明确要求法官必须依照法学方法论适用法律，但是法律的稳定性和正义价值的实现却要求法官必须依据法学方法论适用法律。因此，指导性案例裁判理由的表达应符合法学方法论的基本要求。

案例适用思维的核心是在新案件中运用先例，属于类推。④ 类比推理是有关事物之间的比较，它是把人们对已知事物的认识扩展到未知事物上，它是一种豁然性推论，而不必然是颠扑不破的真理，其正确性取决于许多

---

① 指导性案例第 79 号：吴小秦诉陕西广电网络传媒（集团）股份有限公司捆绑交易纠纷案。
② 郑智航：《中国指导性案例生成的行政化逻辑——以最高人民法院发布的指导性案例为分析对象》，《当代法学》2015 年第 4 期，第 124 页。
③ 郑智航：《中国指导性案例生成的行政化逻辑——以最高人民法院发布的指导性案例为分析对象》，《当代法学》2015 年第 4 期，第 124 页。
④ 赵瑞罡、耿协阳：《指导性案例"适用难"的实证研究——以 261 份裁判文书为分析样本》，《法学杂志》2016 年第 3 期，第 119 页。

因素。① 类推听起来像是在找相似处, 实际上是在找不同点。② 运用类比推理, 通过案情的比对, 找到与当下待决案件最为接近的指导性案例, 并将法律针对指导性案例所赋予的规则转用于该待决案件, 便成为指导性案例参照适用的基本方式。③《规定》及《实施细则》要求, 案件承办人员在办理案件过程中应查询相关指导性案例。人民法院审判类似案例时应参照指导性案例。如果引述相关指导性案例, 裁判文书应在裁判理由部分引述指导性案例的编号和裁判要点。依据实施细则, 相似性包括两个方面: 基本案情的相似性和法律适用的相似性。基本案情的相似性指后案与指导性案例在案情事实上的相似性; 法律适用的相似性指相关法条运用于具体案件过程的相似性。如果裁判理由不能把案件事实及支持性证据、必要的证明过程、法律适用的论证过程撰写充分, 不仅会影响裁判理由的比较, 也会影响裁判要点的比较。④

概言之, 于法律适用, 裁判理由的表达应符合法学方法论要求; 于指导性案例适用, 裁判理由的表达应符合类比推理规则。

二 商事指导性案例裁判理由的特殊要求

不同类型案件的裁判理由有其特殊性。商事案件的裁判理由不同于民事案件的裁判理由, 不同于刑事案件的裁判理由。这是由商事案件的具体事实、适用法律等要素造成的。商事案件裁判理由的特殊性决定了商事裁判理由的具体内容和要求。因此, 有必要对商事裁判理由的特殊性——特殊要求进行探讨。

裁判理由实质为法律适用, 法学方法论是法律适用的基本规则和方法。法学方法论包括司法三段论 (由大前提、小前提和连接组成)、价值判断和法律论证。因此, 可从法学方法论的角度来探讨商事指导性案例裁判理由的特殊性。

(一) 大前提的特殊性

当我们运用类比推理判断类似案件时, 我们并不是在进行无规范的法律

---

① 张骐:《论类似案件的判断》,《中外法学》2014 年第 2 期, 第 524 页。
② 参见〔美〕理查德·波斯纳《法官如何思考》, 苏力译, 北京大学出版社, 2009, 第 162、168 页。
③ 于同志:《论指导性案例的参照适用》,《人民司法·应用》2013 年第 7 期, 第 62 页。
④ 张骐:《论类似案件的判断》,《中外法学》2014 年第 2 期, 第 520 ~ 543 页。

发现，我们可能确实没有具体的制定法规则可作依据，但是，我们是在一个法律体系、一个法律秩序内进行法律发现，而类比推理在帮助法官进行法律发现并规范法官的法律发现活动的同时限制其恣意。[①] 这体现在裁判理由中就是大前提——相关法条。

大前提的特殊性指商事指导性案例相关法条选择和确定有其自身特殊性。其特殊性表现在法律规范的适用：首先适用商事法律规范；没有商事法律规范的，适用民事裁判规定；既无商事裁判规则也无民事裁判规则的，适用商业惯例。

首先，之所以应首先适用商事法律规范，是因为商法与商事案例联系最为密切。第一，于价值取向，商事裁判规则侧重保障营利和促进交易。尽管商事裁判规则与民事裁判规则在基本价值取向（如公平交易、诚实信用、意思自治等）上一致，但是两者的侧重点却不同。与民事裁判规则强调形式平等不同，商事裁判规则以商事营利目的为出发点强调交易安全、低成本、迅捷、高效。第二，于规则技术，商事裁判规则强调外观主义。为了实现规模交易的安全和高效，商事裁判规则强调只要符合交易规则和外观要求，就可推断交易相对人主观为善意，不许他人以相对人主观非善意撤销交易。这一点在很多商事裁判规则上都有体现。证券法规定只要交易符合证券交易规则就是有效；票据法规定，票据原所有权人不能以票据是占有脱离物而主张票据转让无效。第三，于规则内容，商事裁判规则可分为有关商主体的规则和有关商行为的规则。与民法调整一般裁判关系与人身关系不同，商法主要调整商事主体与商事行为。商事主体主要体现为以营利为目的的商事组织，商事组织是自然人投资获利的媒介，例如自然人可以利用有限合伙组织设立股权投资基金。除了规范投资媒介组织，商事裁判规则还要规范交易行为，如证券期货交易、保险交易、票据合同等。每一个商事交易行为都有着自身的特殊性，这种特殊性是民法没法抽象囊括的。

其次，之所以适用民事裁判规则，是因为商事裁判规则与民事裁判规则的关系。民事裁判规则与商事裁判规则之间是一般法与特别法的关系。这表现为两点：第一，商事主体在特定情形下同时属于民事主体，其同时受民法规范；第二，商事行为表现为一系列的民事行为，同时受合同法、物权法等民法规范调整。基于特别法优于一般法原则，商法对商事交易没有规范的，

---

① 张骐：《论类似案件的判断》，《中外法学》2014 年第 2 期，第 527 页。

可适用民事裁判规则。

最后，之所以适用商事惯例，是因为制定法的缺陷。成文法和制定法缺乏周延性，不可能覆盖其所调整对象的方方面面。商事裁判规则和民事裁判规则也是如此。在法律没有明文规定的情况下，如何通过对现有规则的解释，来解决商业领域发生的法律问题，是指导性案例需要解决的问题。商业活动极具专业性，特别是随着科技进步和创新经济的发展，新型交易模式和规则不断翻新，这些在长期商事活动中形成的交易规则和惯例，成为商事团体的自治规范，成为商人们从事商业活动必须遵守的规则，维持着商事交易秩序有序运转。故而，商人从事商业行为在接受商法规范的同时，还需遵守公司章程、交易所等社会中介组织的业务规则、商会规约以及交易惯例等商事自规则。如国际贸易中形成的《托收统一规则》《跟单信用证统一惯例》等交易规则，在商事交易中就得到了广泛应用。再如《合同法》第22条规定"承诺应当以通知的方式做出，但根据交易习惯或者要约表明可以通过行为做出承诺的除外"等。

（二）小前提的特殊性

裁判理由的小前提是案件事实。因此，小前提的特殊性就是指商业指导性案例的案件事实自身所具有的特殊性，有着自身特定的范围。商事案件事实表现为商业性和财产性，不涉及身份与人格。它主要包括：（1）有关市场主体的产生、变更与消亡的事实；（2）有关市场组织内部治理的事实；（3）有关商业交易的事实；（4）有关市场上经营者之间的竞争关系的事实；（5）有关经营者与消费者之间关系的事实。

但并不是商业活动中发生的所有事实都属于小前提中的商业性事实。小前提中的商业事实必须符合法律规范事实构成。例如，指导性案例第8号相关法条的事实构成为"公司经营管理发生严重困难"。作为该案小前提的商业事实必须是能够证明"公司经营管理发生严重困难"的具体事实。该案演变过程发生了一系列事实，但只有"凯莱公司仅有戴小明与林方清两名股东，两人各占50%的股份，凯莱公司章程规定'股东会的决议须经代表1/2以上表决权的股东通过'，且各方当事人一致认可该'1/2以上'不包括本数"以及"凯莱公司已持续4年未召开股东会，无法形成有效股东会决议，也就无法通过股东会决议的方式管理公司，股东会机制已经失灵。执行董事戴小明作为互有矛盾的两名股东之一，其管理公司的行为，已无法贯彻股东会的决

议。林方清作为公司监事不能正常行使监事职权，无法发挥监督作用"才属
于该案小前提中所指的案件事实。

小前提中的案件事实也被称为基本事实（必要事实），与基本事实相对应
的是非基本事实。基本事实指决定着案件性质，直接关系着法律责任构成及
责任程度，对形成判决结论有必要的事实。基本事实之外的其他事实都是非
基本事实。不同的案件事实对商事案件的结论影响不同，对相关裁判规则发
挥的解释辅助作用也是不同的。基本事实通常在法律规定中有明显的规定。
基本事实与非基本事实的区别意义在于：参照指导性案例判案的首要环节，
是在与制定法条文相关联的若干指导性案例中寻找到与待决案件最为相似的
一个。这就需要对待决案件与指导性案例中的法律事实进行分析和选择，判
断两者的案情相似性。[①] 判断待决案件与某个指导性案例的相似性，主要看其
必要事实。[②]

此外，指导性案例无须将事实区分为认可事实与认定事实。这一点与普
通民商事案件对事实的区分不同。在普通民商事案件中，事实应区分认可事
实与认定事实。认可事实是指当事人间不存在争议的事实；认定事实指当事
人间存在争议，需要法官运用证据规则来认定的事实。对于认可事实，法院
只需要在庭审中查明确认即可，无须证明。并非所有的事实都需要法院认定
查明认定，只有小部分需要法院查明认定。而指导性案例本身并不涉及对案
件事实的认定问题，案件事实已在普通民事诉讼程序中确认。

（三）价值判断的特殊性

裁判理由的实质就是法律适用。为了准确适用法律规范，光有司法三段
论还不足以解决所有法律问题，还必须依赖价值判断。价值判断有利于保障
裁判结果的公正性，能够弥补三段论的不足，最大限度地实现法律效果与社
会效果的统一。类比推理作为辩证推理的一种，侧重于对法律规定和案件事
实的实质性内容进行价值评判。因此，包含价值判断、利益衡量、政策考量
等内容的情势权衡原则在认定案件相似性的过程中具有了重要的实际意义。[③]

商事案件的价值判断有其自身特殊性，这种特殊性来源于商法所确立的
价值导向，主要包括保障营利和促进交易。它在商事案件法律适用中发挥着

---

① 于同志：《论指导性案例的参照适用》，《人民司法·应用》2013 年第 7 期，第 62 页。
② 于同志：《论指导性案例的参照适用》，《人民司法·应用》2013 年第 7 期，第 62 页。
③ 于同志：《论指导性案例的参照适用》，《人民司法·应用》2013 年第 7 期，第 63 页。

不可替代的作用。例如，指导性案例第 67 号^①争议的焦点在于被告周士海是否享有《合同法》第 167 条规定的合同解除权。结合最高人民法院司法解释，若该案仅依据一般商品分期付款买卖规则来诠释，被告周士海就拥有股权转让合同解除权。但是，该案法官依据股权转让特性，以促进交易为价值导向，对《合同法》第 167 规定的合同解除权做了目的限缩性解释，否决了被告周士海拥有《合同法》第 167 条规定的合同解除权，维护了交易安全。

（四）法律论证的特殊性

法律论证，就是通过提出理由（前提），以证明特定法律决定（即裁判结论）的正当性和妥当性的活动，贯穿于法律适用的全过程。如同其他论证，法律论证也包含论点、论据、论证。商事指导性案例裁判理由的论证有着自身的特殊性。这种特殊性既来源于商事裁判规则的特殊性，又来自于商业活动（案件事实）的特殊习惯，还来自于其论证方法的特殊性。鉴于上文已有阐述，本段就不对商事裁判规则的特殊性和商事案件事实的特殊性进行说明。

法律的论证方法包括法律语义分析方法、法律价值分析方法、法律经济分析方法、法律社会学分析方法和法律逻辑学分析方法。其中，法律价值分析方法、法律经济学分析方法和法律社会学分析方法会因案件性质不同呈现不同的特性。例如，刑事案件的社会价值分析方法就不同于商事案件的社会价值分析方法。

1. 法律社会学分析方法的特殊性

社会学分析方法是法律论证的基本方法之一。它要求法律论证须结合特定社会在特定时期的各项要素，包括经济状况、风俗状况、社会需要等情况。任何商业活动都是在特定社会关系和社会背景中发生的。因此，法官论证裁判结论时必须考虑商业纠纷发生的社会环境要素。与其他类型案例的法律社会学分析方法不同，商事案例的法律社会学分析方法更加关注国家经济环境、行业背景以及围观商业活动。例如，指导性案例第 79 号^②裁判理由在认定被告陕西广电网络传媒（集团）股份有限公司是否具有市场支配地位时，就考虑了当地有线电视传输业务的特殊行业背景。被告是经陕

---

① 指导性案例第 67 号：汤长龙诉周士海股权转让纠纷案。
② 指导性案例第 79 号：吴小秦诉陕西广电网络传媒（集团）股份有限公司捆绑交易纠纷案。

西省政府批准，陕西境内唯一合法经营有线电视传输业务的经营者。再如，指导性案例第78号①在认定被上诉人是否具有市场支配地位时也考虑了"互联网环境下的竞争存在高度动态的特征"。

2. 法律经济学分析方法的特殊性

商事审判的核心理念为促进市场繁荣，追求资源配置效率。因此，与其他类型案件（如民事案件、行政案件）审判相比，商事审判的法律论证更重视法律经济学方法在具体案件分析和法律论证中的作用。商事案例法律经济学分析方法的这种将法学和经济学交叉运用的法律经济学分析的进路，常常使得商事法官更为接近市场交易的本质，做出更加符合市场经济规律的裁判方案。例如指导性案例第51号②裁判理由——"被告东方航空公司应当知道国泰航空公司从中国香港飞往卡拉奇的衔接航班三天才有一次，更明知阿卜杜勒一行携带着婴儿，不便在中转机场长时间等候，有义务向阿卜杜勒一行提醒中转时可能发生的不利情形，劝告阿卜杜勒一行改日乘机"就运用了经济学分析方法。该部分论述的内在逻辑为航空公司在获知具体航班信息方面相较于旅客具有成本优势。

商事案件法律论证的特殊性还体现在内在逻辑的特殊性。裁判理由通常涉及数个论点，每个论点通常涉及数个法律条文和案件事实。这些论点之间不是孤立的，是相互联系的，呈现一定的内在逻辑性。基于商事案件的商业特征，商事案例裁判理由的内在逻辑性须符合商业过程和商业习惯，而不能随心所欲，毫无章法。

三 商事指导性案例裁判理由规范化的内在原因

胡云腾大法官说，人民法院的指导性案例，从其性质上看是解释法律的一种形式，更准确地说，是解释宪法性法律以外的国家法律的一种形式。③ 指导性案例是法官释法而不是法官造法，是总结法律经验法则而不是创制法律

---

① 指导性案例第78号：北京奇虎科技有限公司诉腾讯科技（深圳）有限公司、深圳市腾讯计算机系统有限公司滥用市场支配地位纠纷案。

② 指导性案例第51号：阿卜杜勒·瓦希德诉中国东方航空股份有限公司航空旅客运输合同纠纷案。

③ 蒋安杰：《人民法院案例指导制度的构建》，http：//www. legalinfo. gov. cn/index/content/2012 - 06/28/content_ 3670509. htm? node = 7879，2017 年 4 月 16 日访问。

经验法则。^① 从案例指导制度的性质看，具有指导作用的指导性案例依附于法律条文，体现为对特定法律条文的具体解释。^② 案例指导制度的实行，可以在一定程度上替代原有的一些司法解释或批复。^③ 中国指导性案例的发现和确定机制，指导效力的约束机制都流露着极强的行政权运作逻辑的色彩。^④ 因此，案例指导制度赋予了最高人民法院以指导性案例形式释法的权力。但是，任何权力都有自己的边界，其运行应遵循特定的规则与程序。通过规范作为指导性案例灵魂的裁判理由可明确和规范最高人民法院发布指导性案例的权力。

最高人民法院试图通过案例指导制度的推行，来解决我国司法中 "同案不同判" 的顽疾。作为指导性案例重要组成部分的裁判理由详细阐述了裁判要点。理解和适用裁判要点（指导性案例在具体案件中的适用本质就是裁判要点的适用）有赖于裁判理由的内容与表达。因此，为了达到统一司法的目的，保证案例指导制度不至于流于形式，有必要对裁判理由予以规范。

概言之，于权力限制，应规范商事指导性案例的 "裁判理由"；于指导性案例适用，也应规范商事指导性案例的 "裁判理由"。

四 商事指导性案例 "裁判理由" 的表达现状

目前我国有关商事指导性案例的裁判理由表达呈现以下几种情况。

第一，有的案例的裁判理由紧密围绕裁判要点与相关法条。例如，指导性案例第 47 号^⑤。该案例相关法条为《中华人民共和国反不正当竞争法》第 5 条第 2 项 "擅自使用知名商品特有的名称、包装、装潢，或者使用与知名商品近似的名称、包装、装潢，造成和他人的知名商品相混淆，使购买者误认为是该知名商品"。裁判要点为："（1）反不正当竞争法所称的知名商品，是指在中国境内具有一定的市场知名度，为相关公众所知悉的商品。在国际上

---

① 蒋安杰：《人民法院案例指导制度的构建》，http：//www. legalinfo. gov. cn/index/content/2012 - 06/28/content_ 3670509. htm? node = 7879，2017 年 4 月 16 日访问。

② 于同志：《论指导性案例的参照适用》，《人民司法·应用》2013 年第 7 期，第 62 页。

③ 刘作翔：《案例指导制度的定位及相关问题》，《苏州大学学报（哲学社会科学版）》2011 年第 4 期，第 55 页。

④ 郑智航：《中国指导性案例生成的行政化逻辑——以最高人民法院发布的指导性案例为分析对象》，《当代法学》，2015 年第 4 期，第 125 页。

⑤ 指导性案例第 47 号：意大利费列罗公司诉蒙特莎（张家港）食品有限公司、天津经济技术开发区正元行销有限公司不正当竞争纠纷案。

已知名的商品，我国对其特有的名称、包装、装潢的保护，仍应以其在中国境内为相关公众所知悉为必要。故认定该知名商品，应当结合该商品在中国境内的销售时间、销售区域、销售额和销售对象，进行宣传的持续时间、程度和地域范围，作为知名商品受保护的情况等因素，并适当考虑该商品在国外已知名的情况，进行综合判断。（2）反不正当竞争法所保护的知名商品特有的包装、装潢，是指能够区别商品来源的盛装或者保护商品的容器等包装，以及在商品或者其包装上附加的文字、图案、色彩及其排列组合所构成的装潢。（3）对他人能够区别商品来源的知名商品特有的包装、装潢，进行足以引起市场混淆、误认的全面模仿，属于不正当竞争行为。"裁判理由包括三部分。（1）关于费列罗巧克力是否为在先知名商品。（2）关于费列罗巧克力使用的包装、装潢是否具有特有性。（3）关于相关公众是否容易对费列罗巧克力与金莎 TRESOR DORE 巧克力引起混淆、误认。通过对比裁判理由与裁判要点，可发现该案裁判理由紧扣裁判要点与相关法条对该案争议焦点进行阐述。

第二，有的案例的裁判理由没有围绕裁判要点与相关法条。例如，指导性案例第 45 号[①]。该案例相关法条为《反不正当竞争法》第 2 条"本法所称的不正当竞争，是指经营者违反本法规定，损害其他经营者的合法权益，扰乱社会经济秩序的行为"。裁判要点为："从事互联网服务的经营者，在其他经营者网站的搜索结果页面强行弹出广告的行为，违反诚实信用原则和公认商业道德，妨碍其他经营者正当经营并损害其合法权益，可以依照《中华人民共和国反不正当竞争法》第 2 条的原则性规定认定为不正当竞争。"裁判理由是对原告的主张是否成立进行的论证，分为三个步骤：（1）本案被告是否实施了被指控的行为；（2）如果实施了被指控行为，该行为是否构成不正当竞争；（3）如果构成不正当竞争，如何承担民事责任。但只有第二个步骤"关于被控侵权行为是否构成不正当竞争"才是对裁判要点的直接说明，另外两个步骤则无关裁判要点。

第三，有的案例的裁判理由遗漏了部分重要事实。例如，指导性案例第 8 号[②]未交代凯莱公司两个股东林方清和戴小明是夫妻关系。这一事实会影响两个股东之间关系性质的认定。"凯莱公司是股东仅有夫妻两人的特殊公司，两

---

① 指导性案例第 45 号：北京百度网讯科技有限公司诉青岛奥商网络技术有限公司等不正当竞争纠纷案。

② 指导性案例第 8 号：林方清诉常熟市凯莱实业有限公司、戴小明公司解散纠纷案。

人既是公司股东，其各自的股权又是双方共同所有，股东之间的关系类似于合伙关系。在此意义上，本案有点像合同关系当事人双方原先约定合法有效，因一方违约或者故意为合同履行设置障碍，法院不去考虑如何追究违约责任，而是干脆判决解除或者撤销合同，有不适当地干预当事人自治权限的嫌疑"。①

概言之，商事指导性案例的裁判理由的表述呈现多样化，有的围绕裁判要点与相关法条，有的则不是围绕裁判要点和相关法条，有的甚至会遗漏部分重要事实。多样化的背后是裁判理由表达的随意性和缺乏统一。但是，一项制度本身应呈现有序性，裁判理由的表达的内容和方式应有自己的内在规律，不能随性而为。因此，应对商事指导性案例的裁判理由予以规范。

五 商事指导性案例裁判理由表达随意性的成因

不可否认，商事案件类型繁多。不同案件的争议点不同，所涉及具体事实就不同，所适用法律也不同。这导致了各案件生效裁判理由所表达的内容和方式具有多样性。但是，这不构成随意性和缺乏统一的理由。细分下来，导致商事指导性案例裁判理由随意性的原因主要有以下几点。

第一，对如何 "指导" 理解不够，对 "指导" 的内容缺乏认识。关于对指导性案例的了解，调查对象中，不了解指导性案例的比例为 23%，社会公众不了解的比例较高，为 44%。22% 的法官没有学习过指导性案例，甚至有 13% 的法官从未听说过。② 28% 的调查对象认为 "我国非判例法国家，没有必要适用指导性案例"，41% 的调查对象表示 "没有参照指导性案例的习惯"。③

第二，指导性案例组成因素模糊不明确。如前述，《规定》及《实施细则》没有对相关法条、裁判要点、案情背景以及裁判理由等要素进行明确，对它们之间的逻辑链条和相互关系也没有进一步说明，对组成要素的核心要点和次要内容也没有做严格的区分，对各组成要素应该写什么、写到何种程

---

① 吴建斌：《公司纠纷指导性案例的效力定位》，《法学》2015 年第 6 期，第 60 页。
② 赵瑞罡、耿协阳：《指导性案例 "适用难" 的实证研究——以 261 份裁判文书为分析样本》，《法学杂志》2016 年第 3 期，第 118 页。
③ 赵瑞罡、耿协阳：《指导性案例 "适用难" 的实证研究——以 261 份裁判文书为分析样本》，《法学杂志》2016 年第 3 期，第 118 页。

度也没有要求。这导致了裁判理由的表达具有一定的随意性，有些指导性案例的裁判理由与生效裁判的裁判理由几乎没有任何差别。

第三，指导性案例的遴选标准不包括裁判理由。《规定》第 2 条规定，指导性案例是指裁判已经发生法律效力，并符合以下条件的案例：（1）社会广泛关注的；（2）法律规定比较原则的；（3）具有典型性的；（4）疑难复杂或者新类型的；（5）其他具有指导作用的案例。该条并未对入选的生效裁判的裁判理由提出要求。这就可能导致有的案例裁判理由未必充分但是因符合遴选标准而被选为指导性案例。

第四，我国审判实务缺乏对法学方法论的训练。阐述裁判理由的过程就是法律适用的过程。法学方法论是法律适用的基本规则，而我国审判实务未对法学方法论的运用提出明确要求，再加上法官个人因素，这导致了原有生效裁判说理未必充分和准确，有的甚至没有分析与论证。而指导性案例裁判理由却直接来源于原生效裁判，有的甚至未做任何改变。这就间接造成了指导性案例的裁判理由缺乏相应标准，表达格式呈现多样化。

六　商事指导性案例"裁判理由"规范化的解决之道

第一，明确裁判理由的含义及组成部分。如前所述，目前《规定》及《实施细则》并未明确相关法条、裁判要点和裁判理由等指导性案例组成要素的具体含义，没有对各要素之间的相互关系进行说明，没有明确裁判理由的法律地位。另外，相关规定没有明确商事指导性案例裁判理由各组成部分（相关法条、案件事实和说理论证）的具体要求，也没有对组成部分进行细分（例如，没有对案件事实细分为基本事实与非基本事实），这导致了裁判理由表达的不规范和随意性。因此，应明确裁判理由在指导性案例中的法律地位。

第二，将生效裁判理由纳入指导性案例遴选标准。目前指导性案例的遴选标准未包含生效裁判本身的水准（当然这不能完全否认最高人民法院在遴选指导性案例过程中会考虑生效裁判本身的说理质量）。指导性案例的裁判理由直接来源于生效裁判的判决理由。因此，生效裁判判决理由的质量如何直接关乎着指导性案例裁判理由的质量。在目前最高人民法院不便对生效判决裁判理由做大幅度改动的情况下，应将裁判理由的质量纳入指导性案例入选考量因素。即使特定商事案例符合目前的入选标准，但是如果该案生效裁判的说理不符合方法论的基本要求,那么这样的商事案例也不应被选入指导性案例。这是因为裁判理由直接关系着办案人员对裁判要点和相关法条的理解,关系着指导性案例的准确适用。

第三,加强对审判工作者法学方法论的培训。裁判理由的质量提升和规范化有赖于法官自身法学方法论水平的提高。目前我国并未强制要求法官熟练掌握法学方法论(即使有要求,大多限于学术范围)。法官普遍不熟悉案件相似性之判断标准,对类比推理方法、案件事实的深入分析等缺乏系统性认知。① 因此,法官有必要加强法学方法论、类推方法和识别技术的学习和运用。

---

① 赵瑞罡、耿协阳:《指导性案例 "适用难" 的实证研究——以 261 份裁判文书为分析样本》,《法学杂志》2016 年第 3 期,第 120 页。

风险投资中领售权条款应用的法律分析

张鹏飞[*]

【内容摘要】 领售权条款是创业者与风险投资者控制权矛盾的产物，其背后有自由主义公司法下的良好制度环境的支撑，实现了投资效益与资金安全的平衡。一般的领售权条款通常包括权利当事人、触发事件、程序要件、转让对象等要素。美国、澳大利亚等域外国家，都对这一条款予以认可，其法院亦对领售权条款的效力给予肯定。从理论上看，中国法下的领售权亦是合法有效的。若领售权受领人违约，其违约金不可适用合同法中的酌减原则，且法院可以强制履行领售权。但是，由于现行法的缺陷，领售权的行使依旧面临一定风险。故必须注重领售权条款设计，优化其适用环境。

【关键词】 风险投资　领售权　合法性

2015 年，张兰从俏江南"净身出户"，人们再一次审视风险投资领域，同时也牵出了风险投资中的一个重要条款——领售权条款。正是这个条款，让鼎晖投资仅以 10.53% 的股份撬动张兰的俏江南帝国，最终导致张兰含恨退出。这一滥觞于美国的领售权，每一个风险投资合同中几乎都有涉及。其在美国这样一个资本规制法律相对健全的环境下，为美国资本市场的发展提供了支持。但是，这个舶来品在中国的发展，尤其是俏江南事件之后，这一条款不仅让创业企业再次反思，同时也对中国目前的法律环境提出考验。根据中国科技年鉴统计，在创业风险投资领域，2014 年投资方选择的退出方式中，上市占到 20.8%，收购占到 36%，回购占到 36%，清算占到 4.8%，其他方式占 2.4%。[①] 而与领售权条款相对应的正是收购方式。收购

---

* 张鹏飞，中国社会科学院研究生院 2015 级硕士研究生。
① 国家统计局科学技术编《中国科技统计年鉴 2015》，中国统计出版社，2015，第 174 页。

成为投资方退出选择的最多的两种方式之一。可猜想的是，在近 1/3 的投资方退出过程中，都可能会涉及领售权的触发问题。这时候，就需要相应的法律进行规制。

与此形成鲜明对比的是，目前学界对于领售权条款涉及的法律问题的研究相对缺失。纵然是国外学术圈，关于领售权问题的探究也只是散落于部分文章中，专门对这一问题研究的文章极少。Ma Isabel Sáez Lacave 和 Nuria Bermejo Gutierrez 分析了领售权的结构及价值功能。Sanborn N L、Macleod A N、Berman B 等针对纽约州与特拉华法院在领售权行使过程中触及事实合并的问题进行了讨论。WIlliamW. Bratton 和 Michael L. Wachter 从公平审查合同角度，结合美国风险投资委员会公布的风险投资示范合同对领售权的行使进行了讨论。而在国内，夏小雄博士的《私募投资合同中"强制随售权"的法律构造分析》一文是对领售权问题最健全的研究，石慧荣教授与傅赵戎博士的《私募股权投资中的领售权与随售权条款研究》重点对领售权的效力问题进行了研究，潘林博士的博士论文则重点讨论了领售权在美国的适用案例。总体上讲，在领售权已经在实务中广泛应用的情况下，理论研究仍旧相对落后。这也导致理论研究不能为司法裁判以及更深层的应用提供帮助，在涉及领售权的案件时，法院难以做出有效、准确的判决。

同样地，在目前的国内司法裁判领域，涉及领售权的案件也是少之又少，能查阅到的，也仅有一例。2008 年初，怀特·威廉姆斯律师事务所代理过一个涉及领售权的案件。案情为：香港的一家私募股权投资公司投资一家上海公司，并获得该公司的多数股权。上海公司的股东协议中就含有领售权条款。当香港的投资公司将股权转让给第三方之时，该条款赋予大股东香港公司强制少数股东（上海公司原股东）以同样的价格、同样的条件将其股权出卖给该第三方。此后，在该私募机构行使领售权时，原股东拒绝出售相应的股权，认为这种领售权是不公平的，其不被中国境内法律承认，且不可执行。2008年 3 月，该私募机构诉至上海法院。同时，出于对交易不确定性的担忧，第三方撤回收购要约。故，该私募机构修改了诉讼请求，要求少数股东赔偿由于其违约而导致的原本股权转让可得利益之损失。2008 年 10 月底，经过长时间的审判，上海法院建议当事人双方达成和解。审判期间，少数股东的律师认为，领售权条款本质上是不公平的。尽管法官对此没有提出明确的意见，却否定了这一论点，并指出在股东们面临同样的价格、条款和条件下，无法辨别协议中的不公平。最终，双方当事人达成和解，小股东将其股权转让给香港公司。①

遗憾的是，法院并没有直接对这样一个涉及领售权条款的案件做出判决。此时，我们不禁要发问：领售权究竟是一种什么样的权利？为什么法院没有对此案件做出判决？中国法下的领售权，又该如何正确运用呢？对此，本文分五个部分对领售权所涉及的问题进行阐述。第一部分从领售权的定义出发，阐述领售权产生的原因。第二部分主要分析领售权的行使机制，介绍风险投资协议中领售权的一般条款，并分析其基本要素。第三部分则结合重点案例，分析领售权在域外的适用。第四部分讨论中国法语境下领售权的合法性问题，并结合案例，分析法院对类似案件不直接判决的原因。第五部分重点分析领售权行使过程中所遇到的问题，并提出在中国进一步适用的建议。

一　领售权条款概述

（一）定义

领售权（Drag – along right），一般也被称为强制随售权、拖带权、强卖权等。领售权规定，按照股东之间的协议约定，在约定的条件下，一个或多个享有领售权的股东，在其将所持股份出售给第三方的时候，有权迫使其他股东以相同的价格、同等的条件出售其股份。② 这些规定也可能迫使企业合并或者销售实质上所有公司的资产。

（二）产生原因

风险投资中的领售权肇始于美国。在风险投资领域，由于创业者巨大的资金需要，其希望能得到风险投资者的资金支持。在这一过程中，创业者在吸纳资金的同时仍旧想要保持对企业的控制权，而风险投资者则通过资金的注入想要取得对企业的部分权利，进而确保投入资金的安全与收益。在这一博弈的过程中，领售权作为投资协议的一部分便应运而生。其产生，主要有以下原因。

---

① Chunsheng Lu, Gary P. Biehn. "Private Equity in China: Enforceability of Drag – Along Rights", http: //www. whiteandwilliams. com/experience – Private – Equity – China – Drag – Along – Rights. html.

② Sanborn N L, Macleod A N, Berman B, et al. "The Enforceability and Effectiveness of Typical Share-holders Agreement Provisions", *Business Lawyer*, 65 (4) 2010, p. 1182.

1. 创业者与风险投资者控制权矛盾的产物

作为满怀梦想的创业者，其对企业发展有着自己的蓝图规划。但是鉴于企业发展的巨大资金需求，其又不得不向社会寻求资金支持。在资金选择方面，面临着金融机构借贷或者风险投资者投资等选择。不同的是，资金借贷将使本来就缺少现金流的创业企业背上"借贷包袱"，而吸收风险投资者的投资，不仅会增加企业的现金流，同时也会促进经营规模扩大。然而，当选择后者之时，创业者不可避免地要以一部分股权作为交换。对于风险投资者而言，在选择目标公司的时候，其面临的是高风险、高投入、不对称的信息等，在资金投入之后，其将面对公司原有股东管控下的机会主义风险与道德风险。这时候，如何实现投资帕累托最优安排，就成为风险投资者必须考虑的问题。创业者希望在吸收资金的同时，依旧能够控制公司运营；风险投资者则追求投资的安全、收益与到期后的安全退出。此时，双方的矛盾就聚焦于企业的控制权上。

在经过双方的不断博弈之后，领售权作为风险投资者退出的补充方式之一，无疑成为最佳选择之一。公司在以少数股权换得风险投资者注资的情况下，原有股东依旧能控制公司的经营管理。而风险投资者在保留 IPO、收购、股份回购等基本的退出方式之外，增加了领售权条款。这一方面可以激励创业者经营公司，不断提高公司效益；另一方面出现触发事件时，可以将领售权行使作为退出公司的一种方式。同时，领售权在一定程度上也对原股东的控股权起到限制作用。如此情况下，创业者与风险投资者实现了利益博弈的平衡。

2. 自由主义公司法下的良好制度环境

自由是企业的天性，同样，自由主义是公司法的精髓和灵魂。① 而对于产生领售权的美国来说，自由主义的思潮自独立战争以来就一直在美国占据着一定地位。在自由资本主义肆意发展的同时，美国的公司法同样朝着自由化的方向发展。在各州拥有立法权的前提下，尤其是 19 世纪末 20 世纪初，以新泽西州的公司法修改为开端，其开启了美国各州修改公司法、降低公司法门槛的序幕。② 此后，以特拉华州为代表，各州在模仿新泽西州做法的同时，

① 施天涛：《公司法的自由主义及其法律政策——兼论我国〈公司法〉的修改》，《环球法律评论》2015 年第 1 期，第 81 页。

② Seligman J. "Brief History of Deleware's General Corporation Law of 1899", *Del. j. corp.* 1, 1976, p. 249.

更加突出本州公司法的自由主义。在公司的设立、治理等方面，强调公司自治，为公司股东提供极其充分的自主性。与此同时，以公司为中心的其他金融法律的制定，为公司的生存发展提供了制度沃土。在这片沃土之上，富有创新能力的人们可以吸收大量资金运用到创业公司的发展中。极具弹性的法律为创业者、投资者在公司权力的配置上提供了良好的空间。法官的造法功能，在很大程度上可以为不同投资者之间的矛盾提供事后救济。而作为创业者与风险投资者控制权博弈结果的领售权，在自由主义公司法下，法律并没有对此做出限制。投融资双方将其作为重要条款纳入风险投资协议也就成为必然。

3. 投资效益与资金安全的平衡

芝加哥学派的代表人物科斯在《社会成本问题》一书中，提出了科斯定理。只有当法律对社会的调整所带来的产值大于该调整的成本时，法律才应该介入调整。[①] 对于风险投资来说，该定理同样适用。在风险投资中，风险投资者与创业者的交易成本巨大，前者以巨额资金投入，后者则以公司部分股权与控制权作为交换。在双方付出极大交易成本的情况下，要想使投资效益最大化，就必须将公司的经营权配置给能以最高价值使用的一方。作为企业的创始人，创业者有着对行业的全面认知度、风险识别能力，其对企业的发展几乎是了如指掌。同时，作为企业的创始人，创业者将企业从构想变成现实，对企业倾注了无限的心血与感情，其更希望企业可以获得长久发展。然而，作为风险投资者，其具有资金优势，但是在信息不对称的情况下，其难以从有限的信息中对企业的成长做出判断，更无法为企业的发展提供足够的智力支持。相比较而言，将企业交于创业者管理更能实现投资效益的最大化，实现投资效率。

然而资金的安全，无疑是风险投资者看重的。风险投资的目的是为了实现从企业的安全退出进而取得收益。而资金一旦被投入到企业中，在追求投资效益的目的下，风险投资者不得不让创业者依旧控制企业经营权。失去资金控制之后，风险投资者就需要承担安全风险。要想分散资金风险，就要增强资金的流动性。[②] 而当风险投资者需要从目标公司回收资本的时候，纵使风

---

① 陈金钊编著《法理学》，北京大学出版社，2010，第 263 页。

② Milhaupt C J. "The Market for Innovation in the United States and Japan: Venture Capital and the Comparative Corporate Governance Debate", *Northwestern University Law Review*, 91（3）1996, p. 249.

险投资者是少数股东，领售权的存在仍旧可以强制其他股东出售股份，进而实现资金退出。所以，在这里，领售权成功地充当了促进资金流动的角色，同时也增强了资金的安全性。综上可知，领售权无疑实现了投资效益与资金安全的平衡，是创投双方均衡利益的结果。

二 领售权的行使机制

（一） 一般条款

风险投资中的领售权肇始于美国，而领售权最经典的表达则出现在《美国创业风险投资示范合同》中。[①] 实务中的许多风险投资合同多是在这一版本的基础上演变而来，而关于领售权条款，经过各方的磋商，也出现各种式样。一般的条款表述为：在 X 条件下[②]，如果超过特定百分比的 A 类优先股股东[③]和董事会同意出售全部或部分股份给第三方，且其每股的收购价格为 Y，则该优先股股东可以要求其他股东，在同样的条件下，按照优先股股东出售股票的比例将其股份出售给该第三方。如果该行为需要经过股东会批准，则这些股东应当参加且投票支持，且在此之后不能行使异议股东权或者评估权。[④]类似的条款会被创业者和风险投资者在协议中经过不断的磋商之后，加以修改运用。

（二） 领售权的一般要素

尽管领售权在不同的风险协议中被表述为不同的条款，领售权条款的行使一般都包括以下几个要素。

---

① 一般将该条款表述为："A 序列优先股股东和创始人及 ［现在或未来持有多于 X% 投票表决支持普通股（假定序列优先股转换，无论当时被持有或受限于期权的执行）］应与投资者订立协议，规定这些股东在视为清算事项或公司及（董事会）［和在视为转换基础上的（多数）（绝对多数）已发行序列优先股持有者］50% 以上投票权转让交易的情况下予以投票赞成。"——笔者注

② 这里的 X 条件，在实践中一般被列为 "如果未在 5 年内实现 IPO" 或者 "在本轮融资交割结束 5 年内" 等。——笔者注

③ 在后文研究的案例中，"超过特定百分比的 A 类优先股股东同意" 的条件多数被设置为 "超过特定百分比的表决权股东同意"。——笔者注

④ ［美］布拉德·菲尔德、杰森·门德尔松：《风险投资交易条款清单全揭秘》，桂曙光译，机械工业出版社，2014，第 72 页。

1. 权利当事人

一般领售权条款所约束的对象包括普通股股东（即创业者）与优先股股东（即风险投资者）。在风险投资中，作为创业者的普通股股东控制着公司的经营权利，作为少数股东的风险投资者出于资金安全考虑，往往会在投资协议中要求创业者接受领售权条款，进而保障自己适时退出的权利。与此同时，在风险投资中，往往不是只有简单的一轮融资，而是存在多轮融资。即使在同一轮融资过程中，除了领投者之外还有许多跟投者。鉴于多轮融资的复杂程度，本文只讨论 A 轮融资情况下的领售权条款设定。同时，由于风险投资企业的形式多样，本文讨论的范围也只是在有限责任公司这一公司形态下，且其所有股东均签订了含有领售权条款的风险投资协议。所以，在领售权条款的设置过程中，这些条款也往往对其他投资者进行约束。需要注意的是，领售权条款并不是少数股东的风险投资者的专利，在许多风险投资中，创业者同样可以运用这一条款，将自己设定为领售权的发起人，约束其他优先股股东（即风险投资者等）。

2. 触发事件

领售权的触发条件，关乎着领售权何时被触发的问题，也是创投双方在风险投资协议谈判中重点关注的一点。协议中有的会将该条件列为"在本轮融资满 5 年后"，有的则列为"若公司在 5 年内未成功上市"，有的则列为"公司被第三方收购或者有重大资产出售"，还有部分协议只是说明在"一定条件下"，并未列明具体条件。以 2013 年美国国风险投资为例，在投资金额占比方面，早期、扩张期所占百分比分别达到 57.5%、15.5%。① 可见，在美国这样一个风险投资已经极其成熟的国家，投资者一般都将投资时机选择在企业的初始发展期。而在企业的业绩不能达到风险投资者的预期或者企业未能成功上市之时，股权出售就成为风险投资者退出目标公司的选择之一。与此同时，领售权触发事件的设置若与此相结合，就可以在很大程度上确保投资者的利益。

3. 程序要件

在享有领售权的权利人发起领售权之后，其需要满足一般的程序性要件，该权利才能实施。这些要件一般包括要求特定比例的股东同意、董事会决议通过等。持股比例方面，一般作为领售权人的风险投资者都是少数

① 中国风险投资研究院编著《中国风险投资年鉴 2014》，中国海关出版社，2014，第 193 页。

股东的一方。以 2013 年中国风险投资机构持有的股权比例为例，在样本中的 66 个项目中，有 35 个项目的风险投资者持股比例不高于 10%，51 个项目的持股比例不高于 30%，且没有风险投资者在一个项目中持股比例超过 50%。① 即便在已经因为领售权等条款而陷入资本泥潭的俏江南被 CVC 收购事件中，作为风险投资者的鼎晖投资也只占整个俏江南股本的 10.53%，远低于张兰个人的 89.47% 的股权比例。对于领售权人与受领人来说，双方都希望把同意股东的比例限制在保障自己利益的水平上。实务中，有的将特定股东同意的要件表述为"超过特定百分比的 A 类优先股股东同意"，有的表述为"超过特定百分比的表决权股东同意"。鉴于文中的案例② 都选择后者作为程序要件之一，故，后文也都基于这一选择进行讨论。一般情况下，这一比例通常设置为 50% 或者 2/3，只有达到这一要求，股东才可能同意出售股份。

至于董事会同意，则与公司的管理体系相关。正如前文说述，领售权的设置是创业者与风险投资者利益的博弈。在风险投资者加入领售权的同时，创业者也会在企业的控制权上做文章，尽可能地减少风险投资者对企业运营管理的影响。其中重要的一点就是，创业者在公司为风险投资者只预留一个董事会席位，甚至不留。在此背景下，董事会的同意无疑成为限制风险投资者行使领售权的又一砝码。

4. 其他要素：转让对象、价格、支付对价等

除了以上基本的要素外，领售权的行使还包括一些其他要素。风险投资领域，作为创业者的普通股东在签订领售权协议的时候，一般都限制了行使领售权之后的交易第三方。尤其是在具有竞争关系的行业，创业者极少愿意将其股份转让给曾经与之竞争的公司。若是在竞争性行业，这些潜在的第三方，一般不会仅仅局限于要获得风险投资者的少数股权，其更希望通过"逼迫"领售权人行使领售权进而取得目标公司的控制权，以壮大自身，削弱其他竞争对手。当然，也有很多领售权条款，因为迫于风险投资者的压力而不对转让对象加以限制。

在转让价格方面，实务中对该条件的约定亦是各式各样。一般情况下，出于保障自身利益考虑，风险投资者一般会设置一个最低价格，而不会设置具体价格或者最高价格。有的约定第三方股权收购价格不得低于融资价格的

---

① 中国风险投资研究院编著《中国风险投资年鉴 2014》，中国海关出版社，2014，第 281 页。

② 参见后文中的 Halpin v. Riverstone National，Inc. 与 William McCausland v Surfing Hardware International Holdings Pty Ltd 案件。

数倍，有的则不做具体约定。需要注意的是，在风险投资合同中，风险投资者往往会加入清算优先权条款，在清算优先权中，优先股股东通常要求获得其投资额 2 倍或者更高的回报。如果领售权的行使同时触发了清算优先权，在转让价格低于或者等于融资价格的时候，普通股股东可能会面临着补偿优先股股东的后果。① 所以，转让价格的设置必须考虑到优先清算权的存在。与转让价格相联系的还有支付对价。正常的股权转让的支付方式无非现金、股权或者其他方式。现金无疑是最具安全性的一种支付方式。而股权，则要考虑许多因素。不同的第三方企业，其支付的股权的流动性、变现能力是不同的。这时候就需要综合考量以上因素，选择安全系数高、流动性强、具有增值空间的股权。

除了以上要素外，领售权的行使一般要求领售权人履行提前通知的义务，即必须在协议约定的时间内将股权要约收购的条件等悉数通知其他股东。

三　领售权在国外的适用

（一）领售权在美国的规制与适用

1946 年美国研究发展公司的成立，无疑将风险投资引入了人们的视野。而伴随着风险投资而诞生的领售权条款何时被纳入风险投资合同中，暂无从考究。然而，滥觞于美国的领售权，无疑在这个国家生根发芽，并且衍生出了许多具有借鉴意义的判例。通过对领售权在美国适用的考察，无疑会对我国法律语境下的领售权运用，具有重要的借鉴意义。

1. 法律规制

无论是《美国标准商事公司法》，抑或《特拉华州公司法》，都没有直接规定领售权条款的法律条文。但是，我们可以从这些法律的部分条文中探究法律对这一条款的态度。《美国标准商事公司法》第 7. 32 条对股东协议进行了规定。该条规定，纵然股东协议内容与本法的一条或多条其他规定存在不一致，该股东协议依旧是有效的，除非其与公共政策相抵触。而该条法律最后所列举的股东协议禁止事项也不包括限制股东转让的内容。故该法律下，股东之间是可以对股权转让做出意思自治约定的。同样，考察《特拉华州公司法》，该法的第六分章第 202 节规定了股权转让限制条文。第 202 节（b）

---

① 在风险投资中，一般公司合并、被收购、控制权变更都被视为清算事件。

款规定，公司证明文件、章程、任何数量的股东之间订立的协议或者股东与公司之间的协议，可以对股权转让做出限制性规定。同时，该节的（c）4 项也说明了限制股权转让协议的无效情况，即协议限制股权转让的条件是明显不合理的。[①] 可见，无论是所谓的"公共政策"还是"合理"，《美国标准商事公司法》与《特拉华州公司法》都以一种极其模糊的标准来界定对股权转让有限制的股东协议的效力。其用意无非就是赋予股东更多的自由权利去治理公司，从而达到私法自治的效果。领售权条款作为限制股权转让协议的一种，这些模糊的标准也是很难界定的。只有将其回归到具体的案件中，通过考察司法裁判的尺度，才能探究出法律对领售权的态度。

2. 相关案例

国内很多学者在领售权研究中提到的 FilmLoop 公司与 Coom Ventures 的案件，将领售权在实务中运用，但是在司法裁判的过程中并未涉及该条款的效力。而特拉华州最高法院做出判决的 Minnesota Invco of RSA #7, Inc. Vs. Midwest Wireless Communications LLC 一案中，[②] 虽然被很多学者解读为特拉华州法院支持领售权条款。但究其全文，亦没有发现单独表明领售权条款正当性的用语。[③] 需要注意的是，尽管此案例并未直接表述领售权条款的正当性，但其从合同的角度解读，支持了权利人的主张，仍可以看出特拉华州法院对领售权的某种肯定。

2015 年，从特拉华州法院在 Halpin v. Riverstone National, Inc. 一案中的立场，可以窥探出特拉华州法院对待领售权条款的新态度。2009 年 6 月 5 日，持有 Riverstone National 公司（以下简称 Riverstone 公司）约 9% 股份的 5 名少数股东与 Riverstone 公司订立股东协议。股东协议规定，当公司的其他占 91% 的多数股东行使控制权交易或者合并的时候，这些多数股东拥有行使领售权的权利。根据该条款，当公司遇到控制权变更交易时，多数股东可要求这 5 名少数股东一起出售股份，如果需要行使其投票权，这 5 名股东需投票支持多数股东的意见。若行使领售权，则需要提前向这 5 名股东通知。2014 年 5

---

① 卞耀武主编《特拉华州普通公司法》，左羽译，法律出版社，2001，第 67~68 页。
② 潘林博士的《美国风险投资合同与创业企业治理法律问题研究》、夏小熊博士的《私募投资合同中强制随售权的法律构造分析》都对 Minnesota Invco of RSA #7, Inc. Vs. Midwest Wireless Communications LLC 一案进行了深刻剖析，本文不对具体案件再加以阐述。——笔者注
③ 潘林：《美国风险投资合同与创业企业治理法律问题研究》，吉林大学博士学位论文，2012，第 51 页。

月 29 日，Riverstone 公司的 91% 的多数股东在未向少数股东提供任何事先通知的情况下，根据《特拉华州公司法》第 228 条，与第三方 Greystar 公司签订合并协议。合并协议约定，将 Greystar 公司及其全资附属公司合并至 Riverstone 公司。2014 年 5 月 30 日，Riverstone 公司和 Greystar 公司正式签署了"合并协议"，且协议于 2014 年 6 月 2 日生效。2014 年 6 月 9 日，Riverstone 公司向少数股东发出通知，声明多数股东将行使领售权条款，要求 5 名少数股股东支持此项合并。同时指出，5 名少数股股东拥有股份请求回购权，但是少数股东若行使该项权利将违反之前的股东协议。此后，两名少数股东提出行使股份请求回购权。接着，Riverstone 公司对 5 名少数股股东提起反诉，要求 5 名股东履行领售权。

案件审理中，特拉华州法院重点审查了 Riverstone 公司是否适当地行使了领售权条款，并要求少数股东同意合并协议。股东协议中，领售权条款的意图是限制少数股东的股份请求回购权，股东协议中的表达使得这种权利具有预期性质，因为它需要提前将"拟议"的合并通知少数股东。鉴于领售权的行使需要提前通知，在未履行通知义务的前提下，Riverstone 公司不能行使领售权条款的具体权利，如果 Riverstone 公司遵守协议，是可以强制少数股东同意合并的。故特拉华州法院驳回了 Riverstone 公司的诉讼请求。同时，虽然少数股东要求裁定他们不能放弃其股份请求回购权，在考虑股东协议的条款之后，法院认为没有必要根据法律或公共政策来决定中小股东是否可以通过合同豁免其股份请求回购权，且认为普通股东是否可以放弃股份请求回购权的问题"更微妙"。[①]

尽管该案中关于股东协议中领售权的存在是否可以规避股份请求回购权的裁决并不清晰，但是我们可以得出特拉华州法院对领售权条款的明确态度。在案件的分析过程中，法官多次援引股东协议中的领售权条款，并以其中的具体内容作为分析案件的重要根据。如果说 Minnesota Invco of RSA #7, Inc. Vs. Midwest Wireless Communications LLC 一案中，仍没有直接表达出领售权条款的正当性，那么 Halpin v. Riverstone National, Inc. 的判决则明确给出了特拉华州法院对股东协议中领售权条款正当性的肯定。

（二）领售权在澳大利亚的规制与适用

1. 法律规制

澳大利亚作为亚太地区重要的经济实体，其在亚太地区的私募股权投资

---

① Halpin v. Riverstone National, Inc., C. A. No. 9796 – VCG (Del. Ch. Feb. 26, 2015).

领域也占据着一定地位。据统计，2013 年，澳大利亚的私募股权交易额位列亚太地区的第三位，仅位列中国、日本之后，且高于印度、韩国等国家。一个风险投资相对发达的地区，除了有其相对良好的经济环境支撑之外，也必定和该国法律环境相关。而在风险投资领域，许多协议也都将领售权条款作为其必备条款之一。

与美国关于领售权的规制相类似，《澳大利亚公司法》（2001 年版）也没有直接的条文对领售权进行规制。探究《澳大利亚公司法》对领售权的规制，可以发现该法也有类似于《美国标准商事公司法》的规定。《澳大利亚公司法》第 140 条第 1 款规定，公司成员与公司间、公司与董事、公司成员之间都可以订立协议，对相关权利进行约束。同时，该法第 141 条列举了包括股权转让等在内的权利，都可以通过股东之间的协议来约定。故从法律角度，领售权作为股权转让的一种限制性条款，其是符合澳大利亚的法律规定的。

2. 相关案例

提到领售权的案例，国内学界现有的研究更多的是集中在仅有的美国的数个案例中，而没有关注其他地区的案例。而澳大利亚新南威尔士州最高法院的 William McCausland v Surfing Hardware International Holdings Pty Ltd 一案①，则为我们研究澳大利亚法院处理领售权问题时所采取的态度提供了新的参考。20 世纪 80 年代初，McCausland 先生和两个商业伙伴创办主营冲浪器材的企业。经过多年发展之后，该企业发展为澳大利亚著名的品牌商，三人各持公司股权的 29.7%，剩余的 10.9% 由几个日本投资者持有。2002 年，两名创业伙伴从公司退出，公司引入新的股东，并完成资本重组形成新的 Surfing Hardware International Holdings Pty Ltd 公司（以下简称"SHI 公司"）。在 SHI 公司中，Macquarie Development 公司持股 21.632%，Crescent 公司持股 22.296%，McCausland 先生及其夫人共计持股 30.495%，剩余股权由几个小投资者持有。与此同时，所有股东都签署了一份包括领售权条款的股东协议。根据该协议第 12 条的领售权条款，在公司或任何股东从真实的第三方买方收到收购公司股权的要约之后。若持有本公司股权至少 60% 表决权的股东同意之后，董事会可发出行使领售权的通知，要求每个股东将他们的股份转让给第三方要约人。

---

① William McCausland v Surfing Hardware International Holdings Pty Ltd ACN 090 252 752［2013］NSWSC 902.

随着 2002 年公司股权变动，McCausland 先生和公司管理层之间出现了持续的分歧，且到了无法挽回的地步。此后，基于公司利益考虑，公司决定寻求第三方收购 McCausland 先生的股份。但是经过向多方发出要约邀请之后，都未实现目的。在要约期的最后一天，公司股东 Crescent 公司出价以每股 0.67 美元收购公司的所有股份。在此情况下，SHI 公司视其为领售权触发事件。最终，McCausland 先生所持股份被强制转移到由 Crescent 公司领导的现有股东财团。根据领售权条款，Crescent 公司提高了收购价格，即每股 0.675 美元。此后，McCausland 先生认为 Crescent 公司作为公司已有股东，其要约收购全部公司股权的行为并不能触发领售权条款，且这一行为违反了股东协议，McCausland 先生要求 SHI 公司赔偿股权收购的损失，即股票的市场价值（＄1.02/股）和收购价格（＄0.675/每股）之间的差额。

在长达 402 页的判决书中，法官进行了充分的论述。新南威尔士州最高法院的 Slattery 法官认为，只有非股东的要约才能启动股东协议的领售权。股东协议的领售权条款明确约定只有当"股权的真实买家"作为第三方要约人要约收购公司全部股份时，才可能触发领售权。[①] 故，Crescent 公司作为公司股东，不可能是公司所有股份的真正买方，因此，Slattery 法官认为 Crescent 公司的初步要约并不能有效地触发领售权条款。鉴于此，法院认为强制收购 McCausland 先生的股份已经违反了股东协议，并导致 McCausland 先生损失 ＄0.345/股。最后，法院根据《澳大利亚公司法》第 232 条和第 233 条中所包含的相关原则，认为要在公司整体利益与少数股东权益之间取得平衡，不能实施不公平地损害该少数股东利益的行为，原告 McCausland 先生有权获得股份差额赔偿。

通过 Slattery 法官共 1138 个段落的判决书，我们可以清晰地了解到新南威尔士州最高法院对领售权正当性的分析。判决书中始终贯彻着对股东协议的重视，字里行间都倡导着一种意思自治的意味。Slattery 法官认为，如果发起要约收购的是真实的第三方买家，那么 SHI 公司是可以触发领售权条款的。其不仅表达出，在领售权条款中，第三方买家必须是除本公司股东以外的第三者，也意味着，股东协议的领售权条款是有效的。同时，当满足一定的条件时，完全可以得到实施。

---

① 股东协议的第 12 条第 1 款将其表述为 "a bona fide buyer for the Share Capital（Third Party Offeror）"。

（三） 其他国家法律下的适用

在美国、澳大利亚，领售权都没有受到其国家或者州法律的限制，司法实践中，法院也对该条款的效力认可。而从美国兴起的领售权条款，在其他国家的运用过程中是否也得到承认呢？本文继续从法律与案例角度进行分析。

《英国公司法》第 554 条规定，公司股东的股份可以根据公司章程转让。同时，根据该法的第 17 条、第 29 条可知，英国的公司章程不仅包括狭义的公司章程，还包括公司的特殊决议、全体公司成员同意的决议和协议、同一类别股东一致同意的决议和协议等。[①] 而领售权作为限制股权转让的一种手段，这说明英国法律没有对领售权限制的条文。同时，从股东协议角度看，有学者总结的英国股东协议可以约定的事项，其中也包括对股份转让的约定。[②] 在英国上诉法院 2015 年审判的 Arbuthnott v Bonnyman and others 一案中，Arbuthnott 先生以公司章程中的领售权条款经过修改为由，请求认定收购无效。上诉法院认为，领售权条款早已存在，修改公司章程的行为是为了使得该条款与股东协议更趋一致。没有证据表明存在恶意或不正当的动机，修正行为是为了公司整体的利益。故，法院认定该条款有效。[③] 这一案例也表明了英国司法机关对领售权条款的态度，领售权具有法律效利。需要注意的是，《英国公司法》第 30 部分规定了保护公司成员免受不公正歧视的条款，其中第 994 条规定公司成员可以其利益被不正当妨碍为由提起诉讼。如果领售权的条款规定不当，其效力可能因为该条文而失去效力。

在风险投资发达的北美地区，最新修订的墨西哥公司法同样对领售权加以认可。2014 年 6 月 13 日，墨西哥联邦官方公报公布了对公司法的几项修订，旨在减少注册公司的成本和时间，规范公司治理，明确少数股东权利和股份转让等。其明确了公司可以在章程中约定随售权、领售权等权利。[④] 同样，《俄罗斯联邦公司法》的第 21 条规定了股东向第三人转移股权的规定。

---

① 葛伟军译《英国 2006 年公司法》（2012 年修订译本），法律出版社，2012，第 10 ~ 15 页、第 357 页。

② Reece – Thomas K，Baylis D. *The law and Practice of Shareholders' Agreements.* LexisNexis，2009，p. 2.

③ Arbuthnott v Bonnyman & Ors，Court of Appeal – Civil Division，May 20，2015，［2015］EWCA Civ 536.

④ ADL Peña，Amendments to Mexico Corporations Law，http：//www. haynesboone. com/alerts/amend-ments – to – mexico – corporations – law.

该条文明确了公司章程或者股东协议可以对股东向公司股东以外的第三人转让股份进行限制。这就赋予了股东通过协议约束股权转让的权利。同时也表明俄罗斯的法律并无限制领售权效力的障碍。

在民商合一的意大利法律中，《意大利民法典》中的公司法部分在 2004 年修改并生效。新修改的公司法章更加强调公司自治原则。2008 年米兰法院裁判的 Tecno 公司案中，该公司的章程中即包含有领售权条款。在法院的裁判过程中，法院认为这一领售权条款限制了少数股东参与谈判出售其股权的权利。对股东的限制只有在符合有关股份转让限制的一般法律原则以及强制出售的一般原则下，且公平的出售价格可以平衡对股东权利限制的损失时，领售权才有效。① 此案中，法院认为所谓的公平价格，可以根据《意大利民法典》第 2437 条之第 3 款确定。该条规定了股东在行使退出权时股份清算价格的确定标准。这一价格可以根据公司资产、股票市场的或有价值确定，同时公司章程可以约定确定清算价值的不同标准。据此，如果受领人股权的销售价格至少等于其根据第 2437 条之第 3 款中从公司退出时应当支付的价格，此时，领售权条款即是有效的。可见，在意大利，在新修改的民法典生效之后，其所倡导的公司自治原则已经为领售权的存在提供生存空间。同时，司法裁判也在一定程度认可领售权的效力，只是更加注重审查股权出售的价格。

鉴于语言限制，本文只对以上国家的领售权情况进行研究。据学者研究，在法国、德国、波兰等欧洲国家以及日本、新加坡等亚洲国家，领售权条款都得以有效运用。② 在韩国，领售权条款亦可以实行，只不过需要董事会的批准，但是公司可以通过公司章程排除董事会批准的程序。③ 通过分析以上各国的法律规制与司法裁判，我们可以得出的是：各国的法律都没有直接的法律条文对领售权进行规定，但是其商事法律都为领售权的运用留足了空间。同时，领售权条款也不能与公共政策相悖，不能对股东利益造成不必要的妨碍，亦不能对股东利益进行不公平的损害，否则，领售权可能会面临被裁判无效的后果。

---

① Antonia Verna and Federica Peres. "Is The Validity of a Drag – Along Clause Subject to Specific Requirements?", http: //www. lexology. com/library/detail. aspx? g = c061c0f4 – e25d – 4326 – b0b4 – 74ce416843a8.

② 夏小雄：《私募投资合同中"强制随售权"的法律构造分析》，《经济法学评论》2015 年第 1 期，第 255 页。

③ Kim E. "Venture capital contracting under the Korean commercial code: adopting U. S. techniques in south Korean transactions", *Pac. rim L. & Poly J*, 13, 2004, p. 466.

四　中国法语境下领售权的合法性分析

通过上文分析，作为风险投资中的重要条款，领售权几乎在每一个风险投资协议中都有所涉及。而其合法性，在欧美诸国也都得到承认，并已有相关的司法案例。这样一个重要的条款，在其合理设置之后，似乎是可以促进创投双方的有效合作。当风险投资者把领售权条款引入中国的时候，似乎也没有发现目前国内法律对这一条款有直接的规制。依此逻辑，根据国外经验，这一条款也应该是有效的。然而，2008 年上海法院对领售权案件不直接判决，让我们不得不重新审视中国法语境下，领售权条款是否也如投资者所认为的一样，也是合法有效的。如果是有效的，那么法院为什么不愿直接判决呢？

（一）领售权的合法性分析

1. 合同角度分析

从性质上看，领售权条款实际上是一种约定股份转让的条款，其本意是通过对股东股份转让进行约束，为股东从公司退出提供路径选择。而风险投资协议作为约束创业者与投资者的协议，其本质上也只是股东协议的一种。故而作为风险投资协议中的一个股东退出条款，在讨论领售权的合法性之前，有必要对风险投资协议的契约性质进行分析。正如前文所述，风险投资协议是创业者与风险投资者经过充分协商之后，所签订的代表双方意思自治的合同。在契约自由下，这一合同同样受到契约自由的保护。而契约自由的核心内涵之一即契约意思自由。契约的意思自由下，要求缔结契约的双方必须实现契约内容自由与契约类型自由。[①] 风险投资协议作为契约的一种，缔约双方同样可以自由约定协议内容，领售权条款亦正是在这样的情况下订立的。

契约自由下的市场，出现了盲目竞争，损害社会公平等现象，尤以自由资本主义后期为甚。为此，现代法治下的契约自由，往往还会受到公权的干涉，以确保实现契约正义的目标。在契约正义的影响下，公共政策、公平等观念被用来调和契约自由带来的一些消极影响，进而促进契约主体平等，维护社会秩序与公共利益，促进社会公平。在立法领域，各国的民法也将诚实信用、公共利益、公序良俗等纳入法律。《意大利民法典》第 1322 条规定了

---

① 姚新华：《契约自由论》，《比较法研究》1997 年第 1 期，第 23 页。

当事人可以在法律范围内自由缔结契约，同时，该法第 1343 条明确指出，当契约与公序良俗相抵触时是无效的。同样地，《法国民法典》第 1109 条至 1118 条亦规定欺诈等无效合同的情形。[①] 具体到中国的民法中，《民法通则》将平等、公平、诚实信用、禁止权利滥用等原则皆作为民事活动的基本原则。在具体约束合同的《合同法》第一章，同样将以上这些原则归入合同基本原则，要求当事人订立合同必须合法，且符合公序良俗。《合同法》第 52 条具体列举了基本的合同无效情形，其中包括恶意串通、损害社会公共利益等。

而在考察领售权条款的同时，我们首先需要从合同角度分析这一条款的效力。如果其属于合同法中规定的无效合同情形之一，或者与民法的基本原则不相符合，都会面临无效的后果。但是，风险投资中的领售权合同基本都是双方经过充分协商后订立的条款，一般意义上是不存在这些情况的。在上文分析的几个国外的案例中，领售权条款正常设置的情况下，也没有因为违反公共秩序等而被确认无效的。同理，结合目前中国的合同法条文，其中并没有对领售权条款具有限制性的具体规定。仅从合同法角度看，只要该条款的设置符合合同的基本构成要件，其是可以被认定有效的。而这一分析方法，也在上文提到的上海法院的领售权案件纠纷中运用。[②]

2. 公司法角度分析

风险投资合同作为股东协议的一种，其内容大多涉及股东权利义务。领售权作为协议条款的一个，也是限制股东股权转让的重要条款。在分析其合法性的时候，必须充分考虑公司法中的规定。

按照公司契约论的理论，公司，无非就是一个多个参与人或者组织自愿组合起来形成的契约结合体。在这个集体中，每一个股东（参与人）都要受到其参与进来时所同意的契约的约束。不同的是，不同公司的股东在加入这一契约之时其所选择、同意的契约与条件有所差异。而公司法，从本质上讲，其应该作为规制这些契约的原则，并基于对债权人等的保护规定某些强制性规则。在这些原则性的规定之下，允许公司股东根据自己所需选择其所需要的契约内容。那么，从这个角度看，公司法大体上应该是授权性的而不是强

---

① 尹鸿翔：《解读契约自由之限制与契约自由之关系》，《广西大学学报（哲学社会科学版）》2010 年第 6 期，第 42 页。

② Chunsheng Lu, Gary P. Biehn. "Private Equity in China: Enforceability of Drag – Along Rights", http://www.whiteandwilliams.com/experience – Private – Equity – China – Drag – Along – Rights. html.

制性的。无论股东所选择并同意的契约内容具体是什么，只要没有超越公司法的强制规范范畴即可。同时，这些条款也是具有效力的。因为，既然股东在加入公司之前已经有所选择，那么其就应该对其所选择承担责任。

问题回归到公司法的规制上，弗兰克·H. 伊斯特布鲁克与丹尼尔·R. 费雪在《公司法的经济结构》一书中提到为什么要制定公司法的问题。他们认为，公司法可以为公司提供经营运行的契约条款，并帮助解决存在的一些实际问题。[①] 公司法的存在，不应该增加公司的经营成本，相反，其应该提供公司普遍使用且能使得公司价值最大化的规制。那么，当具体的公司契约中存在可以使公司总体价值增加的条款之时，公司法所应秉持的态度不是遏制而应该是鼓励。按照这个思路，作为股东协议一项的领售权条款，其是股东限制股权转让的一种契约条文。该规则的设置，只要可以增加公司整体价值即可。风险投资协议事先实现了对公司的现金流与控制权分配。Thomas Hellmann 认为，风险投资者在企业的控制权的扩大会增加企业被收购的概率，减少企业上市概率。[②] 同时，需要注意的是，领售权条款在很多情况下是在企业未能成功上市的情况下，作为风险投资者提高被收购股权价格而退出的方式之一。而研究表明，风险投资企业在上市的估值一般会高于被收购时的估值。[③] 所以，领售权行使的特殊条件决定了领售权不仅可以协调创业者与投资者之间的控制权矛盾，同时可以促进投资者尽力提高效益，通过 IPO 的形式提高公司市值。这就说明，领售权的存在可以促进公司价值最大化。因此，这样一个条款，在一般意义上，公司法是不应该加以禁止的。

在国外的一些公司法中，股东协议制度的存在直接为领售权的正当性提供了法律依据。然而，需要注意的是，我国现行的公司法并没有股东协议制度这样的规定。所以，按照国外法律的逻辑，通过寻找公司法中股东协议制度的规定来分析领售权的合法性是难以实施的。此时，我们不妨将目光转移到也作为股东实现公司自治工具的公司章程上。尽管股东协议与公司章程在

---

① 〔美〕弗兰克·H. 伊斯特布鲁克、丹尼尔·R. 费雪：《公司契约论》，黄辉译，《清华法学》2007 年第 4 期，第 153 页。

② Hellmann T. "IPOs, Acquisitions, and the Use of Convertible Securities in Venture Capital", *Journal of Financial Economics*, 81（3），2006，p.664.

③ 〔美〕乔希·勒纳、安·利蒙、费尔达·哈迪蒙：《风险投资、私募股权与创业融资》，清华大学出版社，2015，第 208 页。

性质、法律地位、约束力等方面不同，但是公司章程中可以约定的事项同样可以在股东协议中约定①，公司章程在很多情况下可以更多地提供一些规则规定。

我国现行《公司法》第71条第4款规定，公司章程可以对股权转让做出规定。这就意味着，我国公司法对待有限责任公司股权转让的态度是开放性的，其允许公司自由约定。但是，需要注意的是，风险投资协议作为一种股东协议，其效力只限于股东协议签订的各方。如果在风险投资的过程中，在签订风险投资协议后，公司随即将公司章程加以修改，在章程中加入了与领售权相配套的规定，那么，领售权的正当性应该是可以肯定的。值得注意的是，2016年12月，最高人民法院已经原则通过的《最高人民法院关于适用〈中华人民共和国公司法〉若干问题的规定（四）》的第29条规定了限制股权转让的章程条款的效力问题。该条规定，有限责任公司章程中过度限制股东转让股权，且导致股权实质上不能转让的条款，是无效的。在章程中与领售权条款相配套的规定，并不存在该条规定的情况，故其效力仍应该肯定。如果领售权条款仅仅在风险投资协议中有所体现，并未约定于公司章程中，正如上文分析，从合同等角度分析这应该也是合法有效的，但是其效力也仅仅只限于签订风险投资协议的各方，如果风险投资者行使领售权，其效力可以及于协议各方。如果在公司存在未签订该风险投资协议股东时，是否会因为被认定为损害第三方利益而被认定为无效？笔者认为，正常情况下，一般的领售权条款正当性也是值得肯定的，只是其效力只及于协议各方。至于出现协议方有非法目的等情况，则不是本文分析的内容。

（二）法院不愿做出判决的原因分析

通过以上分析，我们可以得出的是：中国法下领售权条款的合法性是值得肯定的。既然其合法性可以肯定，那么，为什么上海法院在面临涉及领售权纠纷的案件时，迟迟不愿直接做出判决呢？

1. 商事法律的不健全

毫无疑问，法律的不健全会造成司法裁判过程中的无法可依。当司法机关遇到类似问题之时，无法依照有效、明确的法律做出裁判。而领售权所面临的境遇便是如此。通过上文分析，作为涉及股东重要权利义务的领售权，

---

① 罗芳：《股东协议制度研究》，中国政法大学出版社，2014，第22～25页。

在现行的《公司法》中并没有直接的法律条文进行规制。明确法律依据的缺失导致司法机关在做出裁判之时，只能再通过分析其他条文，从中寻找法律支持。而在分析的过程中，又会涉及法律解释的问题。不同的法官对同一条文的分析可能产生不同的理解，这就会造成对领售权纠纷裁判的差异。在一个整体上商事法律对风险仍旧接纳不足的法律体系下，[①] 现行法律难以为领售权的存在提供直接、明确的依据。在面临未知的裁判风险之时，法院便倾向于通过其他方式结案，进而避免不当裁判的产生。

2. 忌于首例判决的影响

领售权纠纷作为风险投资不断发展过程中而产生的新型商事纠纷，法官的裁判必然会考虑多重因素。

首先，无先例参考将使这一裁判面临多重挑战。领售权裁判涉及风险投资的许多内容，在对其裁判时可能会涉及风险投资中包括对赌协议、优先清算权等内容的合法性分析。而国内对这一领域的裁判几乎为空白，法官的裁判不仅要面对商事法律的不健全，同时也要涉及新型案件裁判思路的创新等。而在目前国内商事法治环境亟须完善的情况下，任何一个法院都不愿轻易接受这一挑战。

其次，首例判决可能带来的重大影响。以上文提到的 2008 年上海法院受理的领售权纠纷一案为例。2008 年 6 月，在上海法院做出判决之前，第二届中国企业国际融资洽谈会（CIPEFT）的与会者曾讨论该案涉及的法律问题。与会的很多人认为，诉讼结果将成为衡量中国私募股权投资环境成熟度的指标。[②] 作为可能成为首例领售权案件判决的案件，其判决结果不仅关系到案件当事人的利益，更彰显着当时国内司法机关对领售权甚至风险投资协议其他内容的态度。同时，也可能对其他投资者的投资选择带来潜在影响。在面临如此压力的情况下，由于忌于首例判决可能带来的影响，法院不愿直接判决似乎也在情理之中。以 2013 年的对赌协议第一案为例，同样是首例案件，其带来的法律讨论与舆论风波之大就足以类比当时的上海法院所面临的压力。而对于首例判决案件，法院在对具有争议性问题做出明确判决之后，由于现行法中对

---

① 李有星、冯泽良：《对赌协议的中国制度环境思考》，《浙江大学学报（人文社会科学版）》2014 年第 1 期，第 164 页。

② Chunsheng Lu, Gary P. Biehn. "Private Equity in China: Enforceability of Drag – Along Rights", http://www.whiteandwilliams.com/experience – Private – Equity – China – Drag – Along – Rights.html.

类似问题并没有直接、明确的规定，在类似案件的处理中，其他法官往往会参照首例判决的裁判思路。在某些时候，首例判决起到的并不仅仅是指导性或者示范性意义，首例判决的影响甚至等同于强制性规范。[①] 在此意义上，如果上海法院对该领售权纠纷做出首例判决，其不仅会体现司法裁判对风险投资协议内容的态度，也会对同类案件带来一定的指导作用，甚至会带来整个法学界的争论。基于这些潜在的影响，法院选择让当事人和解便在意料之中了。

最后，司法裁判的环境制约了裁判的做出。司法并不完全独立下的法官，在面临新型案件时，其很难依据法律与个人判断做出明确的判决。同时，在面对这样一个来自异域的新事物时，领售权裁判所考验的不仅仅是一个国家商事法律的健全性，更考验的是法官的水平。其不仅要求法官具有足够的法律理论基础，同时也对法官的商事思维、创新能力提出要求。遗憾的是，在法官所面临的司法环境下，纵然有满足这一条件的法官，其也会基于多重限制，无法做出明确判决。

五　中国法语境下领售权条款的运用

纵然国内目前仍旧没有一起法院直接判决的领售权纠纷案件，但是，领售权的合法性依旧是值得肯定的。如果其是合法有效的，那么领售权的行使与股东优先购买权冲突吗？在股东违约的情况下，又该如何救济，中国法下的领售权又该如何合理运用呢？

（一）领售权与股东优先购买权

如上文所分析，领售权是对股权限制转让所做出的一种规定。其存在必然会影响到股东部分权利。当股东行使领售权的时候，会强制受领人将股权出售给第三方。而根据中国《公司法》第71条的规定，股东都享有优先购买权。领售权的行使是否会与股东优先购买权形成冲突呢？

在分析是否存在冲突之前，有必要对股东优先购买权的性质进行探讨。在公司法的规则中，存在着普通规则与基本规则，且基本规则应该是具有强制色彩的。[②] 股东优先购买权作为一种规定股东之间权利与关系的规则，应属

---

① 李有星、冯泽良：《对赌协议的中国制度环境思考》，《浙江大学学报（人文社会科学版）》2014年第1期，第164页。

② 汤欣：《公司治理与资本市场法制》，法律出版社，2015，第2页。

于基本规则，也应该以强制性立法出现。这也是我国 2005 年之前《公司法》的立法模式。有限责任公司作为一个兼具资合性与人合性的法人，保持股东之间的信任是确保公司长期经营并盈利的重要考量。故而当原有股东对外转让股份之时，从人合性的角度考虑，就产生对股权对外转让的限制条款。于是乎，优先购买权就被作为公司章程的一条纳入，用来约束公司股东。后来随着公司法的兴起，公司法的规定很大程度上具有为公司提供标准章程并减少私人缔约成本的功能。① 在此背景下，股东优先购买权也被列进公司法。然而，毕竟公司法中条文只是一个标准条款，其并不能代表股东的约定，更不能规定实践中存在的各种公司的不同要求。故在倡导契约自由与私法自治的今天，公司法已经发展为任意性规范占据主导地位，强制性规范作为辅助角色的法律。而其中关于股东优先购买权的规定，亦是不能代表公司章程的约定。所以，无论从优先购买权的权利起源来看，还是私法自治角度分析，当公司章程中出现关于股权转让的约定时，章程中的约定就应该优先适用于公司法中的股东优先购买权条款，这也是目前很多国家采用的立法模式。

行文至此，便产生一个新的问题。中国现行《公司法》第 71 条第 4 款规定，公司章程对股权转让如果另有规定，则从其规定。这一规定下，是意味着通过公司章程可以排除公司法中规定的股东优先购买权预设规定的适用还是公司章程仅能明确股东优先购买权的适用呢？学界对于此问题也是争论不一，有的学者认为该款规定是任意性的规范，赋予了股东自由约定的权利；② 有的学者认为，这样的立法例并没有明显的指向性，需要进一步完善；③ 还有学者认为，只要章程的约定不违反强制性法律规范，既可以约定股权对外转让不必经过其他股东同意，也可以约定比公司法严格的规定；④ 也有观点认为，该条款的规定是一种基本要求，公司章程只能做出更加严格的约定⑤。而笔者认为，首先，在契约自由与公司自治的时代，通过公司章程约定股权转让更能体现股东对财产的自由处分权利。其次，从已原则通过的《最高人民

---

① Easterbrook F H, Fischel D R., "Voting in Corporate Law", *The Journal of Law and Economics*, Volume 26, 1983, p. 401.

② 李昌麒：《公司法强制性规范研究》，厦门大学出版社，2010，第 130 页。

③ 黄晓林、张晓东：《股东优先购买权章程自治适用问题探析》，《中国海洋大学学报（社会科学版）》2015 年第 5 期，第 94 页。

④ 刘俊海：《论有限责任公司股权转让的效力》，《法学家》2007 年第 6 期，第 82 页。

⑤ 赵万一、吴民许：《论有限公司出资转让的条件》，载王保树主编《转型中的公司法的现代化》，社会科学文献出版社，2006，第 230 页。

法院关于适用〈中华人民共和国公司法〉若干问题的规定（四）》的第 29 条的规定可以看出，法律只有对待那些完全限制股权转让的章程条款才认定无效，加以禁止。那么按照这一法律精神，立法机关与司法机关对《公司法》第 71 条第 4 款所持的态度应该是自由、开放的，即允许股东通过公司章程限制或者排除优先购买权的适用。

在此基础上，我们再回归到领售权条款与优先购买权的关系上。如前文所述，在订立领售权条款之后，成为目标公司股东的风险投资者会有两种选择：一种是只保留领售权在风险投资协议中，不列进公司章程；另一种是将领售权通过公司章程规定下来。如果领售权条款没有通过公司章程规定下来，若第三方向风险投资者提供股权报价，在相对合理的领售权条款中，只有在多数股东同意的情况下才能行使领售权。而优先购买权的行使同样需要一半以上的股东同意，在此情况下，二者权利行使的要件出现了重合。纵然退一步讲，若有的领售权条款未规定要求多数股东同意，此时，股东如果要行使优先购买权，其需要至少以第三方提供的价格来购买股权。而对于领售权人来说，其行使领售权的目的主要是为了从目标公司顺利退出，在条件相同、价格一样的情况下，至于股权收购方是现有股东还是第三方，都不会损害其实质利益。从这个层面看，此情况下的领售权与股东优先购买权是没有矛盾的。

如果领售权通过一定程序已经成为公司章程的一部分，同样会出现两种情形：一是章程中直接排除优先购买权；二是章程中已经存在有优先购买权约定的情况下，新加入领售权条款。在第一种情形下，该规定无疑形成了公司章程中对股权转让的限制性规定。根据《公司法》规定，股权转让时便可直接依据公司章程。此种情况下，章程中的领售权已经排除了股权优先购买权，在行权的过程中，公司其他股东无权以优先购买权阻止领售权行使。在第二种情形下，领售权与优先购买权都存在，其情况与上一段分析的情形类似，在双方都行使权利的情况下，领售权与股东优先购买权也不互相排斥。

尽管以上种种情况下，领售权的行使与优先购买权都不存在严重分歧，不可忽略的是，由于这两个权利的行使时间、程序等仍是有所区别的。如果股东未在公司章程中直接排除优先购买权，给予其他股东在触发领售权期间行使股东优先购买权的机会，这可能会增加风险投资者退出公司的成本，并延缓退出的时间。而风险投资者的资金使用时间往往具有周期性，投资时机也具有随机性，如果没有在合理的时间退出目标公司，可能会造成资金紧张、损失投资机会等。故，通过公司章程来直接排除优先购买权的行使空间，无疑是解决这一问题的最佳选择。

（二）领售权的违约

领售权的存在赋予了权利人强制交易受领人股权的权利，在这一条款下，受领人极有可能失去公司的控制权，被迫从公司出走。在面临此情况的时候，受领人必有所抉择，选择履行领售权条款的约定抑或选择违约。领售权条款一般都约定了高额的违约金，如果受领人违约，这些违约金是否能够适用？如果选择司法裁判，司法机关是否可以选择强制履行领售权呢？

1. 违约金的适用

通过上文分析，在中国法语境下，领售权的行使并没有实质上的障碍。然而，如果受领人不履行出售股权的义务，根据一般风险投资协议的规定，受领人要承担违约责任，伴随而来的通常是高额的违约金支付。如果权利人将受领人诉至法院要求受领人承担高额违约金，那么根据我国《合同法》第114条的规定，受领人作为违约人是否享有违约金过高的情况下，请求法院适当减少的权利呢？

关于违约金，一般分为惩罚性违约金与赔偿性违约金。而关于《合同法》第114条中的违约金性质，学界也是持各种观点。有的学者认为该条规定的违约金兼具补偿与惩罚的双重属性，有的学者则持单一属性说①。《合同法解释（二）》出台以后，明确了该条所规定的违约金兼具两种属性。但需要注意的是，作为《合同法》的起草者之一的梁慧星教授认为，如果约定的是惩罚性违约金，债权人在请求支付违约金的同时还可以要求履行债务或者赔偿损失；若是约定的违约金属于赔偿性违约金，则债权人在选择了适用违约金之后，不能请求额外赔偿或者强制履行。② 可见，违约金的适用与违约金的性质是密切相关的。在此基础上，我们再讨论领售权违约下的违约金适用。

领售权条款的设置是为了保障风险投资者从目标公司的退出权，而与之相对应的高额违约金设置同样是为了确保领售权的正常行使。其金额的设置并不是基于潜在的违约风险而产生的实际损失额，而是协议双方在充分协商的情况下，风险投资者为了惩罚在行使领售权时受领人不履行义务时的一个

---

① 韩世远：《违约金的理论问题——以合同法第114条为中心的解释论》，《法学研究》2003年第4期，第16页。

② 梁慧星：《中国民法经济法诸问题》，法律出版社，1991，第259页。

金额。这一金额的数值，更多的是给予受领人一种心理暗示，让其提前知道违约的高额成本，以达到确保其顺利履行领售权规定的义务。从这个角度看，领售权违约情况下的违约金应该被解释为惩罚性性质更为确切。而在2009年出台的《最高人民法院关于当前形势下审理民商事合同纠纷案件若干问题的指导意见》中，结合《合同法》第114条与《合同法解释（二）》第27条至第29条，则将该法规定的违约金认定为以补偿性为主、以惩罚性为辅的违约金性质。①

若依据这些条文规定，在确定违约金之后，如果受领人以领售权违约之后的违约金过高为由请求法院适当减少，法院的裁判将面临选择。首先，领售权下的违约金金额设置是以惩罚性为主，其更倾向于提高受领人的违约成本，确保领售权人的退出权。这里的违约金不仅仅是双方充分协商的结果，同时也在一定程度弥补不完全契约下的缔约成本。更重要的是，这是风险投资者与创业者控制权博弈后，相对公平的一个条款选择。如果法院选择减少违约金数额，那么领售权的这些功能基本都会丧失。简言之，这就减少了受领人的违约成本，领售权条款也失去存在价值。选择如此裁判的后果将造成风险投资者对投资机会难以选择，并导致市场缔约成本的高额增加。同时，这也将使最高人民法院对违约金条款的解释失去意义。其次，领售权中的违约金应认定为担保性履约金。在签订风险协议之初，协议双方已经能够认识到投资过程中可能存在的基本风险，尤其是每一个条款的后果，并且通过领售权等条款完成了目标公司的控制权分割。协议的签订也就意味着创业者已经明确知道领售权的潜在后果，后期的违约更侧重于恶意而为。在民法中，法律应该保护公平、诚实信用等行为，而对恶意行为以高额违约金做出惩罚，并无不当。在此情况下，高额的违约金即使其高于实际损失，也并不存在减少的理由。最后，领售权条款作为一种舶来品，其本身有较高的法律环境要求，尤其是对商事法律或者金融法律的要求。在司法裁判中，对裁判者来说，这样一个商务模式，其既需要考虑民法中的公平、诚实信用等原则，同时也需要兼顾商事活动的特殊原则。作为不同于民事违约金的商事违约金，两者在适用主体、价值取向等方面区别极大。商事违约金往往包含着其本身特有

---

① 《最高人民法院关于当前形势下审理民商事合同纠纷案件若干问题的指导意见》第6条规定：在当前企业经营状况普遍较为困难的情况下，对于违约金数额过分高于违约造成损失的，应当根据合同法规定的诚实信用原则、公平原则，坚持以补偿性为主、以惩罚性为辅的违约金性质，合理调整裁量幅度，切实防止以意思自治为由而完全放任当事人约定过高的违约金。

的对商事合同的保障功能，司法机关的任意干预，极可能造成恶意违约的现象发生。① 许多国家对商事违约金也都不加干涉。以德国为例，《德国商法典》规定，商人经营其营业中所约定的违约金，不得依据民法中的违约金减少。② 商事违约金的特殊性与领售权的特殊性要求，当两者一起出现在同一纠纷时，裁判者需同时考量二者背后包含的特殊商事功能。唯如此，方能做出相对公平合理的裁判。从领售权所涉及的裁判来说，要侧重于商事创新、商业活动原则的考虑，才能促进这一制度在中国法下有序运用。从这个角度看，亦无减少高额违约金的必要。

以上更多的是从学理上加以分析，具体到实际的司法裁判中，当遇到领售权中违约金过高的案件，由于暂无具体案件，从实例上难以有效分析。以广西壮族自治区高级人民法院 2014 年 5 月 4 日做出的（2013）桂民提字第 7 号"覃泽文与黎臻明合伙协议纠纷案"民事再审判决书为例，法院在遇到涉及商事纠纷案件的情况下，在违约金的判罚时，依然会在当事人申请时，依据《合同法》及其解释对数额过高违约金适当减少。所以，如果遇到领售权违约情况，其违约金过高的情况依然面临着被司法机关减少的风险。同时，有的学者更是提出，违约金酌减规则应当适用于惩罚性违约金。③ 那么，假如高额的违约金在司法裁判中，依据当事人诉求被法院酌情减少，根据在请求支付惩罚性违约金的同时，还能请求违约救济措施的理论④，领售权人是否能够请求法院强制受领人履行领售权呢？

2. 领售权的强制履行

有限公司是兼具人合性与资合性的公司，有限公司股东的股权也不仅仅是一种财产权，亦是社员权的一种。由于股权是兼具两种权利的特殊权利，同时也与有限公司的人合性密切相关。有学者认为，尽管单从股权的财产性质看，其具有可转让性，看似股权也应该可以被强制执行。但是再考虑到其社员权背后的因素，股权强制执行将有违公司自治与人合性特点。⑤ 然而，财产权利这一基本属性决定了股权具有可转让性的同时，也说明了股权在一定

---

① 冯兴俊：《中国商法学研究会 2013 年年会综述》，《法商研究》2013 年第 6 期，第 151 页。

② 姚明斌：《违约金司法酌减的规范构成》，《法学》2014 年第 1 期，第 138 页。

③ 王洪亮：《违约金酌减规则论》，《法学家》2015 年第 3 期，第 151 页。

④ 韩世远：《违约金的理论问题——以合同法第 114 条为中心的解释论》，《法学研究》2003 年第 4 期，第 16 页。

⑤ 郭小玲：《析强制执行有限公司股权的可行性与必要性》，《人民法院报》，2013 年 6 月 8 日。

条件下是可以强制执行的。从公司的人合性看，股权的强制转让并不是不考虑人合性的特点，只是要求考虑被尊重的权利。[1] 强制转让的程序在兼顾有限公司的特殊情况下，不仅不会破坏其人合性，同时还能促进股权的流通。由此可见，股权可以成为强制执行的客体。

从强制执行的程序上看，首先，一般情况下，领售权权利人行使领售权之时，其已经取得过半数以上的股东同意，这说明大部分股东已经同意对其股权出售，也从人合性的角度解决了股权能否被强制执行的问题。其次，中国《公司法》第72条规定了股权可以通过强制程序转让。[2] 按照这一条文规定，法院需通知公司与其他股东，其他股东享有优先购买权。在行使领售权的过程中，公司股东已经知晓股权出售的价格等条件，并且正如前文分析，领售权的行使与股东优先购买权的行使并无严重的分歧。强制实施领售权，通过司法权力逼迫那些不执行股权转让的股东转让股权时，不论股权被第三方直接收购，还是这些股权被行使股东优先购买权的股东收购，领售权人得到的股权价款都是一样的。只不过存在程序差别而已，故强制执行股权转让的效果同样能够得以实现。

（三）中国法语境下领售权条款的完善

通过上文的分析，领售权条款的重要性与意义已经凸显无疑。尽管我国目前的法律环境允许领售权这样一个舶来品生存，但是要想让风险投资与领售权这株异域之花在中国法的土壤下成长开花，还需从很多方面完善其生存的条件。尤其是在我国商事法治在私法自治的理念下不断发展的时候，更需看到支撑领售权存在的不仅仅是相对自由、健全的法治环境，还有其背后经过长期商业投资与金融合作而堆积起来的包括风险投资框架、运作模式、裁判理念等在内的一系列经验。具体来说，有以下几点。

1. 注重条款设计，减少制度风险

首先，要注重风险投资协议的整体设计与投融资实际结合，完善领售权条款的内容。来自于美国的风险投资协议毕竟是在异域环境成长的花朵，而

---

[1] 尹洪茂、徐继明、周吉：《执行有限责任公司股权程序问题探讨》，载丁义军主编《强制执行热点问题研究》，人民法院出版社，2007，第264页。

[2] 2013年修订的《公司法》第72条规定：人民法院依照法律规定的强制执行程序转让股东的股权时，应当通知公司及全体股东，其他股东在同等条件下有优先购买权。其他股东自人民法院通知之日起满二十日不行使优先购买权的，视为放弃优先购买权。

在中国,从投融资环境、法律氛围、商业理念到制度环境,都存在着极大差别。而领售权的条款只是其中的一款,只有根据商业实际,在双方谈判的过程中安排好包括优先清算权、随售权、优先股等条款的基础上,再去具体协商领售权的规则,才不至于因为特殊事件的触发,而引起这些条款的连环触发,鼎晖投资与俏江南事件就是一个极好的反面案例。之后,在领售权的具体安排中一定要考虑整个经济环境、司法政策、改革动向等,从领售权的触发条件、时间、程序等方面入手,在谈判中获得一个相对满意的规则安排。

其次,适当约定具体领售权条件,取得主动权。从触发条件看,创业者可根据企业的发展态势、盈利情况、发展前景等决定设置具体的触发条件。如果企业业绩上升较快,则可以以公司业绩作为触发条件,如果公司在短期内可实现 IPO,则可以考虑以 IPO 作为触发条件。在程序上面,创业者尽可能约定 2/3 以上的股东同意,方可行使领售权。在第三方限制上,如果不希望被竞争企业收购,则可以提前做出限制。而对于风险投资者来说,同样可以根据以上条件,在价格、程序等方面预先约定。

最后,通过公司章程约定领售权等条款。由于中国目前还未确立股东协议制度,将领售权条款通过公司章程固定,无疑是最佳的选择。同时,为了防止领售权的行使与股东优先购买权的行使产生不必要的冲突,可以在公司章程中直接排除股东优先购买权。

2. 完善投融资环境,健全资本市场法治

风险投资被引入中国,并得以开展,并不意味着这片法域已经足以让其茁壮成长。中国的资本市场改革还处于一个不断探索的阶段,以公司法、证券法等为代表的法律还需要进一步优化。而与领售权条款行使相关的,就是《公司法》与《合同法》。股东协议制度的欠缺导致司法裁判对风险协议的正当性难以明确认定,必须尽早确立股东协议制度。《公司法》第 71 条关于公司章程能否直接排除股东优先购买权的规定过于原则化,有必要以司法解释等方式进一步明确其具体标准与原则。《合同法》第 114 条及《合同法解释(二)》所确立的违约金酌减制度,对企业经营行为中的商事合同所确定的违约金也无法适用,亟待进一步立法的改进,将民事合同中的违约金制度与企业经营行为中约定的违约金制度区别开来。

而在以上法律修改、司法解释不能及时出台的情况下,为有效解决风险投资过程中出现的纠纷,就必须重视典型案例的指导作用。已经颁布的《民法总则》第 10 条规定:处理民事纠纷,应当依照法律;法律没有规定的,可

以适用习惯，但是不得违背公序良俗。该条提出的民事习惯解决纠纷，同样可以适用于商事纠纷的裁判中。由于商事裁判的特殊性，尤其是风险投资中涉及的特殊商事习惯，在处理风险投资纠纷时必须慎之又慎，严格按照现行法规制，充分尊重商事习惯，做出判决。基于此形成的判决，一般是可以经得起理论与实践检验的。在此基础上，在必要的条件下，可将类似案件形成典型案例甚至指导性案例，以起到为其他法院处理类似案件提供指导与示范作用，同时也弥补法律缺陷与立法不及时而带来的消极影响，以避免在法院遇到涉及领售权等风险投资纠纷时，该判决而不判决的情形再出现。

3. 提升法官素质，科学公平裁判

在风险投资不断发展的今天，中国作为亚洲风险投资总额占比最大的国家，在其风险投资数量不断增长的同时，相关纠纷也必将更多出现。传统的裁判思维过于局限，已经不能适应风险投资下的纠纷裁判。如果还是守旧不变，更多类似于"海富对赌协议案"的裁判将会出现，而伤害的将是中国的资本市场。故，司法裁判者要想适应新形势下新案件所带来的挑战。一方面要不断学习新的知识，提升审判技能，同时也必须注意到资本市场的特有制度、原则，怀着鼓励契约自由与金融创新的精神，依据法律规定，灵活地做出科学、公平的裁判。

结　论

如果说"对赌协议"第一案让我们开始重新审视风险投资下的我国法律状况，那么张兰从俏江南"净身出户"则让我们重新审视风险投资协议的制度安排，也让我们真正认识到了领售权条款的威力。这个肇始于美国，诞生于公司自治环境下，均衡创业者与风险投资者利益的条款有着自己特殊的要素。特拉华州独特的法治环境让这一制度生根发芽，并得以在司法中获得认可。以美国、英国、澳大利亚为代表的国家，其法律都能够为这一条款提供法律依据。当这一异域之花被引进中国，其所需的法律土壤让我们审视中国目前的合同法与公司法。缺少股东协议制度的中国公司法似乎依然有其存在的依据，然而这也引发出领售权与股东优先购买权的权利争议、受领人违约的问题。

纵然现行法律都可以解决以上争议，但却可能使得这一朵异域之花不再艳丽，在法院遇到相关案件时，也不敢轻易做出判决。为此，投融资双方必须注重风险投资协议的整体设计与投融资实际结合，完善领售权条款的内容，并通过公司章程约定加以固定。立法方面，需完善投融资环境，对公司法、合同法等法律做出修改，进一步健全资本市场法治。同时，也要发挥典型案例的指导性作用，将经过严密论证而做出判决的类似案件遴选为指导性案例，以弥补法律修改不及时而造成的司法困境。司法方面，要更加注重司法裁判的质量，科学公平裁判。

一种制度的移植，亦如花木移植一样，只有在新的土壤内扎根成长，才会获得新生，才能再次绽放美丽的花朵。这一过程可能会因原有根系的抗拒而偶感不适，也会因二次成长而经历疼痛。领售权在中国的运用亦如此，我们不能因为惧怕这种不适与疼痛而拒绝新的事物，更不能因此而不做改变。一个制度的适应与成长需要时间，而这个时间正是给予我们改变旧环境的时间。唯如此，领售权条款才能在中国法的沃土上，绽放出更加艳丽的花朵。

附录 "商事指导性案例的规范化"学术研讨会

时间：2017 年 4 月 22 日

地点：中国社会科学院法学研究所三楼会议室

开幕致辞

致辞人：陈甦①

陈甦： 各位会长、各位教师、同行、同学，大家上午好，首先欢迎大家来法学所参加这个研讨会。在座各位对会议主题都做了很长时间的研究并形成了自己的理解和观点。商事指导性案例的司法效果已经显现出来，为了取得更好的实施效果，大家都是仁者见仁，智者见智。接下来我也就会议主题提一些自己的理解意见。

在整个指导性案例实践之中，商事指导性案例具有特殊性，也是最有效果的一个领域。第一，在商法实践中，指导性案例适用的情形比较复杂，且有很多很明显的案例。例如公司法人人格否认制度，《公司法》和《民法总则》都有规定。依据这些规定，在实践中可以解决司法纠纷、规范主体行为，但仅仅依靠法律条文和司法解释是不足以完成这样一个法律上的任务的。指导性案例可以使我们的法律制度与实践结合得更加密切，提高法律适用效率。第二，在商法实践过程中，商业创新层出不穷，是社会生活、经济生活和法律生活最活跃的一部分，所以制度创新极快，这样一来，立法过程就难以跟上实践的需求。商事指导性案例是适应市场经济、制度创新的实践结果，因此商事指导性案例规范化的学术研讨会非常地重要。第三，在习惯适用当中，商事习惯应用最多、最广。商事惯例可以运用到裁判当中，但是在中国实践

---

① 中国社会科学院法学研究所研究员。

中，对习惯的选择、识别和适用还需要一定的指导和依据，商事指导性案例作为商事习惯和法律之间独特的存在形式，可以起到很好的作用。第四，在民商事审判中，民事审判适用指导性案例的空间性有限。民事裁判需要考虑经济、社会、伦理、家庭、人情等诸多因素，在一个裁判之中，考虑的法律以外的因素越多，指导性案例适用的可能性就越小。虽然商事裁判也很复杂，但有经济理性、商事习惯在里面，因此我们需要考量的因素还是很简明的，所以用指导性案例来规范商事裁判实践是比较可行的。商事指导性案例可以提高商事法律的适用性，是推动我国商法进一步发展的得当方法。

商事指导性案例的规范化还需要我们做到以下几个方面：第一，典型案例的筛选工作。遴选出可以作为指导性案例的案例，需要进行大量的工作；第二，要做典型化，需要识别和标识，就是什么样的案例可以作为指导性案例。我们现在大多依靠最高人民法院和各级法院，但这是远远不够的。我认为学界可以起到更大的作用，而且相比最高人民法院来说，学界更能从相对客观的角度进行筛选和识别；第三，将商事指导性案例体系化，形成商法例外的表现形式，因此建议商法学研究会可以做一项专门的制度。在这方面我们可以借鉴美国类似的案例重述制度，组织编写我国的商事案例重述，这样选择指导性案例时不仅可以从最高人民法院得以借鉴，也可以借鉴该案例重述；第四，案例需要更新更替，随着实践的发展，我们需要将案例进行及时的更新和更替，为商事立法提供我们的成果。

希望我们通过会议展开对商事指导性案例的深入分析和研究，促进商法的进一步发展。最后，再次表示各位专家学者对此研讨会的支持，预祝该会议圆满成功。

会议主旨研讨

主持人：邹海林[①]

发言人：赵旭东[②]、范健[③]、周林彬[④]、甘培忠[⑤]、刘凯湘[⑥]、叶林[⑦]、赵

---

① 中国社会科学院法学研究所研究员。
② 中国政法大学民商经济法学院教授。
③ 南京大学法学院教授。
④ 中山大学法学院教授。
⑤ 北京大学法学院教授。
⑥ 北京大学法学院教授。
⑦ 中国人民大学法学院教授。

万一[①]、管晓峰[②]

邹海林： 我个人认为该研讨会的主题非常有意义，谢谢陈甦教授的致辞。下面我们开始第一单元的研讨，即对会议主旨的研讨。下面我们有请赵旭东教授做主旨发言。

赵旭东： 首先，感谢陈甦教授精彩的开幕致辞，也感谢陈甦教授的宝贵建议，并联想到美国的案例重述制度。如果商法学研究会将这个工作完成，那么将会成为提高商法学研究会学术地位的一个重要契机。其次，非常荣幸参加此次研讨会，我也代表商法学研究会对该研讨会的举办表示祝贺，并对社科院法学所邀请我们表示感谢。法学所将每年的学术研讨会主题定位为商法理论的宏观主题研究。在此定位下的会议主题都非常引人注目，同时极能引起学者的共鸣并激起参加会议的兴趣。

具体到此次会议的主题，商事指导性案例的规范化是司法实践高度重视的一个主题、领域，但在学界，我们确实研究不够，重视不足，我们的学者目前都比较习惯进行理论问题的研究，而实务性方面确实是我们学者研究不够的。我们开拓一个新的领域，是非常有价值的，有很多问题需要研究和探讨并进一步达成共识。下面我就关于商事指导性案例的规范化过程中我们面临的问题以及推进过程中所需要考虑的因素，谈一些自己简单的看法。

第一个问题是关于《公司法》第16条公司担保行为效力的认定，这一法条在颁布以后一直在困扰着司法实践，也出现了不同的裁判，一种认为有效，一种认为无效。为了解决该问题，法院也进行了专题研究和报告，希望这个问题能够在深入研究的基础上形成统一的裁判标准，但是至今也没有达成一致。前不久，法院遇到类似的案例，依旧存在着不同的意见，一部分法官认为是无效的，但绝大多数人是认为有效的。这样案例的裁判最有价值，能够成为解决公司担保效力的代表性、指导性案例，但是难度也相当大。指导性案例确实很有必要，尤其是涉及全局性意义的时候，特别需要一个指导性案例给出一个统一的裁判标准。但我们需要考虑的是，如果这个指导性案例是错误的怎么办？这反而会成为正确的指导性案例裁判的阻碍。因此建构科学的规则，制定严谨的指导性案例遴选制度是十分必要的，这个研究主题也是非常有价值的。

---

① 西南政法大学民商法学院教授。
② 中国政法大学民商经济法学院教授。

第二个问题是我们面临着指导性案例是否是法律渊源的困扰：指导性案例是法源吗？如果不是的话，是什么地位呢？裁判的时候是否也作为依据？当事人、律师是否可以以此作为抗辩？

在法院方面，司法解释、会议纪要、司法批复、理解适用指导文件等对司法实践是否具有法律效力？很多都是模糊的。指导性案例同样也会遇到同样的问题。如果对指导性案例有完全不同的理解，是否可以推翻指导性案例？这些都是我们需要解决的问题。商事指导性案例的法律效力需要明确。

第三个问题是关于商事指导性案例的生成机制。我们需要考虑的是，是否只有最高人们法院能够出台指导性案例？地方法院是否可以出台？如果地方法院可以出台那么是否可以具有地方性效力？指导性案例的出台需要怎样的法定的程序？这些需要从制度设计上加以明确。

第四个问题是我们需要建立比较高效率的、简易的纠错机制。一个问题一旦形成指导性案例，在实践过程中发现是错误的，或者在当时是正确的，但在之后的实践中发现是错误的，如何尽快地推翻、纠正它？因为在现实中，推翻已经出台的指导性案例非常困难，这将会成为司法实践的障碍。所以，需要建立一个简易、高效的纠错机制。

邹海林：非常感谢赵旭东教授的精彩发言！他的很多观点引发了我们的思考。接下来我们有请范健教授发言。

范健：感谢各位。非常感谢法学所邀请我来参加这个研讨会。论文集里我写的这篇文章对赵旭东教授提出的问题都进行了一定的思考。这其中我主要说一下几个大的问题。

从查阅资料来看，2016年全国法院民商事案件大约1104万件，只有370个案件引用指导性案例，而且存在一审引用之后被二审改判的情况。由此可见指导性案例在司法审判实践中使用率很低、权威性较弱。整个指导性案例中，民商事指导性案例占比超过了60%，在民商事指导性案例中，商事案例占比超过了80%，整个指导性案例中商事案例占比超过了50%，也就是商事案例占主要部分，但指导意义、指导价值和实际作用却比较弱，因此定位问题很重要。理论上，其效力是什么？立法上，其效力是什么？如果这两个问题不解决，指导性案例就是一般的参考文献，司法实践中作用就会比较弱。如果这两个问题解决后，下面就涉及商事指导性案例自身生成过程。如果还是依照最高人民法院的做法，筛选出的案例比较少，那么指导性案例的作用还是很有限；如果将最高人民法院的生成机制进行修改，那将如何进行？

第一个问题也是核心问题：指导性案例法律效力问题。我觉得可以从商事习惯法的角度来论证这个问题，然后给予指导性案例一个理论上的定位，即商事习惯法。从商事习惯法的角度来说，最大的争议是判例法与习惯法的认识，尤其是在成文法国家，对习惯法的理解、法院的判决与习惯法的关系，这些是理论争议的焦点。习惯法本身在成文法国家的地位，就是习惯到法律中间的过渡阶段，习惯变成习惯法然后变成成文法。

从成文法国家整个法律制度发展的过程来看，法院依据习惯做出的判决，被认定为一种习惯法。所以，将指导性案例认定为习惯法是有一定的理论渊源的。国内理论的研究中，认为找不到指导性案例的渊源，是中国创造的独特的模式。习惯到判例，到习惯法，再到成文法，这样一个过程，我们还需要加深研究。

这种习惯法与英美法系的判例法之间是一种什么关系。英美法系中，判例法是由法官依据习惯做出的一种判决，然后逐渐成为判例法；还有一种，就是法官本身对习惯的创造。

大陆法系国家在法院的判决变成习惯法这一理论的争议点与英美法系的差异在于，大陆法系国家只是认为法官对习惯形成的一种判决变成习惯法的时候是对现有法律、规则的一种理解和补充，而不是创造新的规则。而英美法系国家，法官除了对现行法律、规则的认可以外，可以创造新的规则，进行全新的立法。大陆法系国家与英美法系国家在习惯法的认识上存在一定的差异，但是并不影响我们从习惯法的角度去理解法院的判例。

在商事领域，从习惯法的角度去认识指导性案例，具有特殊的意义，商事领域的立法是从习惯到判例再到成文法的过程。现代社会的发展，尤其是商事交易的发展，众多国家的成文立法很难跟得上商事交易的发展。商法成文立法具有滞后性，更新速度跟不上，商事案件在一个国家从习惯到判例再到成文法，这个过程更适合于商事指导性案例的分析和再构建。然后根据新情况、新形势，再习惯、再判例、再立法，形成这么一个良性循环。商事裁判的独特性，更需要从商业实际出发形成判例，一个国家是不可能在商事领域中，制定一个法律，预见将来这个国家商业模式的发展情况与纠纷情况。当没有预见的情形出现时，如何对商事主体进行保护，所以商事习惯法的探讨尤其重要。

第二个问题是在立法上如何认识指导性案例，如果指导性案例具有习惯法的特性，如何在立法上找到依据。我认为从司法解释的角度来认识这个问题比较合适，由最高人民法院按照司法解释的规定来确定商事习惯法、指导性案例的地位。

第三个问题是商事指导性案例的生成机制，仅仅依靠最高人民法院是不够的。我认为各级人民法院可以根据所在地区的具体情况，形成不同的商事指导性案例，例如上海市金融类型案件比较多，浙江省互联网类型案件比较多等，都可以形成具有本地区特色的指导性案例，然后由最高人民法院进行汇总、筛选、补充。

邹海林：范健教授的观点非常独特，感谢范教授的精彩发言。下面我们有请周林彬教授进行发言。

周林彬：谢谢邹老师！我对前面几位教授的发言很有感触。商事指导性案例规范化，在商事领域对司法实践具有很重要的意义。商法在一定意义上作为民法的特别法（观点有争议），商法更应该把着力点放在司法适用上。商法指导性案例具有特别重要的意义，商事案例重述、法院习惯和民间习惯是不同的，民事习惯和商事习惯是不同的，这还需要明确。商事立法可以多元化，补充习惯、行业交易习惯、行业规范等法源形式。

通过案例指导怎么能够影响司法实践？商法研究司法适用问题更具有精准性。

关于《民法总则》适用的背景下，商事指导性案例的规范化更具有现实意义。《民法总则》有一些条款是不完备的，为商法适用留下了对接空间，有一些漏洞需要商法去弥补。商事司法政策等方面跟现实结合得更加紧密了，商事案例指导规范化可以更好促进司法适用方面的实践。商事案例、商事司法解释如何优先适用是我们需要考虑的问题。《民法总则》确定了民商合一的立法体例，但也不否认在司法实践中进行相对"民商分立"，如商事审判。这其中也会出现"加入不足"和"过渡加入"的问题。下一步《民法总则》适用中，在基本法、单行法、司法解释出台成本较高的情况下，案例指导就会起到一定的作用，这是一种有效的"补漏"制度安排。

就商事案例的具体指导中存在的问题，最高人民法院也有了一定的研究，如效力不明确的问题。现实一点来说，商事指导性案例要解决的具体问题就是"同案同判"的问题，如何理解"同"？每个案件都有自己的独特性，但案件的特殊性需要明确地提出，同类是原则。

仲裁也是商事领域的，是否需要案例指导？虽然不便向社会公开，但也需要商事指导性案例进行指导。还有指导性案例与司法解释的关系，这些都需要进一步明确。

邹海林： 感谢周林彬教授的精彩发言！下面我们有请甘培忠教授进行发言！

甘培忠： 谢谢邹教授！仲裁案件如果撤裁的话需要很多条件。如果仲裁员、仲裁庭违反法律，当事人向法院申请撤销的话，法院通常不受理此类案件。如果仲裁案件程序上有瑕疵，可以撤销或者不予执行。但仲裁庭对法律适用错误，却没有相对应的司法救济途径、没有司法审查，这是没有逻辑的，也是影响仲裁裁决的。英国、中国香港的有关规定与我国大陆地区是不同的，是有起诉制度的，而且我们要制约仲裁庭的权力，这样就更能保证仲裁的规范性和健康发展。

邹海林： 谢谢甘培忠老师！下面有请刘凯湘教授进行发言。

刘凯湘： 今天的专题很有意思。刚才翻阅了案例的材料、听了各位的发言，我从以下三个方面来说。

无论是法律地位、法律效力和法律适用，都是一个问题，那就是法源地位问题。刚才范健教授说从习惯法的功能角度进行解释，我想和范健教授商榷一下这个问题。如果从习惯法角度研究，提出了一个很好的思路，但是还有一些商榷的地方。在制定法的体系下，指导性案例是否可以成为一个法源？大陆法与英美法都是成文法，只是成文法的表现形式不一样，大陆法以制定法为表现形式，而且以制定法的最高形态——法典法为主；英美的判例法也是成文法，是制定法，同样是成文的。成文法是相对于习惯法的，性质与形式都是不同的。大陆法系以制定法为主，或者说以法典法为主，我们不搞判例这种成文法。所以，我们没有机制让判例作为法源，最高人民法院也只是制定"指导性"案例，不称之为"判例"。另外，最高人民法院颁布的司法解释是否能成为法源，也是具有不同的观点。仲裁中，对于司法解释可以引用，也可以不引用。所以我在想，商事指导性案例的价值如何发挥？

第一点，是否可以结合法理的角度进行分析，判例更多的是在成文法、制定法没有规定的情况下，案例是从法理的角度进行补充的，通过法理的解释是一个很好的路径，是一个正当性依据。

第二点，指导性案例，除了最高人民法院以外，地方法院是否可以编制？这是一个很好的思路，但也要商榷。最高人民法院的指导性案例从现实实践来看也没用普遍指导的效果，那么地方法院编制的指导性案例在实行上有更大的难度。因此指导性案例最好还是由最高人民法院来进行。

第三点，如何出台更好的指导性案例，让各级法院、各地仲裁机构能够认可、接受，让指导性案例更具权威性？商事指导性案例能否和民事的案例区别开来？如何增加它的科学性和权威性？公布时是否可以有"应当适用"字样？我们如何得知案例适用程度，是否可以进行检查制度来看案例是否被适用以及适用程度？对此最高人民法院还是需要进行更多的工作。

邹海林：感谢刘教授的精彩发言。下面有请叶林教授。

叶林：感谢法学所邀请我来参加这个研讨会，这是一个很务实的题目。我主要谈以下几个方面。

第一点，我们观察我们的现行案例制度时，每个人的观察角度都不一样。有的人是从现行法律制度的解读，有的人是从学术理论的角度，抛开了制定法本身，也有些留洋回来的，无论是大陆法系还是英美法系，都会思考类似制度下的案例会发生什么作用，还有的人偏向实务，会从既有的案例出发观察指导性案例，所以每一个人在观察指导性案例的视角是不一样，因此所得出的结论是不一样的，甚至会有很大的差别。但是我们同意一个基本的逻辑就是从法律适用的角度来说，我们要关心大陆法系的特征，换句话说就是在中国制定法的前提下考虑商事指导性案例，如果不是这样的话，那就是各说各话了，即我们需要在制定法的原则下进行思考，案例是为了澄清和补充法律的漏洞，因此从这个角度上来说，案例并没有独特的法律地位。所以回到大陆法系的国家，大陆法系国家的法官也不敢轻易地说案例是法源。

第二点，我对商事案例有一个分类。我们的指导性案例的生成，是一个非自然状态下的生成：判决是法院做出来的，经过一审、二审等程序做出来，这是一个自然的过程，但这些已生效的判决何以被提炼成为指导性案例？这其中夹杂着很多复杂的东西，比如，好的案例和不好的案例如何被筛选？实际上，根据我的观察，有些地方是把生效判决能够成为指导性案例作为业绩的标准之一，至于这个案例的判决好不好，这是另外一个问题，所以这个时候你会发现无论是挑选、生成过程、遴选过程中会产生很多的纠葛。于是你会发现，指导性案例不是一个自然生长的过程，它是没有经过市场检验、没有经过竞争而产生的指导性案例，而是在强权下选择产生的。对于强权下产生案例，学者是担忧的，因此，会产生对其效力的判断和解释的问题。整个遴选的过程是很敏感的过程，因此，对于这些指导性案例的强制效力很担忧。我觉得我们缺少一个自然选择的过程，目前指导性案例的遴选是一个半强制的过程，所以这是一个很复杂的事情。

第三点，我们应看到运用指导性案例的目的和功能是什么。指导性案例是为了充分发挥案例对审判工作的指导作用，统一法律适用标准，维护司法公正。我们可以看出，对于学者来说，可能看出指导性案例不太好的方向，指导性案例的目的在于统一裁判尺度，我个人觉得是个非常奇特的问题，裁判尺度问题在目前的商事法律里面已经做了规定，而统一裁判尺度到底想讲的是什么呢？是同案同判吗？这是指导性案例能发挥的作用吗？抑或是我们法官在以往的裁判过程中发生的问题，以至于同一法律规定的情况下做出异乎寻常的裁判。比如，功能上所说的是追求社会效果，理论上表达的是法律效果和社会效果相统一，但我不知道这里面更多考虑的是法律效果还是社会效果。因此，我认为判例或者指导性案例也好，都不是在发展法律的原则，而应该发展的是法律的例外。因为原则的部分制定法已经建立起来了，可能制定法建立得不是很好，指导性案例发展的法律的例外，是在基本原则无法概括、存在遗漏或者描述不清的情况下，案例是可以发挥补充作用的。

第四，实际上，关于指导性案例最重要的是一个识别问题。识别问题所要解决的问题是待判案件和已判案件在事实部分的分别点在哪里？而这一部分是意义重大的，以至于会根本地改变案件的结果，这是可能导致案件处理结果不同的核心问题。你会发现在很多最高法院的指导性案例判决中的事实部分是不清楚的、被压缩、删减的，是无法有效与现实案件事实部分进行比较分析的，因此适用起来是有障碍的。指导性案例或被架空，或前途光明，或死亡。基于现实，我们不能对案例指导制度有苛刻的要求。

邹海林：非常感谢叶林教授的发言。下面我们有请赵万一教授！

赵万一：刚才的几位教授谈得比较宏观。本来准备了一个小题目，我也来说一说比较宏观的问题：指导性案例为什么会引起了较大的关注？按照我的观点，指导性案例确实给我们解决很多问题，案例的说理部分、阐述的观点为我们提供了很大的帮助和指导意义，所以对指导性案例应进行正面的评价。下面我谈一些具体的问题

我想谈一下主体问题。我们已经通过了《民法总则》，进入民法典时代。民商合一是我们目前现实的选择，在目前民商合一的背景下，如何推进商事审判的独立、商事案例的发展、商事法律的适用，也是我们商法学者应该考虑的问题。在民商合一的背景下，商事审判有没有独立存在的必要？怎么实现商事审判的独立化？我认为商事指导性案例对于推进商事审判的独立化是最后的路径选择。怎么通过商事审判来凸显商事活动的独立性？在民法总则

中哪些制度会影响到商事活动的独立性？这些都是我们需要思考的。举个例子，民法总则中对商事制度影响最大的是营利法人，目前，营利法人的基本要求与传统商主体的要求是基本相同的。我们传统上围绕主体进行争论就是因为通过主体有不同的要素、不同的行为方式、不同的行为目的。现实中通过主体的分类，一定可以解决民法和商法的一些关键问题，实现民法和商法的区别调整。按照我的理解，不同主体的法律要求是不同的，尤其是普通自然人和法人的规定。营利法人从组织形式、行为要素方面都具有显著的特点，如组织行为的稳定性、确定性等。因此，主体类别存在差异性并在差异性达到一定程度时，会引起不同的法律进行不同规定。我们在未来的商法研究当中，我们应当强调如何利用现有的法律主体规定将商事审判独立的理念凸显出来，这对于我们推动商事的发展具有重要的意义。

邹海林：谢谢赵万一教授！下面我们有请管晓峰教授进行发言。

管晓峰：题目是比较具体的，从案件和关键词看商事案例指导的问题。主要有三点内容。

第一点，商事指导性案例规范化的趋势。就是说，任何一个国家的法律都是为了市场、经济、生活的需要而产生的。但经济发展之快，商法是跟不上的，所以用指导性案例来解决商事冲突的问题，因此，案例具有很强的实用价值，这就是要借鉴英美衡平法的精神来解决实际生活中的缺陷。

第二点，规范化的落实。第一，案例是要由各个法院汇总到最高人民法院的，由其筛选形成，是具有典型意义的，这些案例是有指导性意义的，给予现实法律起到修正意义的，是司法解释的新形式的体现，我认为它就是一个法源，虽然层次较低。第二，行权法院认定案件的权利边界，法院在认定的过程中不能任性，不能情绪化（比如律师发动媒体形成压力），指导性案例可以审判拉回到法律的疆界。若法律没有规定时，法院应按照公平正义原则进行裁判案件，公平正义的理解没有法律条文的规定，指导性案例在此可以发挥作用。第三，按照案由、关键词来参照案例，按照案由对案件进行分类。第四，要进行制约，不可随意引用或不引用指导性案例。这个制约，我的建议是将这个制约放在法官协会，行业自治可以起到更大的作用。

第三点，例外。第一，时期例外。20世纪90年代的案例能否应用？案件的指导性会随着时间的变化而变化。第二，区域例外，每个地区都具有特殊性，我们的案例也不一定适用全国的各个地方。第三，情势例外。如房价的变化导致当事人的权利义务变化等。案例不可以机械地应用。

商事指导性案例的理论反思

主持人：陈洁①
发言人：吴建斌②、王涌③、梁上上④
与谈人：李建伟⑤、郭雳⑥、季奎明⑦

陈洁：第一单元的各位教授发言都非常精彩。下面我们有请南京大学法学院的吴建斌教授进行发言。

吴建斌：上个单元各位教授的发言非常精彩，尤其是叶林教授的发言让我很受启发。下面我就一些问题谈谈自己的观点。

我的核心观点是，商事指导性案例的要点归纳是任意发挥还是忠于案件？如果是任意发挥就会严重地影响指导性案例的指导价值。这就需要法院制定严格的遴选规则，并对裁判要点进行规定，否则我们无法看出指导性案例遴选的要点与原案的区别在哪里。因此商事指导性案例裁判要点应当展示原案裁判文书本意，而非脱离原案任意发挥。

最高法院指导性案例第 67 号"汤长龙诉周士海股权转让纠纷案"试图确立有限责任公司股权转让在受让人违反分期付款约定时，不适用《合同法》第 167 条合同解除权规定的裁判规则，其中蕴含着"组织法"中交易有别于《合同法》中交易的商事裁判理念。问题是该案三级裁判文书并无此意。这里面还隐藏一个问题，指导性案例裁判要点该如何提炼？是忠于原案还是再造。这严重地影响和削弱指导性案例的指导性价值。最高人民法院提出了自己的标准和要求，应该结构严谨、表达准确等。

裁判要点中，有限责任公司股权分期支付转让款中发生受让人迟延或拒付等违约情形，股权转让方要求解除双方的股权转让合同债。不适用《合同法》第 167 条合同中关于分期付款的相关规定。总则法上的交易和交易法中的交易是不一样的。

① 中国社会科学院法学研究所研究员。
② 南京大学法学院教授。
③ 中国政法大学民商经济法学院教授。
④ 清华大学法学院教授。
⑤ 中国政法大学民商经济法学院教授。
⑥ 北京大学法学院教授。
⑦ 华东政法大学经济法学院副教授。

　　案例中，受让方在第二期之后没有继续支付，转让方通知在其逾期支付两个月后应解除合同。第二天受让方进行支付，并到法院进行起诉。成都法院原文中写道：转让方是否享有解除权，要解除这样的协议的行为是否有效。根本没有指哪一条是否有效。最高人民法院驳回申请中指出是哪一条。其中一条，本案是否适用《合同法》第167条规定。在归纳中，用的词是根据生效判决而不是生效裁判书。归纳时主要选的是最高人民法院的裁定理由。

　　总的来说，一审法院是认为根据《合同法》第94条和第96条考察有没有催告问题，二审法院认为是没有。从取证角度，二审法院是对的。在裁判文书中也提到了第167条，但是多此一举了。最高人民法院的裁定中。第一是不是催告，认定没有。第二适用不适用第167条。

　　最高人民法院的这个指导性案例中，从它的一审二审驳回中根本没有考虑到是总则法问题还是交易法问题。裁判要点中，有限责任公司的股权转让，如果是分期付款的逾期付款的话不适用买卖合同中交易法上的分期付款规则。我参考相关文献和规则，组织法上的交易和交易法中的交易适用不同的裁判规则。但是这已经成了指导原理。

　　我的结论是，英美法判例已经历经几百年，我们最高法院是不是可以借鉴学习其形成机制？

　　陈洁： 感谢吴教授对裁判要点问题进行的发言，这是非常重要的问题。下面有请中国政法大学的王涌老师！

　　王涌： 谢谢陈洁老师！我想说的有以下几点。

　　第一个问题是两大法系关于判例的法律渊源问题：有人认为判例是法律的证据，这不是渊源问题。最终判例本身是具有约束力的，是法的渊源，但是没有明文规定判例是法源，这是一个很奇怪的现象。什么是法律渊源，我们进行的研究并不是很透彻，北欧的一些学者进行了相关研究并值得参考。其将效力等级分为三种类型：第一，强制使用的，如成文法；第二，允许法官适用，如判例；第三，禁止使用，如具有极强的政治色彩的。判例是可以作为大陆法系的渊源的。我们发现法律渊源的概念实际是在发生变化的。我国规定判例不能作为判决依据，只能出现在说理部分，并没有将其作为法律依据。

　　第二个问题是英美法关于判例的分类：第一种分类是依据跟法律的关系进行划分，分为第一，对法律进行解释的判例；第二，原创性的判例，即没有法律依据、直接创造规则的判例。我们现实生活中还存在反法律的判例。

第二种分类是水平效力的判例和垂直效力的判例。

第三个问题是判例的提炼。它发生的效力是基于原始文本发生效力，还是基于经过最高人民法院加工过的文本发生效力？我们是否可以引用原始文本？判例提炼的过程中，存在从具体到抽象的过程，法官会对很多法律问题进行裁判，但哪个问题可以成为指导性的问题呢？裁判要旨是提炼法院的核心判决，其他在判例中不作为判决的核心要素的问题即可排除。作为评价，商事指导性案例是一种新的表现形式，并不能解决我国商事裁判规则供应不足的缺陷，并且其内在运行机制不足。

第四个问题是适用问题，解决"同案同判"的问题。英美国家什么时候不适用指导性案例，国外的规定是"实质性不同"，但如何界定中国标准？并且，怎么推翻现有判例，这些在我国现实实践中没有规定，可以考虑借鉴英美国家。

陈洁： 感谢王涌教授从英美法系的角度对判例的渊源、分类和提炼的效力方面进行的发言。我们从英美法系中怎么借鉴是值得我们思考的问题。下面有请梁上上教授。

梁上上： 谢谢陈洁老师。对于商事指导性案例我还是支持的，因为法律很难适应社会的变迁，但是商事指导性案例的定位和适用过程中确实会存在一些问题。我主要从以下几个方面进行阐述：1. 疑难案件 2. 复杂社会 3. 裁判思维变迁。

社会变化确实太快了，法律的滞后难以避免，给我们的法律思维也提出挑战。现代社会的法律漏洞是普遍现象，因此需要我们的思维也进行调整，我们要考虑价值，即法律价值在哪里？第一是需要调和；第二个是逻辑；第三个是案件的事实，从情景主义的角度看。在这个背景下，看指导性案例改变了什么。具体来说，第一，法律价值的调试问题对于寻找法律的价值是很有意义的。如指导性案例第 29 号规定企业的名称和简称是不同的。在实践中要完全符合名称要件是非常困难的，但从价值判断来说是可取的。如指导性案例第 30 号与商标权的争议问题。从这些案例来看，确实拓宽了我们的思路，扩张了法律的适用。但有的时候在法律价值上存在一些问题，如私法自治排除司法审查的价值体系。第二，从案件事实角度出发，情景描述必须是妥当的。指导性案例第 15 号中，从三个方面来看，公司人员混动、业务混同和财务混同方面基本上是可取的。但也有一些不到位的，指导性案例第 67 号中关于股权分期付款的问题，付款催告非常关键但没有做到等。指导性案例第 10 号案子本身是没有问题的，我是同意这个判决的，但由于案件事实描述不够清晰，导致了很多不必要的歧义。第三，逻辑问题。指导性案例第 67 号中，我赞同判决结果，但是其裁决理由很成问题。交易安全原则一定要适用具体案件事实，但是没有做到这一点。指导性案例肯定是疑难案件，所以我认为应该从以上三方面去综合考虑。

陈洁：感谢梁上上教授从价值、事实和逻辑方面对案例适用方面进行的阐述。我们也确实发现案例中都会出现各种问题。下面我们进行与谈环节。首先有请李建伟教授进行发言。

李建伟：我主要是针对第 67 号案例问题和叶林老师的观点进行回应和补充。我想谈以下几个问题。

第一点，关于过分加工的问题。遴选过程和遴选规则应该是较为严谨的，他们会提炼出自己的观点和理由。但对于第 67 号案例，一审法院引用了《合同法》第 167 条并做了 6 个理由的阐述，但是偏离了案件本身的法律主旨。其本身有价值，但抓住其中一点大做文章是否合适。

第二点，感谢法学所把案例整理、收集起来。我认为我们是否应更加主动地从商法的角度来研究这些案例？股权转让合同适用《合同法》中动产、不动产买卖的准用性规则方面的空间是很小的。我们应当更加重视股权转让合同，重视民法、商法的区分，进一步把股权转让合同的案例从其他的路径进行论证，在《民法总则》通过后，我们更需要提炼商事审判、商事交易的特殊性。

第三点，关于功能性的问题，这应当是原则性规定的例外。应当提炼的是现有法律规则下的非典型性案例，并且在法律规定内将规定含糊的内容进行进一步补充，是续造而不是再造，如第 9 号案例涉及的多种问题。对于指导性案例的出台，确实应该更加地谨慎和严谨。关于生成机制问题，最高人民法院一定会有一套严谨的程序，恐怕都是非正式机制。我们可以借鉴美国正式的遴选委员会的投票机制，使程序更加规范，更具有权威、指导意义。

陈洁：感谢李建伟教授精彩的观点。下面有请北京大学法学院的郭雳教授。

郭雳：我平时对这方面关注不多、实践经验较少，所以简单地谈一些自己的体会。

今天开会的主题是找出我国商事指导性案例和英美判例法之间的差异。我想从不同角度的切入，我的发言主要包括两个方面：第一，我们的商事指导性案例和法学教科书的案例节选是什么关系？我们在很多教科书中经常看到一些英美案例的节选。当然二者有相同点，它们主要都是通过提炼、抽象、编辑、加工而成的；我们也可以从功能上看两者的异同。我们可以将对于案例的评价与法学教科书的评价结合起来。以后中国的商法、公司法教材不可避免地出现案例节选的内容，二者如何互动？第二，与英美国家法院相比，我国法院提供的更多的是片段式的解释，与英美国家还是存在一定差异的。而且对于指导性案例的解释部分也不是很充分。我国商事指导性案例的规范化过程是漫长的，且行且珍惜。

陈洁：非常感谢郭雳教授。下面有请季奎明副教授进行发言。

季奎明：感谢各位教授给我们带来的精神盛宴。下面我就这个主题提出一些自己的看法。

虽然对于指导性案例是否能够成为法源存在争议，但我们能够意识到指导性案例与司法解释是两种不同的法律文件。二者的功能相同吗？指导性案例是司法解释的一种演绎，基层法院会出现对司法解释使用困难的情况，并且指导性案例就是对现有法律的补充。以公司法的案例为例，指导性案例可以分成造法型、适法型和宣法型。在既有的指导性案例中，适法性案例几乎没有，宣法型较多，但现实作用有限，一般表现为对争议不大的法律条款或司法解释的推演，并无释义的功能，基本上没有涉及适法型。

商事裁判是最为贴近市场的，需要紧跟经济发展，尊重行业习惯。商事领域的司法裁判应更多地赋予法官自由裁量权，积极鼓励自由裁量的引导型指导性案例，如对赌协议，同时有限制地约束一些自由裁量。何为商事习惯可以通过划定的方式，指导性案例可以发挥这样的一些功能。而我国只有裁判要点才能参照适用，精华所在应是司法政策、裁判思维，将原则性的思维运用到合适的案件裁判当中。

商事指导性案例的制度结构

主持人：吴建斌

发言人：钱玉林①、傅穹②、肖雄③、赵磊④

---

① 华东政法大学经济法学院教授。
② 吉林大学法学院教授。
③ 镇江市中级人民法学法官。
④ 中国社会科学院法学研究所副研究员。

与谈人：于莹①、邢会强②、胡改蓉③、沈朝晖④

吴建斌：下面我们进入到第三个单元——商事指导性案例的制度结构。我们有请钱玉林教授进行发言。

钱玉林：我今天的发言是关于上午吴老师已经提及的指导性案例第 67 号这样一个裁判规则问题，那下面主要谈一下我对指导性案例第 67 号的看法。我个人认为这个案件实际还是涉及法律的适用问题。那么第 67 号这个案件为什么会涉及这些问题，主要是源于两个方面的考虑：第一是《合同法》第 174 条，再加上《合同法》第 123 条、第 124 条，其中最主要的是第 174 条，也就是"法律对其他有偿合同有规定的，依照其规定；没有规定的，参照买卖合同的有关规定"。第二是股权转让合同，上午大家都谈到了，从我们《合同法》意义上来讲，股权转让合同不是买卖合同。《合同法》中的买卖合同指的是动产、不动产的合同。但是从特征上来讲，它是最类似于买卖合同的，所以我们有关买卖合同的《合同法司法解释三》把它称作权利转让。因此股权转让合同是属于《合同法》第 174 条所称的"其他有偿合同"。所以才会涉及如何去参照、适用买卖合同的规定的问题。

在司法实践当中，对于股权转让纠纷适用、参照《合同法》的案件我进行了搜索和统计，大概是 244 件，其中 195 个案件是直接适用的《买卖合同司法解释》，另外 49 个案件是适用《合同法》的有关买卖合同部分的规定。这里面对《买卖合同司法解释》适用最多的是该司法解释第 24 条，是关于违约金的规定。而适用买卖合同有关规定最多的就是第 167 条。我们可以看出，实际上股权转让合同参照、适用买卖合同的案件还是比较多的。

在本案当中，裁判规则存在一些问题，这个上午吴老师已经谈到了。这个裁判规则是否忠实于原来法院生效的裁决，是否在事实和裁判理由的基础上进行归纳和提炼。当然我们也看到了最高法院的裁判规则可以在这个基础上进行进一步加工，没有完全拘泥于原来的判决。如果是这样的话，那就要看超越审判基础的程度。但是这个案件里面，确实像吴老师说的，它是完全改变了原来的裁判理由。我个人比较赞同四川省高院的二审判决，这个判决的核心观点就是案件不能参照、适用《合同法》第 167 条，原因是分期付款

---

① 吉林大学法学院教授。
② 中央财经大学法学院教授。
③ 华东政法大学经济法学院副教授。
④ 清华大学法学院助理教授。

的股权转让不符合《合同法》第 167 条所讲的分期付款买卖的特征。从学理上讲，分期付款买卖合同的最根本性的特征就是交付货物之后的分期付款，如果我们按照最高人民法院的司法解释"分期付款至少三次以上"，按照第 67 号指导性案例的裁判理由"交付货物以后达到两次以上"，我认为这种理解都是没有问题的。但关键在于，最高人民法院在提炼裁判规则的时候并没有把重点放在这方面，而是放在了本案当中标的物是股权，不同于以消费为目的的一般的分期付款买卖合同。我同样做了这方面的梳理：在实践当中，分期付款买卖纠纷发生的案件总共是 199 件，其中有 185 件是涉及以生产经营为目的的分期付款买卖合同，只有 14 个案件是以消费为目的的分期付款买卖合同。换句话来说，最高人民法院所指的"一般以消费为目的"的理由是不成立的。

其实这个案件涉及《合同法》准用和适用的问题。案例混淆了《合同法》第 94 条规定的解除权和第 167 条规定的解除权的区别，将不能满足第 94 条规定的解除要件阐述为不适用第 167 条规定的理由。本案的裁决结果是正确的，也就是说这个案件实际上既不能适用第 167 条也不能适用第 94 条，但不能适用的理由是错误的。我认为虽然指导性案例所建立的规则和最后导致的结果可能对今后法院裁判的指导性意义不是很大，但是对以后当事人提出诉权会产生很大影响。

吴建斌：感谢钱玉林教授的精彩发言。下面我们欢迎傅穹教授进行发言。

傅穹：各位专家、各位同人，大家下午好！感谢法学所给我一个和大家交流这个主题的机会。我从四个观察视角谈一下我对商事指导性案例的理解。第一个角度是当事人和律师方面；第二个是法院的角度；第三个是域外的立法角度；第四个是学者角度。

我来之前做了一个数据的统计：在近 5 年的司法实践中，一共有 223 个案件在案件的文书中引用公司法和商事指导性案例，在上诉和再审的案件中，我们发现当事人和律师在代理词、上诉状和再审申请书中，尤其是听证和提审中，对指导性案例的重视程度很高。

另外，法院对案例的态度：从指导性案例的功能来说，我个人理解有几点。首先，指导性案例对于事实的识别是有重要意义的。其次，关于创制例外。我个人对这个问题存疑。我认为在我们国家商事指导性案例的主要问题不在于创制例外，而在于示范和参照。从目前来看，最高人民法院到省高院 223 个案件中能够真正在判决主文中引用指导性案例的就 1 个。而且江苏高院认为只有最高法院的指导性案例才有用，其他高院的都不具有示范性。我接着谈一下刚才各位老师讨论的第 67 号指导性案例。我赞同它的判决结果，但是我不赞同它的说理。我认为股权转让和一般买卖最大的区别是在"商事组织法"的规定，"民法中是买现在，商法中是买未来"。它的重大问题在于是从分期付款买卖的三大理由即诚实信用、公平、交易安全的角度还是说按照"民法中买现在"的角度来理解。目前尽管有 5 个商事指导性案例，但我认为还是应按照民法的思维和说理来解释分期付款买卖。目前的商事指导性案例和公报案例最大的问题是没有用商事组织法外观思维、团体思维、鼓励交易和增进财富来解释。接下来谈一下商事指导性案例的约束力和变数。如关于控制权争夺、公司章程中限制股权转让等问题，我发现美国的处理方式也是经过了几十年的变化的，法官的认知也会产生变化。创制例外在不同的情形是不一样的。在我们国家，我认为指导性案例主要作用是示范、参照，其次才是创制例外。

关于域外方面主要涉及两点：美国官方注释有很多案例索引，而且在一些地方每隔 10 年就会对案例进行总结。英美法官、学者也会对一定时间内的转折点进行梳理，我们可以借鉴这些优秀的经验。

吴建斌：感谢傅穹教授的精彩发言。下面我们有请肖雄法官进行发言。

肖雄：感谢各位老师、感谢法学所提供这样一个学习、交流的机会。我下面从宏观方面来说一下自己切身的感受。

作为法官，让自己审判的案例能够成为指导性案例是我们的终身目标，因此我们在处理案件的时候都在向这个方向奋斗，同时经过我们最高人民法院的努力，现在大部分案件都是在网上公开的。我们在审理每一个案件的时候，都非常敬畏法律规则，在过程中也会思索规则的创新是否在逻辑上站得住脚，同时我们对学者也非常地敬畏，很多学者对指导性案例进行了广泛研究，这些案例研究成为法学界的重点和热点。需要给大家汇报的是，作为一个基层的法律工作者，我们本身对案件是非常重视的。作为裁判者，我们也会在日常工作中对案件进行收集、分类和汇总，即使没有指导性案件，我们也会在相关网站上进行案件检索。所以我们在裁判文书中，虽然没有表明引用的某某号案件，但我们的一些案件是有所依托、有所选择的，所以我跟前面几位老师的观点有些地方不同，是否在引用指导性案例时需要明确引用某某号案例还是引用其观点，我想说的是我们更多的是运用其中的裁判原则和思维逻辑。

接下来我从微观上谈一下第 67 号案例。很多老师都讨论过这个问题，那么相同的部分我就不再重复了。我现在想说的是这个第 67 号案例涉及一个创新的规则，从法院角度来说这是不成立的。如果这个判决理由是成立的，那么需要我们解决一个问题就是既然不能适用第 167 条，那么应当适用什么规则？在《公司法》中是没有分期付款适用规定的，这时就应当适用《民法》、《合同法》的一般规则，如适用《合同法》第 94 条法定解除权的规则，在法定解除权的情况下法律明确规定了催告制度，经过催告之后根本违约影响合同目的实现，在这种情形之下是否适用第 167 条并不会导致结果本质的变化。因此我的基本观点是指导性案例的裁判要点无论是正确的还是错误的，在实质上并不会导致法律适用的本质区别。第 67 号指导性案例从法律适用规则方面来说推出了创新的规则，会增加交易成本，把特别法的优势和价值否定掉，这是我的简单的分析，同时这个指导性案例有一些观点也是值得商榷的。其中一个观点是转让的股权一直存在于公司，实际上转让方的权利存在于公司而不是买方，因此分期付款没有风险或者说风险区别于一般消费者买卖合同。我认为这是和《公司法》的基本规定相冲突的。因为股权是公司股东享有的，公司只有在特殊的情况之下才能持有股权，这点应当明确。因此指导性案例中的这个观点是没有法律支撑的。商事法律具有特殊性，它充分地鼓励交易、保持公司的稳定，这些大的立场是没有任何问题的。但就我们个案来分析，这其中存在着问题，这个案件的股权转让如果被解除了是否会导致交易风险、交易安全问题、影响公司稳定、增加交易成本？我认为有限责任公司的人合性、稳定性是有《公司法》明确保障的，也就是说，如果卖方行使解除权、合同被解除，这时会启动一个新的优先购买权程序，因此裁判要点中的这个观点是《公司法》已经完全解决了。合同的解除不影响公司股权和公司结构的稳定，因为有优先购买权制度充分的保障。

吴建斌：感谢肖雄法官的精彩发言。下面请赵磊老师进行发言，大家欢迎！

赵磊：谢谢各位老师。我有些不成熟的想法，在这里希望和大家共同交流！

在我们确定这个主题之后，我一直在考虑如何破题：什么是规范性？我觉得这是我们首先要解决的一个问题。我们讨论这个主题就先要解决规范意义何在，规范意义是什么。

上午也有老师提到，商事指导性案例是否可以成为法源，是否具有约束力以及它的生成机制，实际上我个人觉得这些问题归结起来就指向了"规范意义"。什么是规范意义？从制度目的上来看，它主要是总结审判经验，统一法律适用，提高审判质量，维护司法公正。从生成机制来看，指导性案例现有的生成机制是把生效的案件进行概括、提炼和总结，这是典型的法教义学的方法、思维过程。因此我想从法教义学的角度来分析指导性案例的规范意义何在。我个人理解，规范意义有两方面的含义：一个是准则性；另个是拘束性。从法教义学的思维来看，现行法是必须被尊重的，并以此为出发点对现行法进行解释和适用。从最高人民法院的角度来看，指导性案例发挥规范性作用的前提是尊重现有法律规定和相关司法解释以及相关的法律法规。

那么第一个问题，指导性案例是否是法源？有的学者认为虽然我们的指导性案例并不是英美法的判例，但是它的生成机制、运作机理应当按照英美法的判例模式去做。我个人认为这种观点值得商榷。因为我们国家的指导性案例的生成就是刚才我所说的法教义学的这样一个逻辑。这种前提下我们和英美遵循先例是不一样的，最大的不同在于英美法采用的是一种类比推理的方式，这样形成的一种规则会作为一个整体被以后的法官采用，而目前我国的指导性案例并不是这样的。我国指导性案例是典型的大陆法系的法律逻辑的演绎过程，三段论是最典型的演绎推理的过程。在这个前提下，最高人民法院形成指导性案例需要做的工作，就是从个别案例出发，概括出普遍性的、可以被推广的、可以参照的规则出来，这是一个归纳的过程，确定了指导性案例之后就是类似案例对一般规范的反向的个体化的过程，也就是演绎的过程。无论是归纳还是演绎，都是法教义学的思维过程。那么按照英美判例法的模式就是不合逻辑的，不是一个体系的，并没有可能性成为法源。因此我的结论就是指导性案例和英美法中遵循先例的类推制度是不同的。而且案件裁判要点不能作为裁判依据，依据依然是成文法，我们绝大多数法官判案的过程就是典型的大陆法系法教育学的方法。从这个角度上来说我认为它不是类比推理或者能构成一个类似案例。

接下来我想说的是我不太认同吴老师的观点，指导性案例不是直接被审理新发生案件的法官参考的，而是在原案中提炼出的普遍性规则，如果完全按照原案进行参照，不归纳、不总结，并没有很大意义。指导性案例来源于母本但又高于母本，指导性案例在某种程度上是把原案作为引子，在此基础之上进行三方面的阐述：第一个是案件事实，一定是类似的案件事实；第二个是法理阐述；第三个是规范性要件，这是指归纳总结到明确的可被参照、容易参照的程度。因此我认为指导性案例对原判的尊重是原则性的，不必完全尊重原判决，否则就会失去这个制度的意义。

吴建斌：谢谢赵老师。下面进入到与谈环节。与谈的老师有四位，我们就按照名单这个顺序来。我们有请于莹教授进行发言。

于莹：谢谢法学所的邀请。下面，接着各位老师讨论，我简单谈一下我对这个主题的理解。

目前最高人民法院的指导性案例大体上可以分为三种类型：第一个是直接适用型，法院只是根据相关的法律条文的文义进行简单的适用，这是由于案件的典型性就能够起到一个示范的效果；第二种是解释型，就是法院在案件中对相关法条在文义范围内加以解释，用来澄清过于抽象的概念和过于一般化的条款等；第三种也是今天大多数老师比较关注的漏洞填补型，也就是对既有规范的填补。

说到指导性案例的法源性质，很多法理学者都已经有了比较清晰的论述，那么我就不从理论方面叙述了。单就既有规定来说，我们国家指导性案例具有不具有法源性质？根据 2010 年最高法院《关于案例指导工作的规定》第 7 条："指导性案例应当参照且只能用于说理部分，不能直接援引作为裁判依据。"但问题是，我们现在指导性案例的文本到底包括哪些？我们现在阅读到的文本结构主要包括了 5 个方面：裁判要点、相关法条、基本案情、裁判结果和裁判理由。其他的各位老师都已经进行了批评，现实中的确存在这些问题。我就负责一门课程"公司法判例研究"，在平时讲指导性案例的时候我就讲不下去。为什么呢，因为很多细节的东西并没有提供。在提炼过程中我们无法还原，而且涉及的部门法很多，跳跃性太大，但无论如何裁判要点肯定是结合了案件和法条提炼出来的，就像刚才赵磊老师说的，指导性案例是从案件中抽象出来的，来源于案例但又高于案例，我觉得这个类似于英美判例法中的判决依据。如果我们承认其法源地位的话，那么这部分应该是有拘束力的那部分。虽然最高人民法院认为法官参照指导性案例的时候不能将其作为裁判依据，只能是参照说理的部分，但实际上，法官在找法的过程中，最先切入的就是裁判要点部分，那么裁判要点就作为一个法律原则，法官会在适用的时候自觉不自觉地加以适用。而且经过我的调查发现，漏洞填补性的案例大部分都是发生在民商法案例中，这就更能体现法学所举办该研讨会的意义。法官在判决类似案件尤其是非常规案件的时候，肯定会去找是否有相关法院的判决。甚至律师很多时候也会找类似案例判决，这都会影响法官对案件的判决。这就是商事案例具有的影响力以及指导性案例的拘束力和规范力。

吴建斌：谢谢于莹教授。下面我们欢迎中央财经大学法学院的邢会强教授进行发言。

邢会强：谢谢吴教授！谢谢法学所给我这个机会学习。关于商事指导性案例，我有以下的体会。

关于它的目的和功能，我认为商事指导性案例第一个功能是参照，第二个功能是创造例外。我国目前立法不够精细、比较粗放，在这种情况下进行释法、统一裁判尺度是十分必要的。而且商业实践比较快，成文法存在漏洞，商事指导性案例也是很必要的。

关于它适用的现状，直接引用的是适用，但我觉得没有直接引用而是把它当作一种背景，法官在裁判的时候看到了，即使没有很好地回应，引用的都是理由的部分，这也是一种适用，因此单纯的数字上的统计并不能充分地反映适用情况。

关于它的约束力，我非常同意大家刚才说的，事实上，当事人、法官、律师都是很重视指导性案例的，这就说明指导性案例是具有事实上的约束力。但不是法律上的约束力，因为我们要承认案例的渊源地位在理论上和制定法上都是有极大困难的。

关于指导性案例的生成机制，如果将指导性案例作为司法解释的表现形式的话，那么只有最高人民法院才有生成指导性案例的权利；如果不作为司法解释的一种形式（当然最高人民法院也没有把它作为司法解释的一种形式），作为习惯法的话，要考虑时间的因素，商事习惯是有的，但是指导性案例也适用于刑事、行政、民事，这其中有没有习惯也是值得考虑的。我个人的观点是法官解释法律的权利虽然在我们的制定法上没有得到承认，但它是隐含的权利，法律既然赋予了法官司法裁判的权利，那么相应地就获得了司法解释的权利。根据这种隐含权利的学说，所有法官都应有具体司法解释的权利，最高人民法院、高级人民法院、中级人民法院都有生成指导性案例的权利。但目前我国高级人民法院、中级人民法院并没有这样的权利。而且我认为遴选程序是有问题的，尤其是商事指导性案例，因为这需要更加地专业、价值体现更加尊重形式正义和外观主义。所有我有个建议就是要建立一个由学者组成的委员会，对案例进行把关。

吴建斌：谢谢邢会强教授。下面我们有请胡老师进行发言。

胡改蓉： 谢谢主持人，也谢谢法学所给我一个学习的机会。各位专家的精彩发言给我了很大启发，我下面就学习体会谈谈我的感受。我主要从指导性案例的定位问题和适用的问题两个方面进行说明。

刚才也有老师说了，目前指导性案例主要分为三类：漏洞补充型、法律适用型和权利宣告型。一般来说漏洞补充型具有续法功能，但从整体上来讲，我更倾向于造法性功能，因为续法和造法之间并没有很明确的界限。而且我们还是需要回到我们法系的环境中来讨论，那么造法性功能我们可能还是采取一个谦抑性的态度。我们今天更多的是要讨论适法型功能，就是在制定法不清晰时的具体运用。我注意到有两种观点，有几位老师比较倾向于个案或特定情况下、特定案件的适用。而我也注意到刚才有老师讲到普适性的参照适用更多一点。我认为这是不同的争鸣吧。我的一个比较浅显的看法是个案的适用或者特定情况下的适用相对合理一些。这样的话可能会在我们的法院适用中对案件的审判形成一个与法律、司法解释和指导性案例的多元的规则体系。当然指导性案例可能是在司法解释之外的一个例外的适用。虽然广义上它可能属于司法解释，但我觉得它与司法解释还是有些不一样的。当我更倾向于它是一个个案的特别适用时，我觉得目前我们的最高人民法院在《实施细则》中对于援引对象的确认可能稍微有点偏差，目前主要注重于裁判要点的认识和它的功能发挥，而比较忽视的是裁判理由。究竟是否要裁判要点其实是有争议的。当然它有好处，它方便指引、方便法官快速找到相关的案例。但它也有缺点，因为裁判要点是抽象出来的共同规则，是从具体案件中抽象出来的，在这个过程中就会产生不准确的问题，甚至抽象出来的规则和案件可能没有对应性。所以我们要考虑，如果裁判要点脱离了案情，是否还能成为指导性案例？裁判理由中会有案件焦点、各方的意见和法律分析论证的过程，这才是司法裁判案例的关键和独特价值所在，如果这个东西抛开，那么只需看裁判要点，把它抽象成共同规则，那这个时候我觉得它就是司法解释。但如果是司法解释的话，我觉得就不用在这里讨论指导性案例的法律效力了。所以我想说它不仅仅是一个引子，它更要与案件结合，这样指导性案例才有它的价值所在。

吴建斌： 谢谢胡老师独到的见解。下面我们欢迎沈老师进行发言！

沈朝晖： 谢谢吴老师，也感谢法学所给我这个机会来参加研讨会。我主要是就钱教授的文章提出自己的一些观法。我认为钱老师这篇文章是非常具有说服力的。他对第 67 号指导性案例分析的论证逻辑和方法论上的驳斥都很有说服力。读完这篇文章之后，我谈两个感想。

第一个感想就是这篇文章确实对指导性案例的驳斥很多，但是否可以增加一些钱老师他自己的观点，就是分期付款股权转让合同到底能否适用《合同法》第 167 条？他的论文中的观点好像认为是能适用的，但是刚才他的报告说是不能适用的。所以我认为这篇论文如果能进一步改善的话，可以在批判之余进一步论证这个问题。刚才有老师也认为是不能适用《合同法》第 167 条的，理由是股权转让的特殊性和估值的不确定性。四川省高级人民法院也提出了一个观点，第 167 条不适用于经营生产，我觉得可能是判断错了。我们一般说的两个群体，一个应当是生产者和经营者的群体；另一个应当是投资者之间的群体，这两个群体做买卖交易是否都适用分期付款以后有特殊解除权，这个问题还可以进一步讨论。

第二个就是钱老师论文进一步完善的地方就是民法和商法的关系。如果能够在开头或结尾将民商法的关系进行论述的话这篇文章会更有理论含量。

商事指导性案例的个案研究

主持人：范健
发言人：刘燕①、王建文②、曹兴权③、周淳④
与谈人：崔文玉⑤、郑彧⑥、赵吟⑦、郑观⑧

范健：下面我们进入第四单元——商事指导性案例的个案研究。我们请刘燕教授进行发言。

刘燕：谢谢范老师。我想通过中国海富案和与中国海富案类似的美国 Thoughtworks 案来分析对赌协议司法裁判逻辑。

我主要研究了以下四部分："对赌"协议的三种口径、PE 公司对赌协议与公司法资本管制、特拉华州 Thoughtworks 案的裁判逻辑、海富案和 Thought-

---

① 北京大学法学院教授。
② 南京航空航天大学法学院教授。
③ 西南政法大学民商法学院教授。
④ 浙江大学法学院助理教授。
⑤ 上海大学法学院教授。
⑥ 华东政法大学国际金融法学院副教授。
⑦ 西南政法大学民商法学院副教授。
⑧ 浙江大学法学院助理教授。

works 案的案情介绍和比较。这些给我国 PE 实务以及对赌协议的司法实践提供多方面的启示：第一是对赌协议的裁判重点无关交易类型合法性，而关乎合同履行之可行性；第二是法定资本规制并未消灭 PE/VC 投资合同解决估值不确定问题的空间；第三是对赌协议的合同属性无法脱离公司法强制语境；第四是积极与消极的司法裁判路径皆有可能。

范健：谢谢刘燕教授的精彩发言！我简单地评议一下，第一，对赌协议一定要有底线；第二对赌之债不是债。下面我们有请王建文教授报告。

王建文：感谢社科院法学所的邀请，感谢范老师的主持。大家已经进行深入交流的观点我就不再进行赘述了，我直接就一些干货进行说明。

我的题目是《商事指导性案例的法学地位及适用顺位——兼及我国商法渊源的立法构想》，也就是说，再考虑一下在中国总刚性的商法这一段或者说未来的商法通则中，我国的商法渊源应如何制定？一个前提是，根据比较研究，大陆法系事实上有大量的判例制度，这是一个事实，实践层面上，判例上的约束力，是个潮流，是克服成文法缺陷的必然措施。法史学界认为，古代中国，历史上的判例制度，是"例以辅律"。但现在根据《人民法院组织法》、《立法法》，判决始终不是法律渊源，指导性案例只是参照适用，这个地位就说明判决不像司法解释一样是广义上的法源。然而我们给了指导性案例比司法解释更高的期望，但现实制度的框架却不允许它发挥应有的作用。结果是，实践中，只有少数的裁判文书引用了指导性案例，而且引用方法仍然是作为证据提交或抗辩理由或者法官直接作为规则进行引用，但关于为什么要适用这个规则并没有提及。因此，从现状来看，并不乐观，不乐观的原因是我们并没有赋予指导性案例一个法律地位。现在这个形势，亟须解决这个问题。因为指导性案例对于法官帮助很大，但是适用过程中可能导致法官超越指导性案例涵盖的条文，自己做出判断，进而导致统一裁判目的就落空。目前的解决办法是，借助《商法总则》立法中对法律渊源或法律适用问题进行明确规定。目前法院在指导性案例的选择和归纳上有局限性，所以制度上有待新的立法。我有一个假设是在法源的规定中加入使用规则和顺序：商事单行法—商法、民法一般规范—指导性案例，这仅是我个人一个不成熟的想法。

范健：谢谢王建文教授的精彩发言！下面我们有请曹兴权教授做报告。

曹兴权：谢谢主持人！我想说我们探究这个主题的前提应当是站在中国法律背景下，这是一个司法政治。如何对待指导性案例，需要放在成文法中去考虑，我的一个总体认识是指导性案例是法官解释法律的一个空间，但是，法官解释法律的空间比较少，这并不排除法律文本之外对法律文本进行限制或扩张。指导性案例也是一种法律解释，这种解释需要回归到指导性案例本身功能，根据最高人民法院相关的政策，我认为指导性案例是立足于"指导性"，但是最高人民法院强制下级法院引用，这不是提高案例权威性、指导性、规范性的方法。我们需要做的是提高案例本身的价值，应把重点放在说理上。

什么是充分说理：第一，找请求权基础时，应遵循最类似法律关系原则，因为最相似的指导性案例才有意义。也就是说，当存在多种法律关系定性时，要解释说明为什么选择这种而不选择那种；第二，其他民商事法律解决方案用尽原则；第三，聚焦差异展开论证的原则；第四，多元论证原则，多方面论证让人心服口服，如逻辑论证等；第五，指导性案例构成要素的互益原则。

范健：谢谢曹兴权教授的精彩发言！下面我们有请周淳老师进行发言。

周淳：谢谢范教授！我主要通过"林承恩案"来说一下我的想法。这个案件中，在公司机会的定性考量、篡夺公司机会的手段要件和免责要件的认定上，二审裁判的解释都依据不足、理性欠缺。若以此类案件作为裁判参考，可能会导致公司法防范内部人竞争、保护公司利益的目的落空。而且判决多处进行了不合理的限缩解释。如"利用职务便利牟取"进行特殊含义的界定而没有解释原因。限缩解释《公司法》规范的原因：一是法官用自己熟悉的规则解释舶来的规则；二是忽略了公司的独立人格，且法官并不了解商事规则和商事思维。

公报案例发挥了实际上的参考性。我国是成文法国家，我们通常是把案例提取出一般性规范并适用于下一个案例。那么如果是错误的案例如何成为指导性案例？如何选出优秀的案例？如何纠正错误的案例？我们不仅要讨论"进"的机制，也要考虑"出"的机制。

范健：下面我们进行与谈环节，有请崔文玉教授进行发言。

崔文玉：非常感谢有这样一个机会来和各位学者进行交流。我主要从日、韩的角度来谈谈我的了解。

中日韩国家，判例的约束力是不存在的，但判例作为解释的标准得到了很大的重视。日本法律的渊源是否将判例作为法源？最高法院审判的判例是不容改变，因此判例约束力非常大。过去只是弥补法律的作用，但各大学成立了判例研究会，从这个趋势中可以看出重视程度。判例法的效力问题是限制性的。法律规范不存在；有法律法规但解释不统一；成文法规定不能对应社会发展。韩国原则上不承认先例，但判例是承认的。通过审级的程序可以成为法源。

范健：谢谢崔文玉教授的精彩发言。下面我们有请郑彧老师进行发言。

郑彧：非常荣幸参加法学所的研讨会。在这个过程中学到很多的东西，各种观点的碰撞让我也受到很大启发。就选题而言非常有意义，并不限于对法院系统的效力，它更是提供了一个商法学者研究案例的机会，借此找到民法、商法的区别。这也有助于我们在平时的教学中明确地告知学生二者的区别，具有特别的意义。

目前商事交易更多地体现的是"合约化设计"，会产生与民法规定的冲突和矛盾，这是一个很有趣的现象。我更倾向于指导性案例是一种宣示性的案例，为我们裁判新型的案件提供新的角度。我个人认为《民法总则》出台的背景下，我们可以推广一个理念：先判定是民事法律关系还是商事法律关系，如果特殊法有规定那么适用特殊法，这是我不太成熟的想法。

范健：谢谢郑彧老师的精彩发言。下面我们有请赵吟老师进行发言。

赵吟：谢谢范教授！在我日常的教学过程中，学生普遍反映指导性案例并不具有典型性，而且实践中援引数量并不多，援引质量也不高。因此我认为指导性案例的使用状况不理想。我认为原因有很多，首先是效力问题，在不确定其法源的性质时，变相操作方式更好，如通过强调影响力达到事实上的约束力，达到习惯的效力。其次是遴选没有统一的标准。有些更加典型的案件并没有完全地纳入到指导性案例中。有质量的案件不够到位。我们可以扩大指导性案例的认知度，重要的是遴选的标准。而且我们需要商法各个领域的案件分布相对均衡，同时对法官加强指导，应被告知如何适用这些案例。

范健：谢谢赵吟副教授的精彩发言。下面我们有请郑观助理教授进行发言。

郑观：谢谢各位老师！很多教授提到了英美判例法。那么我下面分享一些德国的判例的形成和司法、立法的互动。

德国联邦最高法院每年都会出案例小册子，杂志都会进行转载、学者对其进行评论。虽然德国没有官方的公报案例，但学者会确定有指导性的典型案例，在其中学者起主导作用。之后达成共识之后就会有一个传承，如1974年什么观点、1984年什么观点。在德国，这些指导性的案例的实际价值有很多方面。对于学生的学习和司法考试有很大的指导和帮助；法官虽然有自由裁量权,但事实上也会对这些判决予以尊重。而德国关于判决的分类则分为:法律解释、法律制造、类推解释。通常情况下,法律从来没有规定,法官通过判决不断地进行类型化。总结来说,在德国,学者、法官和立法者之间有良好的互动,且学者在其中发挥着主导作用。希望咱们国家的学者也能够成为无冕之王。

致闭幕辞

致辞人:邹海林

邹海林:感谢大家能够坚持到现在,这是对我们最大的支持,对此再次表示感谢!我们虽然讨论的是宏观性的主题,但是我们基本上是通过具体的实践讨论这些宏观问题,我们把这些宏观问题进行了具体化。虽然我们刚才有些案例分析并不是指导性案例、公报案例,但是我们得出一个结论,我们的指导性案例是否会有这样的商事思维?我们不应该先考虑有效无效,而是考虑能不能履行。我们的商事指导性案例水平确实不够,且存在各种各样的问题,制度效果不是很令人满意。指导性案例应当作为审判改革、司法改革的一个措施,但目前其形成的逻辑和范式都是存在问题的。从未来的发展方向、路径看,如果真正按照我们今天所讨论的点来进行的话,指导性案例在未来还是有很大发展空间的。商事指导性案例规范化的过程很困难,各级法院筛选、推荐案例,专家委员会的专家给出意见,再向审判委员会提交,整个过程耗费成本很大,比司法解释成本要高。我们的商法学者如果发现一些案例具有指导性案例的潜质,可以向最高人民法院推荐。今天的讨论是非常有价值的,争论比较激烈。因为时间问题今天不可能讨论完,但不妨碍各位学者将有光辉的思想形成文字提交给我们,对未来商事指导性案例的发展开辟道路!谢谢大家!

图书在版编目(CIP)数据

商事指导性案例的司法适用 / 陈洁主编.-- 北京：

社会科学文献出版社，2017.10

ISBN 978 - 7 - 5201 - 1524 - 7

Ⅰ.①商…　Ⅱ.①陈…　Ⅲ.①商法 - 法律适用 - 中国

Ⅳ.①D923.990.5

中国版本图书馆 CIP 数据核字(2017)第 244499 号

商事指导性案例的司法适用

主　　编 / 陈　洁

出 版 人 / 谢寿光
项目统筹 / 芮素平
责任编辑 / 李　晨　郭瑞萍

出　　版 / 社会科学文献出版社·社会政法分社(010)59367156
　　　　　 地址：北京市北三环中路甲 29 号院华龙大厦　邮编：100029
　　　　　 网址：www.ssap.com.cn
发　　行 / 市场营销中心(010)59367081　59367018
印　　装 / 三河市尚艺印装有限公司

规　　格 / 开　本：787mm × 1092mm　1/16
　　　　　 印　张：18.25　字　数：316 千字
版　　次 / 2017 年 10 月第 1 版　2017 年 10 月第 1 次印刷
书　　号 / ISBN 978 - 7 - 5201 - 1524 - 7
定　　价 / 79.00 元

本书如有印装质量问题，请与读者服务中心(010 - 59367028)联系